决胜 IPO

主编◎范国胜　杨步湘

中国金融出版社

责任编辑：肖丽敏
责任校对：李俊英
责任印制：丁淮宾

图书在版编目（CIP）数据

决胜IPO（Juesheng IPO）/范国胜，杨步湘主编. —北京：中国金融出版社，2017.12

ISBN 978 - 7 - 5049 - 9301 - 4

Ⅰ.①决… Ⅱ.①范…②杨… Ⅲ.①上市公司—企业管理—研究—中国 Ⅳ.①F279.246

中国版本图书馆CIP数据核字（2017）第271952号

出版 中国金融出版社
发行
社址　北京市丰台区益泽路2号
市场开发部　　（010）63266347，63805472，63439533（传真）
网 上 书 店　http://www.chinafph.com
　　　　　　　（010）63286832，63365686（传真）
读者服务部　　（010）66070833，62568380
邮编　100071
经销　新华书店
印刷　北京市松源印刷有限公司
尺寸　169毫米×239毫米
印张　19.25
字数　286千
版次　2017年12月第1版
印次　2017年12月第1次印刷
定价　59.00元
ISBN 978 - 7 - 5049 - 9301- 4
如出现印装错误本社负责调换　联系电话（010）63263947

主　　编：范国胜　杨步湘

顾　　问：王子龙

编　　委：赵国平　王瑜军　黄龙华　凌永平
　　　　　汪兴贵　曾　双　张玉峰　晏小蓉
　　　　　彭昭富　叶青英

序

Preface

百尺竿头，更进一步！《决胜新三板》在2016年底出版后，时隔数月，国胜、步湘两位的新作《决胜IPO》又成功出版，如此，再现"深圳速度"。这一方面说明两位在投行这个本职工作上兢兢业业、努力刻苦，另一方面也说明了中国资本市场的兴旺蓬勃。

这些年，中国经济的发展还是很好的，作为中国经济的"晴雨表"，中国资本市场的发展也是日新月异、一日千里。2013年底，新三板试点结束，正式推向全国，在2014年、2015年两年，新三板得到了高速的发展，目前挂牌企业已经突破1万家，解决了相当一部分中小企业的融资难题。而从2016年下半年开始，中国的资本市场进入"IPO周期"。2016年全年IPO过会280家左右，发行240家左右，而无论是发行还是过会的企业，基本上都集中在下半年。换句话说，从2016年6月开始，IPO开始提速。时间到了2017年，IPO提速成为"新常态"，每周有10家左右的企业获得IPO批文，发行速度也大大加快，这对于中国的企业家来说，是一个重大历史机遇。只有抓住这个IPO的黄金机遇期，成功登陆资本市场，企业才能在激烈的市场竞争中赢得先机。

国胜、步湘两位作为优秀的投行从业人员，在辅导企业上市方面非常专业、用心。IPO辅导上市是一个复杂的系统过程，企业要上市，必须要用三年的会计报表，加上后面的申报、反馈、发行的时间，整个周期可能长达四五年，而在这个过程中，有大量的工作需要做。第一步需要规范，包括财务和法律规范，同时建立完善的内控体系，第二步需要进行股份制改造，第三步则需要券商对企业进行辅导，第四步则是券商申报材料、会计师审计和律师合规审查，第五步是反馈和审核，第六步是发行。国胜、步湘两位能在繁忙的工作中抽空进行学术研究，将其整理成册并出版，实属难能可贵。一方面，提升了自身的业务水平；另一方面，这些经验总结而成的心血之作对于想要IPO的企业家来说，也是一本珍贵的上市"枕边书"，从这个意义上来说，出版《决胜IPO》也具有极大的社会效益。

综观《决胜IPO》，觉得整本书既有专业性，又有可读性，值得推荐。全书分为7章，涵盖了IPO上市企业碰到的绝大部分问题，包括备受关注的"三类股东"问题、股东人数超200人问题、VIE架构拆除问题等。全书不但对问题进行了总结，也给出了详细的解决方案，并且罗列了大量已上市公司作为案例支撑，再进行系统总结。可以说本书有点有面、由表及里、深入浅出地对IPO上市主要问题进行了研究，值得一读。

最后，再次祝贺国胜、步湘两位新作出版。希望两位在提升自身价值的同时，也多为中国资本市场作贡献，一起推动中国经济可持续向前发展。

全国人大常委会财经委副主任委员
原首都经济贸易大学副校长

目录

第一章　上市主体　001
第一节　国企改制　001
第二节　返程投资　016
第三节　红筹回归　023
第四节　外商投资股份有限公司　033

第二章　股东适格　042
第一节　三类股东　042
第二节　股东人数超过 200 人　050
第三节　职工持股会　066
第四节　其他类型股东　073

第三章　实际控制人、董监高　085
第一节　一般实际控制人的判断标准　085
第二节　共同实际控制人　094
第三节　无实际控制人　105

第四节　一般董监高的任职资格　　115
　　第五节　独立董事任职资格　　126
　　第六节　竞业禁止　　135

第四章　股权合法清晰稳定　　143
　　第一节　出资瑕疵　　143
　　第二节　增资　　153
　　第三节　股权转让　　159
　　第四节　股权代持　　170
　　第五节　对赌协议　　179
　　第六节　交叉持股　　187

第五章　独立运行　　196
　　第一节　房产瑕疵　　196
　　第二节　无形资产权属　　204
　　第三节　人员独立　　211
　　第四节　同业竞争　　217
　　第五节　关联方及关联交易　　223
　　第六节　客户及供应商　　230

第六章　合法合规经营　　238
　　第一节　社保公积金　　238
　　第二节　劳务派遣临时工　　247

第三节	依法纳税	254
第四节	消防环保	262
第五节	重大违法违规	273
第六节	诉讼仲裁	280

第七章　募集资金　　　　　　　　　　　　289

第一章 上市主体

第一节 国企改制

国有企业改制,一般是指国有独资企业、国有独资公司及国有控股企业(不包括国有控股的上市公司)改制为国有资本控股、相对控股、参股和不设置国有资本的公司制企业、股份合作制企业或中外合资企业,即改变原有国有企业的体制和经营方式,以适应于社会主义市场经济的发展。

在国办发〔2003〕96号文件中有如下规定:国有企业改制应采取重组、联合、兼并、租赁、承包经营、合资、转让国有产权和股份制、股份合作制等多种形式进行。《中华人民共和国企业国有资产法》第三十九条也有规定:本法所称企业改制是指:1.国有独资企业改为国有独资公司;2.国有独资企业、国有独资公司改为国有资本控股公司或者非国有资本控股公司;3.国有资本控股公司改为非国有资本控股公司。由此可知,国企改制在范围上是有广义与狭义之分的。本节采取狭义的定义。

国企改制是将国有企业的资产量化为股份并改变原有企业内部治理结构的过程,是目前国有企业改革的一个重要手段和方向,我国正力求通过改制逐步建立起产权清晰、权责明确、政企分开、管理科学的现代企业制度。国有企业改制涉及多方主体的利益，改制过程中遇到的无论是程序性问题还是实质障碍都非常重要，在 IPO 的审核过程中，证监会每遇必问，中介机构要予以高度重视。

国企改制一般程序复杂、周期长，其所涉法律法规及规范性文件繁杂、涉及人员多、资产巨，且各省市具体的指导文件、部门批示多有不同并时常变动，因而可以说，梳理并解决好国企改制过程中遇到的问题是一项系统而又庞大的法律工程。改制过程中涉及的主体有政府部门、企业职工、评估机构、司法机关、债权人、管理层等，在面对多方主体，手续众多的情况下，中介机构必须抓住审核要点，关注构成上市实质性障碍的法律瑕疵。

国企改制主要流程问题及其中重要审批备案事项如下。

一、清查审计和资产评估

第一，《改制工作意见》规定：国有企业改制，必须对企业各类资产、负债进行全面认真的清查，做到账、卡、物、现金等齐全、准确、一致。要按照"谁投资、谁所有、谁受益"的原则，核实和界定国有资本金及其权益，其中国有企业借贷资金形成的净资产必须界定为国有产权。国有企业改制，必须由直接持有该国有产权的单位决定聘请具备资格的会计师事务所进行财务审计。对核损后的存量资产进行资产评估，并报国有资产管理部门核准或者备案，确认国有资产价值量。土地使用权的评估须由具有土地评估资质的评估事务所进行。

第二，《企业国有资产评估管理暂行办法》第四条规定：企业国有资产评估项目实行核准制和备案制。经各级人民政府批准经济行为的事项涉及的资产评估项目，分别由其国有资产监督管理机构负责核准。经国务院国有资产监督管理机构批准经济行为的事项涉及的资产评估项目，由国务院国有资产监督管理机构负责备案；经国务院国有资产监督管理机构所出资企业（以下简称中央企业）及其各级子企业批准经济行为的事项涉及的资产评估项目，由中央企业负责备案。地方国有资产监督管理机构及其所出资企业的资产评估项目备案管理工作的职责分工，由地方国有资产监督管理机构根据各地实际情况自行规定。

二、制订方案与内部表决

在资产评估的基础上，制订《企业改制方案》和《职工安置方案》。《企业改制方案》的主要内容包括：企业资产和人员的基本情况、拟改革方式、债权债务的情况、人员安置要求、所需享受政策及改制后企业发展规划。《企业改制方案》和《职工安置方案》提交企业决策层通过。如果是国有独资企业经总经理办公会通过，如果是国有独资公司经董事会通过，《职工安置方案》提交职工（代表）大会通过，两份方案都需报主管部门或者国有资产管理部门批准。

三、涉及国有资产转让需信息公示

一是转让方持上述材料到产权交易中心登记，填报出让意向登记表、公告登记表，签订转让委托合同。

二是产权交易中心将转让公告刊登在省级以上公开发行的经济或者金融类报纸和产权交易网上，公开披露有关企业国有产权转让信息，广泛征集受让方。转让公告期不少于二十个工作日。

三是根据公开征集意向受让方的结果，合理选择拍卖、招投标或者协议转让等方式组织实施产权交易。

四、审查批准

经公告确定受让方和受让价格后，转让方应当与受让方进行充分协商，确定转让中所涉及的相关事项后，报政府部门批准。其中特殊事项的审批的规定有：国有企业改制涉及财政、劳动保障等事项的，需预先报经同级人民政府有关部门审核，批准后报国有资产监督管理机构协调审批；涉及政府社会公共管理审批事项的，依照国家有关法律法规，报经政府有关部门审批；

国有资产监督管理机构所出资企业改制为国有股不控股或不参股的企业（以下简称非国有企业），改制方案需报同级人民政府批准；转让上市公司国有股权审批暂按现行规定办理，并由国资委会同证监会抓紧研究提出完善意见。

五、法律意见

企业改制必须对改制方案出具法律意见书。法律意见书由审批改制方案单位的法律顾问或该单位决定聘请的律师事务所出具，拟改制为国有控股企业且职工（包括管理层）不持有本企业股权的，可由审批改制方案的单位授权该企业法律顾问出具。

六、职工退出和资产处置

一是企业职工凭政府批准文件到劳动部门办理职工国有身份的退出，签订国有身份退出协议，落实补偿金及相关事宜。

二是企业职工凭政府批准文件和劳动部门的职工国有身份退出手续，到国有资产管理部门办理国有资产处置手续。

其中，涉及产权无偿划转的，要注意以下几点。

（一）批准程序

企业国有产权在同一国资监管机构所出资企业之间无偿划转的，由所出资企业共同报国资监管机构批准。企业国有产权在不同国资监管机构所出资企业之间无偿划转的，依据划转双方的产权归属关系，由所出资企业分别报同级国资监管机构批准。实施政企分开的企业，其国有产权无偿划转所出资企业或其子企业持有的，由同级国资监管机构和主管部门分别批准。下级政府国资监管机构所出资企业国有产权无偿划转上级政府国资监管机构所出资企业或其子企业持有的，由下级政府和上级政府国资监管机构分别批准。企业国有产权在所出资企业内部无偿划转的，由所出资企业批准并抄报同级国资监管机构。

（二）重新报批

企业国有产权无偿划转事项经批准后，划出方和划入方调整产权划转比例或者划转协议有重大变化的，应当按照规定程序重新报批。

（三）不得无偿划转的情形

1. 被划转企业主业不符合划入方主业及发展规划的。

2. 中介机构对被划转企业划转基准日的财务报告出具否定意见、无法表示意见或保留意见的审计报告的。

3. 无偿划转涉及的职工分流安置事项未经被划转企业的职工代表大会审议通过的。

4. 被划转企业或有负债未有妥善解决方案的。

5. 划出方债务未有妥善处置方案的。

（四）按简化程序处理的无偿划转

下列无偿划转事项，依据中介机构出具的被划转企业上一年度（或最近一次）的审计报告或经国资监管机构批准的清产核资结果，直接进行账务调整，并按规定办理产权登记等手续。

1. 由政府决定的所出资企业国有产权无偿划转本级国资监管机构其他所出资企业的。

2. 由上级政府决定的所出资企业国有产权在上、下级政府国资监管机构之间的无偿划转。

3. 由划入、划出方政府决定的所出资企业国有产权在互不隶属的政府的国资监管机构之间的无偿划转。

4. 由政府决定的实施政企分开的企业，其国有产权无偿划转国资监管机构持有的。

5. 其他由政府或国资监管机构根据国有经济布局、结构调整和重组需要决定的无偿划转事项。

（五）交易鉴证

1. 转让方与受让方在产权交易中心主持下签订转让合同。

2. 在产权交易中心监督下进行资产交割和价款结算，由产权交易中心出具交割单。

3.产权交易中心出具《产权转让鉴证书》。《产权转让鉴证书》是产权转让双方到有关部门办理国有资产产权登记、工商登记、财务结算、税务、土地、房地产户籍变更手续的必备文件,是其增减资产的合法凭证。转让和受让双方应凭《产权转让鉴证书》,按照国家有关规定及时办理相关产权登记手续。

(六)变更登记

1.持产权交易手续到国有资产管理部门办理国有资产变动或者注销。

2.委托中介机构进行验资,持产权交易手续和验资报告到工商管理部门办理工商注册或者变更登记。

3.持产权交易手续和企业法人营业执照,到房产、土地管理部门办理房屋所有权证和土地使用权证的更名过户。

4.产权交易中心对上述变更登记手续实行领办制和跟踪问效服务。

在实务中,一般将国有企业改制合规问题归纳为五大要点,分别是①股权清晰,②资产评估,③改制流程,④职工安置,⑤债权债务。事实上,上述五大要点,每一个要点都有无比翔实的细节可以去考究,因而在实务中,又需要中介机构注意一个度的问题,要清楚相关程序和事项"合格"的度在哪里。

(1)股权清晰

股权结构规范,是保证发行人具备持续经营能力,无重大内部控制缺陷的重要因素。股权结构不清晰会产生企业腐败、内部交易、生产经营不透明等问题。具体到国企改制中的股权清晰问题,常出现的有发行人股东超过200人和改制后发行人股东在股权上缺乏独立性与合规性,如权属瑕疵、代持、委托持股以及存在不合格股东等。

国企改制涉及国有股权事项时,一般应当符合以下要求:要按国家有关规定进行股权界定、要依据国有股权的管理权限履行审核批准程序、要取得关于企业设立时国有股权(包括国家股及国有法人股)的设置文件、审批程序需按国资委和证监会的有关规定办理。同时国有产权转让事项应报同级人民政府批准且转让国有产权的价款原则上应当一次结清,一次结清确有困难的,经产权转让双方协商一致,依法报请批准国有企业改制或批准国有产权转让的部门审批后，可采取分期付款的方式。分期付款时，首期付款不得低于总价款的 30%，并在产权转让合同签署之日起 5 个工作日内支付；其余价款应当由受让方提供合法担保，并应当按同期银行贷款利率向转让方支付延期付款期间的利息，付款期限不超过一年。

案例一　贵阳银行（601997）

贵阳银行（原名贵阳市商业银行）成立于 1997 年 4 月，是一家总行设在贵阳市的大型区域性股份制商业银行，其主营业务包括公司金融业务、个人金融业务、资金业务等。其招股说明书披露，发行人股东超过了 200 人的情形，且存在 7 名不合格法人股东，共计持有发行人 499940 股股份，约占发行人股份总数的 0.08%。

针对贵阳银行股权问题，证监会在其反馈意见中要求：请保荐机构及发行人律师就发行人股东超过 200 人的情形，是否符合《非上市公众公司监管指引第 4 号》的要求发表意见并说明依据，同时根据《非上市公众公司监管指引第 4 号》的要求补充提供相关申请文件。涉及国有产权变动的，请说明是否履行了相应的审批、评估、备案等法定程序。请保荐机构及律师对发行人股权中是否尚存在信托、委托代持等名义股东与实际股东不一致的情形，是否存在股权权属不清等潜在法律纠纷的情形。请保荐机构和律师补充核查并披露 7 名不合格法人股东的具体情况和股权形成过程，是否符合行业主管部门相关规定。中介机构在处理以上问题时的思路如下：

● **介绍每次股权转让的起因、过程、内容和影响。对股东及其背景进行穿透核查**

由于国有企业一般历史悠久，在国民经济的地位特殊且重要，因此在处理国有股权转让的事项上，不能因为转让次数众多、转让频率极高，就"快刀斩乱麻"般一笔带过。笔者在案例分析中，就遇到过转让次数高达 133 次左右的国有企业（国泰君安），证监会在其反馈意见中明确要求每次转让都需交代清楚。针对贵阳银行的具体情况，首先要将每次股权转让的起因结果交代完整，对股东背景逐个摸底核查，包括但不限于取得股权的时间、数量、是否代持、委托持股、有无隐名股东等及其缘由。

- 对特殊问题，在充分表明是由历史原因形成的基础上，最好以专题方式进行集中说明

贵阳银行作为发行人，其背景较为特殊，一是因其国有企业背景，二是因其处在金融行业，同时其本身存在的问题也多是疑难，如股东人数超过200人、股东主体不合格等特殊问题。根据相关法规，金融业是可以存在股东人数超过200人的，但是在进行说明时，要参照多部相关法规，逐条阐释其符合法规的适用条件，审核其存在相关情形是否合规，对股东主体不合格的处理思路也是如此。由于论述这些特殊问题较为复杂，最好能以较为系统的方式进行说明，以便监管层核查。

(2) 资产评估

国有资产属于人民，不能有半点被非法侵占与挪用，监管层对发行人当下与历史沿革中涉及国有股权事项的，都会对国有资产的价值损益和去向、国有资产入股评估程序瑕疵等（既包括没有进行评估的，也包括评估流程不合规的）进行事无巨细地核查。虽然资产评估与股权清晰问题有很大的关联性，但是由于各自偏向不同，又事关重大，因此有必要分开予以说明。

国有资产必须依法评估、转让，不得流失、非法减损。如果企业改制中涉及资产损失认定与处理的，改制企业必须按有关规定履行批准程序。企业法定代表人和财务负责人对清产核资结果的真实性、准确性负责。《企业国有资产评估管理暂行办法》规定，整体或者部分改建为有限责任公司或者股份有限公司必须进行资产评估，评估结果有核准和备案两种情形，通常经各级人民政府审核。国资委《关于进一步规范国有企业改制工作的实施意见》规定：企业改制涉及土地使用权的，必须经土地确权登记并明确土地使用权的处置方式。进入企业改制资产范围的土地使用权必须经具备土地估价资格的中介机构进行评估，并按国家有关规定备案。涉及国有划拨土地使用权的，必须按照国家土地管理局的有关规定执行。

案例二　**国泰君安（601211）**

国泰君安证券股份有限公司（以下简称国泰君安）是由原国泰证

券有限公司和原君安证券有限责任公司通过新设合并、增资扩股，于1999年8月18日组建成立的。主营业务包括：证券的代理买卖、证券的承销和上市推荐、证券投资咨询、资产管理、发起设立证券投资基金和基金管理公司、证券的自营买卖等。其招股说明书披露，公司设立时，财政部出具的国有股权管理批复未对新股东和部分老股东以现金投入发行人所形成的股本部分作出国有股权管理的批复。

针对国泰君安的上述问题，证监会在其反馈意见中要求：请保荐机构、发行人律师说明发行人设立过程中涉及国有股权的出资是否履行了必要的评估、审批等程序，是否符合国有资产管理的相关规定，相关评估报告是否在有效期内，设立及出资过程是否存在瑕疵，若存在，是否采取了补救措施，请保荐机构、发行人律师对设立过程的合法合规性发表明确意见。中介机构在处理以上问题时的思路如下：

- **介绍在改制过程中，对批复与评估问题进行了排查**

国有企业改制必须按有关规定履行批准程序，在涉及国有股权的转让、出资、权属变更、附加权利与义务等事项上，必须在完善各种法律程序的基础上，报主管机关批准。其中，评估程序是重中之重，它是严防国有资产遭非法侵占、流失、减损的"防火墙"。在改制过程中对国有资产问题务必严格按照交易事项完结后，每会计期期末以及其他财务结算时点履行完备的评估程序。所谓完备的评估程序，是指评估主体、流程和内容都不存在任何瑕疵，评估完全依法进行，单据依法出具。

- **对国有资产评估涉及的敏感问题，着重进行说明**

在IPO中，证监会关注的国有资产评估涉及的敏感问题一般与税务和土地相关，比如税务方面是否存在少缴、多缴、突击缴纳等情形，而土地问题则更为突出，国有土地权属正常以及转让的程序事项历来是证监会重点问询的事项，转让是否有瑕疵、是否落实了土地资格证、租赁用地是否正常、是否进行了备案，以及相关的"招、拍、挂"程序是如何进行的、进行的过程是否合法，都需进行详细的说明。

(3) 改制流程

企业变更法律形式需要履行相关程序或手续，具体到国企改制，由于国有资产的敏感性，法律法规设置审核流程更多。《企业国有资产法》第四十条规定：企业改制应当依照法定程序，由履行出资人职责的机构决定或者由公司股东会、股东大会决定。重要的国有独资企业、国有独资公司、国有资本控股公司的改制，履行出资人职责的机构在作出决定或者向其委派参加国有资本控股公司股东会会议、股东大会会议的股东代表作出指示前，应当将改制方案报请本级人民政府批准。同时，国资委《关于规范国有企业改制工作的意见》规定："国有企业改制方案需按照《企业国有资产监督管理暂行条例》和国务院国有资产监督管理委员会的有关规定履行决定或批准程序，未经决定或批准不得实施。"由法条可以看出，国企改制，相关的审批是必不可少的，实务中常遇到由于历史太过久远或者管理不善导致上级或者主管部门的批复与证明文件缺失的情况，这些证明单据的查找尽管可能很困难，但是绝不能随意放弃，在审批通过的事项上一定要形成有证明力的单据链，合成一份有力的证据来证明审批无法律瑕疵。

国有企业简化改制流程如下：

①拟订企业改制方案，企业职代会审议通过。

②组织资产评估和审计，清产核资，进行产权界定。

③资产评估。

④改制申报。

⑤改制方案的会审和审批。

⑥按批复方案组织实施。

⑦变更登记或办理新公司。

关于国企改制，首先要表明改制的历史原因，然后将程序性事项表述完备，这是监管层了解问题的前提以及厘清改制一连串问题的基础。尽管流程问题是形式上事项，但也是不可掉以轻心的，一旦相关历史文件不齐全、单据不完备，发行人可能因重大历史问题表述不清而构成发行障碍。

案例三　海峡环保（603817）

福建海峡环保集团股份有限公司（以下简称海峡环保）成立于2009年12月，其主营业务包括提供市政生活污水处理服务，在特许经营区域范围内负责市政生活污水处理设施的投资、运营、管理及维护。申报材料披露，洋里厂2002年成立，2009年改制为洋里公司，改制时，福州水务仅以洋里厂厂区净资产出资，而未将洋里厂厂外管网资产投入洋里公司。

针对海峡环保的上述披露，证监会在其反馈意见中要求：请保荐机构核查披露发行人涉及国有资产出资及转让的事项是否履行了必要的评估、审批、备案、登记等法律程序，是否合法合规、土地及相关资产处置是否符合法律法规规定，是否存在纠纷争议，发行人是否提供了国资主管部门的确认文件。中介机构在处理以上问题时的思路如下：

● 介绍改制的起因、过程、内容和影响。对程序性事项，按照时间线对关联主体进行翔实介绍

从案例介绍可以看出，海峡环保由于涉及较复杂的国企改制背景，证监会反馈意见是比较细致的，具有较好的案例参考价值。发行人招股说明书存在对流程事项表述不清、不彻底嫌疑，我们可以看到，证监会对流程的把握并不是要了解改制的时间线脉络就可以了，而是要求对发行人历史沿革中涉及的主体及相关背景，对改制的影响以及损益，都要交代清楚。国有资产如果存在流失或者被其他方非法侵占的情形，是证监会绝不能容忍的红线。因此，对流程中发生的事项与关联的主体，要尽可能准确披露。

● 对改制申请事项的相关批复、单据要核查清楚，做到有根有据

改制中，发行人历史沿革发生的相关事项是否得到批准是证监会关注的重点问题。比如改制涉及财政、劳动保障事项的，需预先报经同级人民政府有关部门审核，批准后报国有资产监督管理部门协调审批。改制涉及政府社会公共管理审批事项的，依照国家有关法律法规，报经政府有关部门审批。如前所述，现实中，由于企业历史太久远，不少发行人存在上级或者主管部门的批复与证明文件缺失的情况，此种情况下，还是要做详尽的解释和说明，尽可能得到当下主管部门新的审批或核准。当下主管部门不愿受理或者不愿出具证明的，可以通过发行人公司法律部门与政府相关部门协商，如确有必要，可以通过行政复议或者司法程序落实。

- 说明发行人实际控制人对改制过程中的各种程序性问题已经解决做出了承诺，对风险提供兜底保证

有些历史性事项，由于企业以及主管部门可能存在着人事变更，改制相关档案资料实在难以查找，因此改制问题法律风险漏洞还是较大的。实践中，考虑到国企改制问题的特殊性、敏感性，即使所有关键性事项都能得到证明，也应让大股东或实际控制人做出承诺，在"风险与提示"中单独对该事项进行说明，并对可能发生的风险进行兜底。

(4) 职工安置

改制涉及国家、企业、职工、银行、客户等相关主体的利益，能否兼顾各方利益，减少纠纷与阻力是影响改制成功与否的关键。其中国企改制首先要充分保障企业职工利益，从过往实践来看，职工利益得不到保障易产生群体性事件，这是影响社会安定的重要因素，故应摆在第一位。保障职工利益，避免与职工起纠纷，最有效的方法就是让职工民主地参与改制抉择。国务院国资委《关于规范国有企业改制工作的意见》(国办发[2003]96号)规定："国有企业改制方案和国有控股企业改制为非国有企业的方案，必须提交企业职工代表大会或职工大会审议，充分听取职工意见。其中，职工安置方案需经企业职工代表大会或职工大会审议通过后方可实施改制。"同时，相关法规也有规定，改制涉及职工安置的，其职工安置方案须经改制企业所在地劳动保障行政部门核准。

职工安置处理如何、有无纠纷，具体到改制流程中应当注意，改制企业拖欠职工的工资、医疗费和挪用职工住房公积金以及企业欠缴的社会保险费，应当以改制企业现有资产清偿。改制后的企业应与职工解除劳动合同，重新签订劳动合同，同时需要就改制后企业人数及劳动合同期限、支付经济补偿金标准和总额等情况制定出妥善的处理措施。原企业拖欠分流安置职工工资、医药费等债务情况及偿还办法，应由改制企业参照相关政策法规，制定适合本企业的规章制度。改制企业应了解原企业为职工缴纳社会保险费情况，在此基础上结合国家相关法律制度制定适合本企业职工社会保险的规章制度等。

接上例　海峡环保（603817）

针对海峡环保的上述披露，证监会在其反馈意见中要求：请保荐机构核查披露发行人改制相关职工安置是否符合法律法规规定，是否存在纠纷争议。中介机构在处理以上问题时的思路如下：

● **说明在改制过程中对涉及职工民主权利的事项进行充分的保障**

国企改制一般会涉及众多职工如何安置的问题。我国历史上普遍存在国有企业职工人数众多的情况，一些"巨无霸"型的国企职工可能达到数十万人，员工的民主权利如果在改制过程中得不到保障，就会引发严重的纠纷与恶性事件，对公司的持续经营造成极大的障碍，如此大的风险是监管层绝不能忽视的。改制过程的民主权利是指对改制与否、怎么改制、改制后职工怎么安置，要听取职工的意见，在职工人数相对较少的国有企业，可以通过召开职工大会，进行协商讨论，并写进相关文件予以记录以作证明，对职工人数较多的国有企业，可通过职工代表听取和传达职工想法，这些职工代表要经过民主选举并出具授权文书后，再进行沟通工作。中介机构可以通过收集民主流程中的授权文书、职工相关意见确认书、开会代表签字文书等证明材料表明对职工民主权利进行了妥善的保护。

● **介绍改制过程中涉及的职工薪资、安置费以及其他应有福利发放情况，说明发行人已安置职工对安置措施没有异议**

改制过程中，发放给职工的费用一般名目较多，有薪资、奖金、下岗安置费以及其他关于职工切身经济利益的福利。中介机构在说明这些费用时，采取列表的方式予以说明较为清晰明了。在对改制过程中的职工民主权利以及福利待遇问题梳理及介绍后，为保周全，应通过已安置职工意见调查表与走访记录等尽职调查资料说明，自改制之后，不存在因相关福利费用发放问题产生的纠纷。如果人数众多，可以采取职工代表或者抽样访谈的形式收集意见，但最好是全面访谈，了解职工对改制过程中安置措施的看法，并获得意见确认书。确保不会出现上访、举报、网络发帖以及其他影响发行人生产经营的事件发生。

（5）债权债务

转让企业国有产权导致转让方不再居于控股地位的，改制企业应与债权金融部门订立书面的相关债权债务处置协议，或取得债权金融部门签发的书面同意改制的确认书。予以规范的相关政策、法规：国务院国资委《关于规范国有企业改制工作的意见》（国办发〔2003〕96号）规定："国有企业改制要征得债权金融机构同意，保全金融债权，依法落实金融债务，维护其他债权人的利益。要严格防止利用改制逃废金融债务，金融债务未落实的企业不得进行改制。"国资委《关于进一步规范国有企业改制工作的实施意见》（国办发〔2005〕60号）："改制方案必须明确保全金融债权，依法落实金融债务，并征得金融机构债权人的同意。"

接上例　海峡环保（603817）

针对海峡环保的上述披露，证监会在其反馈意见中要求：请保荐机构核查披露发行人债权债务处理是否存在纠纷争议，发行人是否提供了国资主管部门的确认文件。中介机构在处理以上问题时的思路如下：

● 逐项说明改制过程中，债权债务的承继主体不存在合规障碍和争议纠纷

中介机构首先需要核查对发行人持续经营会产生重大影响的债权债务，考虑到国有资产的敏感性，这个产生"重大影响"的标准应该覆盖较广，比如，一般对100万元以上的债权债务要全部核查，并出具状态说明，而国有企业改制，最好标准放在50万元甚至更低。其次，对承继债权债务的主体，要一一核查相关背景，并根据法规，详细对照说明主体是否合法，比如是否为外资背景、行业属性是否准予转让等。此外，结合审计和评估等中介机构的结论，说明债权债务的流转在国有企业改制过程中不存在流失等受损情况。

● 提供主管部门审批文件，弥补文件证明材料缺失漏洞

一般来说债权债务本是公司经营私法自治的领域，但由于国有资产的敏感性，一旦涉及国有资产的流转，必须进行审批，因此在债权债务的处理上不仅要补全公司内部会议表决文件，还需要取得主管部门审批文件。在审批文件由于日久缺失的情况下，设法取得省级主管部门开具的证明文件是比较稳妥的做法。

本节小结

总的来说，国企改制是一个浩大的工程，牵一发而动全身，涉及的问题存在于企业的方方面面，单从合规性角度讲，如前文所说，几乎涉及了一个企业在IPO申请中大部分可能遇到的法律障碍。

由于关涉的其他合规问题，会在其他章节中再详细举例讲解，故本节在此仅将国有企业改制过程中遇到的五个典型合规问题予以点出。一般来说，国有企业上述的五个问题是核查的重中之重，其他事项，经中介机构详细介绍并解释，一般问题不大。虽说国企改制涉及的合规问题较多，且重点事项也不少，但是可将关注点集中在两个原则上：第一，国有资产不能有瑕疵，包括权利瑕疵与财务瑕疵，其中，国有资产流失问题也属其题中之意。第二，国有资产要被合法地使用，包括主体合法和程序合法。

国有资产瑕疵的合规风险主要是指由于程序缺失等问题而引起的监管层对国有资产流失的质疑。最新的发行审核政策指示，如果在改制过程中存在程序缺失或外部证据无法证明该过程的合法性，需要省级人民政府出具文件予以证明。中介机构在介绍情况时，并不只是说明不存在违法违规行为而已，还需将事件的来由及是否存在问题逐条做出解释和说明。国企改制的复杂性体现在监管法规杂乱无章，各地监管政策多样且改动频繁等现实情况上，但是只要中介机构让监管层确信国有资产无瑕疵以及被合法合规使用，招股说明书相关部分就算是做了一份合格的说明。

主要参考法律法规：

《中华人民共和国企业国有资产法》

《中华人民共和国全民所有制工业企业法》

《国有资产评估管理办法》

《企业国有资产评估管理暂行办法》

《企业国有产权转让管理暂行办法》

《企业国有资产监督管理暂行条例》

《国有企业改革中划拨土地使用权管理暂行规定》

《国有大中型企业建立现代企业制度和加强管理的基本规范（试行）》

《国家体改委关于积极稳妥地推进国有企业股份制改革的指导意见》

第二节 返程投资

根据国家外汇管理局2014年发布的《国家外汇管理局关于境内居民通过特殊目的公司境外投融资及返程投资外汇管理有关问题的通知》(汇发[2014] 37号)(以下简称37号文),返程投资是指境内居民直接或间接通过特殊目的公司对境内开展的直接投资活动,即通过新设、并购等方式在境内设立外商投资企业或项目(以下简称外商投资企业),并取得所有权、控制权、经营管理权等权益的行为。在37号文出台之前,《国家外汇管理局关于境内居民通过境外特殊目的公司融资及返程投资外汇管理有关问题的通知》(汇发[2005] 75号)(以下简称75号文)是国家外汇管理局规范返程投资行为的主要依据,多个上市公司通过解释实际控制人对境内进行投资的行为不符合75号文中规定的返程投资的定义,从而规避75号文中关于外汇登记的要求。因此,唯有厘清37号文与75号文之间的区别与联系才能真正掌握中介机构在处理相关问题上的思路变化,不至于新规出现之后仍采用旧规下中介机构总结出来的解决思路(见表1-1)。

表1-1 37号文与75号文的比较

	37号文[2014]	75号文[2005]
返程投资	是指境内居民直接或间接通过特殊目的公司对境内开展的直接投资活动,即通过新设、并购等方式在境内设立外商投资企业或项目(以下简称外商投资企业),并取得所有权、控制权、经营管理权等权益的行为	境内居民通过特殊目的公司对境内开展的直接投资活动,包括但不限于以下方式:购买或置换境内企业中方股权、在境内设立外商投资企业及通过该企业购买或协议控制境内资产、协议购买境内资产及以该项资产投资设立外商投资企业、向境内企业增资
特殊目的公司	境内居民(含境内机构和境内居民个人)以投融资为目的,以其合法持有的境内企业资产或权益,或者以其合法持有的境外资产或权益,在境外直接设立或间接控制的境外企业	境内居民法人或境内居民自然人以其持有的境内企业资产或权益在境外进行股权融资(包括可转换债融资)为目的而直接设立或间接控制的境外企业

（续表）

	37号文［2014］	75号文［2005］
境内居民	含境内机构和境内居民个人，"境内机构"，是指中国境内依法设立的企业事业法人以及其他经济组织；"境内居民个人"是指持有中国境内居民身份证件、军人身份证件、武装警察身份证件的中国公民，以及虽无中国境内合法身份证件但因经济利益关系在中国境内习惯性居住的境外个人	含境内居民法人和境内居民自然人，"境内居民法人"，是指在中国境内依法设立的企业事业法人以及其他经济组织；"境内居民自然人"是指持有中华人民共和国居民身份证或护照等合法身份证件的自然人，或者虽无中国境内合法身份证件但因经济利益关系在中国境内习惯性居住的自然人
控制	境内居民通过收购、信托、代持、投票权、回购、可转换债券等方式取得特殊目的公司的经营权、收益权或者决策权	境内居民通过收购、信托、代持、投票权、回购、可转换债券等方式取得特殊目的公司或境内企业的经营权、收益权或者决策权

由以上对比可知，37号文与75号文对于返程投资定义的区别主要在于扩大了返程投资的定义范围，原很多不属于75号文规范的行为对象被纳入了37号文的规范范畴，填补了返程投资定义的漏洞。具体来说，37号文扩大了返程定义的范围主要体现在以下几个方面：

一是37号文对于特殊目的公司的"目的"进行了扩大，原75号文特殊目的公司的目的在于"在境外进行股权融资"，而37号文在扩大为"以投资为目的"，增加了投资的内容。

二是37号文对于用于投融资的资产或权益范围进行了扩大，原75号文仅能"以其境内企业资产或权益"在境外进行股权融资，而37号文则扩大为以投融资为目的，以其合法持有的"境内企业资产或权益，或者以其合法持有的境外资产或权益"。

三是返程投资的范围从75号文的"通过特殊目的公司对境内开展直接投资活动"扩大为37号文的"直接或间接通过特殊目的公司对境内开展直接投资活动"。

由以上对比可知，在37号文出台之前中介机构常采用的解释境外公司非以股权融资为目的、设立境外公司的资金来源非境内企业资产或权益等途径在37号文出台之后已不再可行。

然而，虽然37号文的出台将返程投资的定义进行了扩大，其影响的仅是中介机构对于发行人实际控制人或其他股东在境外设立公司在境内的投资行为是否属于返程投资的解释，缩小了被认定为非返程投资行为从而规避被相关法律法规规范的可能性，但是解释的空间依然存在。

因此，对于返程投资的处理思路一般如下：首先，从定义上解释判断是否属于返程投资，虽然原75号文下常采用的解释境外公司非以股权融资为目的、设立境外公司的资金来源非境内企业资产或权益已不太可行，但是中介机构仍可以从股东的身份是否属于境内居民、资金来源及设立目的上寻求解释空间。其次，若符合返程投资的定义，则应当按照最新37号文的规定向外汇局申请办理外汇登记；若未及时办理，则应按照37号文的规定补办登记手续；若因未办理外汇登记而受到处罚的，其处理思路与其他行政处罚一致，应当及时按照规定缴纳罚款并补充改正，取得外汇局出具的非重大违法违规情况的说明。对于可能造成发行人潜在损失的，应由实际控制人出具兜底承诺。最后，为防止资金外逃、股权不清晰且难以核查，监管层对于返程投资一般要求其控制权需最终回归境内。

案例一 雷迪克（300652），不属于75号文下的特殊目的公司从而不构成75号文下的返程投资，但属于37号文下的返程投资，因已经消除返程投资架构从而无须再进行外汇登记

杭州雷迪克节能科技股份有限公司（以下简称雷迪克）成立于2002年11月20日，2017年5月16日上市，是以研发、生产和销售汽车轴承为主营业务的高新技术企业，主要产品为汽车轴承，包括轮毂轴承、轮毂轴承单元、圆锥轴承、涨紧轮、离合器分离轴承和三球销万向节。雷迪克于2002年成立时的发起人之一昌辉发展为其实际控制人控制的香港企业，其子公司杭州沃德的原股东沃德投资同样为发行人实际控制人控制的境外企业。对此，证监会在反馈意见中要求：招股说明书披露发行人曾经的外方股东昌辉发展和沃德投资均为实际控制人控制的外资企业。发行人的实际控制人为中国国籍并没有境外居留权，请说明发行人的实际控制人是如何设立境外的投资主体，在

设立境外投资主体以及境外投资主体向境内企业的投资过程中是否符合境内有关对外投资以及外汇管理方面法律法规的规定。

昌辉发展成立于2001年10月，于2002年10月设立雷迪克，昌辉发展设立及投资雷迪克时，中国尚无境内个人利用境外资金在境外设立企业并对境内进行投资的相关法律法规，因此发行人实际控制人依据香港地区《公司条例》在香港设立昌辉发展及昌辉发展对雷迪克进行投资未违反中国相关法律法规的规定。

沃德投资成立于2011年8月，于2013年9月设立杭州沃德时，其直接投资方为香港居民，投资资金来源未涉及境内资产及境内外汇，因此沃德投资的成立和对杭州沃德投资符合相关法律法规的规定（2007年2月1日生效的《个人外汇管理办法》（人民银行令［2006］第3号）仅规定了境内购汇或以自有外汇对外进行投资应当办理境外投资外汇登记，"汇发［2005］75号文"仅明确特殊目的公司返程投资需办理外汇登记）。

2005年1月24日，国家外汇管理局发布《国家外汇管理局关于完善外资并购外汇管理有关问题的通知》（汇发［2005］11号）（于2005年10月21日停止执行）；2005年4月21日，国家外汇管理局发布《国家外汇管理局关于境内居民个人境外投资登记及外资并购外汇登记有关问题的通知》（汇发［2005］第29号，于2005年10月21日停止执行）；2005年10月21日，国家外汇管理局发布《国家外汇管理局关于境内居民通过境外特殊目的公司融资及返程投资外汇管理有关问题的通知》（汇发［2005］75号，于2014年7月4日废止），就境内居民通过境外特殊目的公司开展股权融资及返程投资涉及外汇管理的有关问题作出规定，该通知所述"特殊目的公司"是"指境内居民法人或境内居民自然人以其持有的境内企业资产或权益在境外进行股权融资（包括可转换债券融资）为目的而直接设立或间接控制的境外企业"。彼时，因昌辉发展及后续设立的沃德投资均不属于以境内资产或权益在境外进行股权融资而设立的特殊目的公司，因此，发行人实际控制人未按该通知的规定办理个人境外投资外汇登记。

2014年7月4日，国家外汇管理局发布《国家外汇管理局关于境内居民通过特殊目的公司境外投融资及返程投资外汇管理有关问题的通知》（汇发［2014］37号），本通知所称"特殊目的公司"，是指境内居民（含境内机构和境内居民个人）以投融资为目的，以其合法持有的境内企业资产或权益，或者以其合法持有的境外资产或权益，在境外直接设立或间接控制的境外企业。

根据汇发［2014］37号文所附《返程投资外汇管理所涉业务操作指引》"如因转股和身份变更致持有特殊目的公司权益但不持有境内企业权益"不再"属于需要办理特殊目的公司登记"情形。

因2014年4月昌辉发展已将所持雷迪克有限股权全部转让给境内自然人、沃德投资已启动转为内资的减资及转让程序，消除返程投资状态且昌辉发展及沃德投资均存在注销计划并最终完成注销。因此昌辉发展和沃德投资符合"不再属于需要办理特殊目的公司登记"的情形，未办理境外投资外汇登记。

昌辉发展投资雷迪克有限及对雷迪克有限出资、沃德投资投资杭州沃德及对杭州沃德投资，昌辉发展退出对雷迪克有限公司、沃德投资退出对杭州沃德投资均经过主管的外商投资及外汇管理部门批准，履行了必要的审批和外汇汇付程序，合法有效。

根据国家外汇管理局萧山支局出具的外汇违法情况证明，公司自2002年11月20日至今未发现因外汇违法行为而受到该支局行政处罚或正在被立案调查的情况。

综上所述，发行人律师认为，发行人实际控制人设立境外投资主体以及境外投资主体向境内企业的投资符合境内有关对外投资以及外汇管理方面法律法规的规定。

雷迪克案例的典型之处就在于，同样的一种行为或状态在75号文及37号文的法律定义下存在完全不同的结论。在75号文下，昌辉发展及后续设立的沃德投资均不属于以境内资产或权益在境外进行股权融资而设立的特殊目的公司，但是在37号文下，该状态是典型的返程投资的范畴，只是因为昌辉发展已将所持雷迪克有限股权全部转让给境内自然人、沃德投资已启动转为内资的减资及转让程序，返程投资状态已经消除，故不再需要办理相关的登记而已。本案例从另一方面反映了其也遵循了典型的返程状态解决思路，即先根据相关条文判断其是否属于返程投资，若不属于则可免予登记程序，故本案例判断不属于 75 号文下的返程投资。若属于，如 2014 年 37 号文生效后本案例之前的状态，则应当办理或者补办登记，除非该状态已经消除或存在其他根据法律法规可予以豁免的理由。

案例二 雪榕生物（300511），构成返程投资但未进行外汇登记从而被行政处罚

上海雪榕生物科技股份有限公司成立于 1997 年 12 月 8 日，于 2016 年 5 月 4 日上市，主营业务为鲜品食用菌的研发、工厂化种植与销售。针对公司股东外汇补登记及外汇管理局的行政处罚事项，监管层在反馈意见中要求补充披露豪胜投资的自然人股东办理"境内自然人境外投资外汇登记"补登记手续的性质、背景、原因、外汇登记所针对的具体事项、数额，是否属于重大违法违规行为。

- **国家外汇管理局 2005 年第 75 号文的具体规定**

根据《国家外汇管理局关于境内居民通过境外特殊目的公司融资及返程投资外汇管理有关问题的通知》（汇发 [2005] 75 号）的规定，境内居民自然人以其持有的境内企业资产或权益在境外进行股权融资（包括可转换债融资）为目的设立或控制境外企业，返程投资或有任何变更事项，需要向外汇管理部门申请办理相应的外汇登记。境内居民在 2005 年 11 月 1 日以前已在境外设立特殊目的公司并已完成返程投资，但未按规定办理境外投资外汇登记的，应当补办境外投资外汇登记。

- **本次外汇补登记手续背景和原因**

杨勇萍于 1999 年 5 月 18 日在英属维尔京群岛注册成立了豪胜投资，并由豪胜投资于 2000 年受让了高榕食品的股权，2006 年开始余荣琳、诸焕诚、王向东、丁强、余贵成、陈建华通过增资或转股的方式成为豪胜投资的股东，但该等事项并未及时在外汇管理部门履行外汇登记手续。

- **本次外汇补登记的具体内容**

2010 年 8 月，根据汇发 [2005] 75 号文的要求，高榕食品向国家外汇管理局上海市分局递交了《境内居民个人境外投资外汇登记

申请书》《关于 Hopeful Win Enterprises Limited 投资上海高榕食品有限公司资金来源的情况说明》及《关于特殊目的公司 Hopeful Win Enterprises Limited 注册资本资金来源及历次股份拆细情况的报告》等书面情况说明及相关文件，就未进行外汇登记等事项进行了主动汇报。2010 年 10 月 11 日，国家外汇管理局上海市分局向豪胜投资 7 名境内自然人股东杨勇萍、余荣琳、诸焕诚、王向东、丁强、余贵成、陈建华核发了《境内居民个人境外投资外汇登记表》，完成了外汇补登记手续。

● 杨勇萍等七位自然人在本次外汇补登记过程中受到的行政处罚

就上述补登记事项，2012 年 8 月 16 日，国家外汇管理局上海市分局对杨勇萍、余荣琳、诸焕诚、王向东、丁强、余贵成、陈建华分别作出行政处罚决定，认定上述 7 人未在规定日期办理境外投资外汇登记的行为违反了《国家外汇管理局关于境内居民通过境外特殊目的公司融资及返程投资外汇管理有关问题的通知》（汇发〔2005〕75 号）第八条规定，但属程序性违规且违反外汇管理行为情节轻微。鉴于其已补办了境外投资外汇登记，纠正了违规行为，决定给予警告处罚，并罚款人民币 5 万元。

综上所述，发行人律师认为，发行人股东未根据汇发〔2005〕75 号文进行外汇登记并受到外汇处罚的事宜属程序性违规且情节轻微，不会对发行人资产状况、财务状况及本次发行产生重大不利影响，也不会对本次发行构成实质性障碍。

本案例的借鉴意义在于其未依法办理外汇登记被行政处罚后的处理思路，其实和一般的行政处罚处理思路别无差异，在披露时应当就该处罚事项的发生原因和背景、具体经过、涉及的人员及金额、后果、处理情况及结果进行详细的说明，在具体的处理上则需按照监管部门的要求缴纳罚款，完成补登记且取得监管部门的非重大违法违规的说明，最后由律师根据相关法律法规论证其并非重大违法违规行为，不构成上市的实质性障碍。

本节小结

虽然 2014 年 37 号文的出台相较于 2005 年 75 号文对于返程投资的

范围有了较大的扩充，以致原来较多案例可以通过解释为非返程投资行为从而规避75号文的规范的途径已经不再可行。然而，虽然返程投资的定义有所扩大，但仍有其界限，故中介机构在处理相关案例时仍可以通过设立人的身份、设立的目的、资金来源等方面判断是否属于返程投资，若不属于，则仍不属于37号文规范的范畴，若属于，则应当按照37号文的规定进行登记。若未能及时登记，则应当进行补登记。若因未办理外汇登记而受到处罚的，其处理思路与其他行政处罚一致，应当及时按照规定缴纳罚款并补充改正，取得外汇局出具的非重大违法违规情况的说明。对于可能造成发行人潜在损失的，应由实际控制人出具兜底承诺，最后由发行人律师根据相关法律法规对其违法违规行为的性质发表意见。

第三节 红筹回归

所谓红筹上市，一般是指拟上市企业境内实际控制人在英属维尔京群岛、开曼群岛、萨摩亚等境外税务天堂设立特殊目的公司（"SPV"），通过特殊目的公司收购或协议控制（"VIE"结构）境内经营实体，以境外特殊目的公司作为上市主体合并境内公司的业务和经营记录实现在境外上市的目的。

从现有案例来看，红筹架构模式可以分为股权控制模式和协议控制模式。

所谓股权控制模式，即由自然人（包括境内居民和境外居民，实际上大部分为境外居民）以个人名义在香港、开曼群岛、百慕大等离岸中心设立拟上市公司（SPV，可能有两至三层的境外架构），用来自境外的外汇资金在境内购买上述自然人在境内持有的权益，拟上市公司境外公司以上述境内权益在境外上市。其一般架构如图1-1所示。

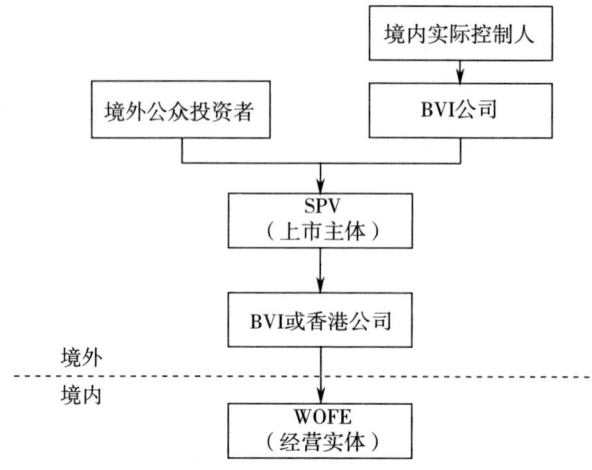

图 1-1　股权控制模式架构

协议控制模式[①]，即境内公司（内资公司，直接从事经营活动）的股东在境外设立上市主体，并由境外上市主体在境内新设立的外商投资企业与境内经营实体签署业务运营、顾问服务等一系列协议[②]以达到实际控制的目的，最终被控制的境内公司的利润转移到境外，成为境外股东的红利。其一般架构如图 1-2 所示。

---

① 相关术语：VIE 是"Variable Interest Entity"的缩写，译为"可变利益实体"，也称"协议控制"或者"新浪结构"，是指境外融资实体通过其股权控制的外商独资企业（WFOE）以协议的方式控制境内运营实体（OPCO）的一种投资结构，其中的 OPCO 就是境外融资实体的 VIE（可变利益实体）。

② 此类协议一般包括：（1）资产运营协议：通过该协议由 WFOE 实际控制目标公司的资产和运营。（2）贷款协议：由 WFOE 与境内运营实体的股东签订。WFOE 根据该协议向境内运营实体的股东提供贷款，然后该股东将这笔贷款通过增资的方式注入境内运营实体。（3）独家期权协议：由 WFOE 与境内运营实体的股东签订。在该项协议下，境内运营实体的股东授予 WFOE 一项独家期权。根据该独家期权，WFOE 可以随时自己或者指定任意第三方主体购买境内运营实体股东所持有的境内运营实体的股权。（4）股东表决权委托协议：由 WFOE 与境内运营实体的股东签订。（5）独家业务合作协议：由 WFOE 与境内运营实体签订。在该协议下 WFOE 向境内运营实体提供独家的咨询和技术服务或者提供运营所需的知识产权，目标公司的利润以服务费、特许权使用费等方式支付给 WFOE，从而达到转移利润的目的。（6）股权质押协议：由 WFOE 与境内运营实体的股东签订，在该项协议下，境内运营实体的股东将其在境内运营实体的股权质押给 WFOE 以担保上述四个协议的履行。

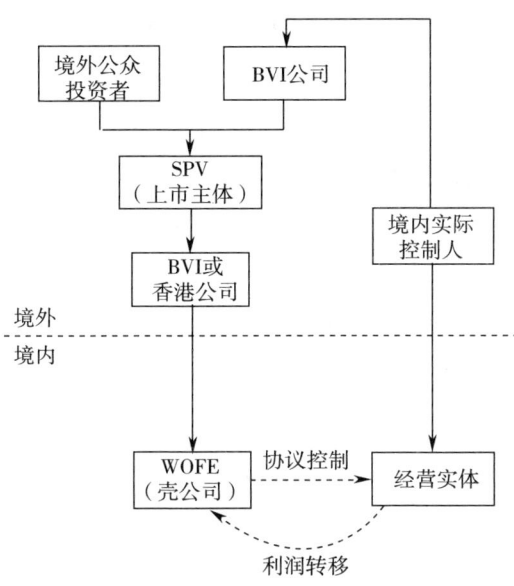

图 1-2 协议控制模式架构

21 世纪以来，已有数百家新兴行业的境内企业通过搭建红筹架构实现海外上市。然而，自国内创业板开闸以来，随着境内资本市场的活跃，境内上市公司市盈率远高于境外上市公司，一股去红筹化、回归国内 A 股的潮流正在国内资本市场上涌现。一批原计划海外上市，并已完成红筹架构搭建工作的境内企业将上市目标转向了国内，它们或者已经，或者正在，或者将要拆除红筹架构，以清除实现国内上市的法律障碍。

然而，因为中国证监会认为红筹架构企业主要的股权结构是在境外搭建，股权结构不清晰，具有较大的不确定性，同时由于此种结构实际控制人为境内居民，但公司控股权在境外，对于公司的监管具有很大的困难，因而在面对红筹架构回归 A 股上市的企业时，证监会对其股权清晰性、外汇登记、税务管理、实际控制人变更等问题会格外关注。本书根据证监会对红筹架构回归 A 股上市的反馈意见以及本人总结及同行已披露的实践经验总结出证监会对红筹架构回归 A 股上市已经或者可能涉及的反馈问题详列如下：

第一，SPV 的相关问题：（1）说明 SPV 设立履行的法律程序，披露 SPV 的股东、注册资本及其实缴情况。如根据商务部 2006 年第 10 号文，境内公司、企业或自然人以其在境外合法设立或控制的公司名义并购与其有关联关系的境内公司,应报商务部审批,当事人不得以外商投资企业境内投资或其他方式规避前述要求。(2) 说明由自然人设立海外公司控制的原因,以及相关程序的合法性,是否存在风险。(3) 说明 SPV 设立时有关各方签订的协议主要内容,以及各自然人通过海外设立公司出资是否符合外汇管理的有关规定,是否履行了必要的审批手续。(4) 披露 SPV 设立以来的对外投资情况,是否存在相关债权债务及潜在纠纷,其经营是否合法合规,并提供 SPV 设立以来历次股权变动的登记备案资料及证明文件。(5) 披露 SPV 存续期间的董事会成员构成以及股东会、董事会等内部决策的履行情况。(6) 说明其作为境内 WFOE 的单一外资股东期间,对境内 WFOE 的生产经营和其他重大事项如何做出相关决策及其实施情况。(7) 说明 SPV 返程投资支付股权转让款的资金来源及其合法有效性。(8) VC/PE 机构的股权结构、实际受益人及出资资金来源、是否存在信托持股或委托持股安排,及投资相关条款。

第二,股权重组回归相关问题:(1) 关注回归过程;(2) 详细说明相关各企业的历史沿革,包括但不限于设立及历次增资出资情况、资金或资产来源、资产重组和股东股权转让等情况;(3) 历次股权转让的合规性;(4) 说明股权转让款的定价依据及其支付情况,并提供股权支付的相关凭证。

第三,税务相关问题:(1) 提供主管税务机关出具的相关完税证明文件,说明并披露报告期内享受税收优惠依照的法律法规及认定依据,享受外资优惠可能存在的追缴税款的风险及是否对发行人经营产生重大影响;(2) 发行人享受外商投资企业所得税优惠是否符合 10 号文的相关规定(特殊目的公司返程投资的特殊规定)。

第四,其他相关问题:(1) 披露发行人境外上市计划实施到何种程度及放弃境外上市的真实原因;(2) 相关股东资金进出境是否根据国家外汇管理等法律法规的有关规定履行审批手续;(3) 近三年发行人的实际控制人是否发生变更、历次股权变动履行的审批、涉及税收、资金来源及往来、外汇进出境是否符合国家外汇管理等法律法规的有关规定。

总结起来,证监会对于红筹架构企业回归 A 股上市主要是关注股权的清晰性、搭建及解除红筹架构的合法合规性、实际控制人是否变更、税收合法性等问题。多数中介机构在实践中为了保证对该问题进行充分的披露，往往会将红筹架构搭建及拆除作为专门的一节对以上问题进行详细地解释。主要处理原则如下：

首先，从实务操作上而言，红筹架构已经搭建好的企业回归首先要做的便是将主要股权回归境内，实践中大多数案例实现了将全部股权回归到境内的情形。在拆除红筹架构时一般遵循的步骤是（1）调整 SPV 的股权结构。如果之前的红筹架构已经进行过境外融资，则还存在回购境外投资人股份的问题，所涉及的股权转让程序、资金来源、缴税情况等都需要在招股说明书中披露。如果境外投资人不愿意退出，则需要把境外投资人所持境外公司的股份通过股权转让的方式平移到境内上市主体中。(2) 终止境内交易安排。(3) 调整境内公司真实股权。(4) 注销境外上市、返程投资涉及的主体，实践中，也有将 SPV 转让给无关联的第三方的案例。(5) 境内公司引进投资者。

其次，拆除红筹架构的原则是，保证每次股权变更的真实性，程序的合法合规性，股权转让价格的合理性，以及架构拆除后实际控制人不得发生变化等。故中介机构需要详细披露红筹架构搭建及拆除过程中所涉及的每次股权回购、转让的情况及程序。

最后，一些中介机构选择用表格的方式列示拆除前后的股权架构进行直观的对比来说明红筹架构拆除前后实际控制人并没有发生变更，甚至拆除前后公司的最终股权结构一致，以便审核员有清晰的了解。

对于股权转让的价格，其处理思路与国内一般公司股权转让价格定价并无太多差异。一般而言，重组过程中股权转让有象征性定价、注册资本定价、成本定价、净资产定价及评估值定价几种方法。象征性定价对资金的需求量最小，但是一般很难得到工商及税务等相关部门的认可，且以这种方式进行定价转让往往会引起发审委的怀疑，对上市造成影响，故并不建议。总之，股权转让定价应当考虑多种因素，除了资金因素外，另一个重要的因素便是税收监管部门对股权转让作价的要求，故应保持和税务部门的充分沟通。实践中，以成本及净资产作为定价依据较为常见。

对于税收问题，除了股权转让过程中涉及的个人所得税外，另一个重要考量便是外资企业的税收优惠。10 号文明确规定：境内公司、企业或自然人以其在境外合法设立或控制的公司名义并购与其有关联关系的境内公司，所设立的外商投资企业不享受外商投资企业待遇。即通过红筹架构搭建的外商投资企业不得享受税收优惠。但实践中往往都享受了该外商投资企业的税收优惠，对于该问题的处理较为灵活，主要原则是要与当地主管税务部门保持充分沟通，大部分的地方税务部门只要后期进行了补缴，则往往不会对其进行处罚。更有甚者，当地的税务部门为了鼓励支持当地企业上市，直接豁免该企业对红筹架构拆除以前的税收优惠进行补缴的义务。

最后，对于外汇登记管理问题，根据 75 号文规定，境内居民设立或控制境外 SPV，以及境内居民将其拥有的境内企业的资产或股权注入 SPV，或在向 SPV 注入资产或股权后进行境外股权融资时，需要办理境外投资外汇登记/变更手续。2011 年 5 月，国家外汇管理局发布了《境内居民通过境外特殊目的公司融资及返程投资外汇管理操作规程》（汇发［2011］19 号），对 75 号文的有关规定以及补办 75 号文登记的相关要求进行了细化及补充。2014 年 7 月，国家外汇管理局又发布了《国家外汇管理局关于境内居民通过特殊目的公司境外投融资及返程投资外汇管理有关问题的通知》（汇发[2014]37 号），废止了 75 号文，并对境内居民境外投资或融资的外汇登记事项进行了更新、细化及调整。返程投资所涉及的境内 WFOE 或合资企业，则需要按照有关外商投资企业外汇登记的相关规定(汇发[2015]13号文、汇发[2013]21 号文等)，向当地外汇局办理相应的外商投资企业外汇基本信息登记或变更登记（按照最新政策，2015 年 6 月之后则需在商业银行办理有关的境外投资外汇登记）。因此，红筹架构公司应该基于其搭建的股权架构及融资方式相应办理外汇登记手续，在确属应该办理外汇登记而未办理的情况下，应该办理补登记。另外，需要注意的是，境内实际控制人未履行外汇（补）登记程序时可能会受到国家外汇管理机构的处罚。故为了减少发行审核过程中的风险，但凡涉及外汇登记的事项，应该尽可能地与当地的外汇管理部门取得沟通。对于未登记的，视情况进行补办登记，或者取得外汇管理部门出具的不适用的批复等。

第一章 上市主体

案例一 暴风科技（300431），2010 年底开始拆除，2012 年 5 月拆除完毕

暴风集团股份有限公司（以下简称暴风科技）成立于 2007 年 1 月 18 日，主要运营国内主流的视频播放器——暴风影音。其在 2006—2008 年进行了 3 轮 PE 融资。在这一过程中，暴风科技设立了境外公司 Kuree，并搭建起了以境外上市为导向的 VIE 架构。其架构如图 1-3 所示。

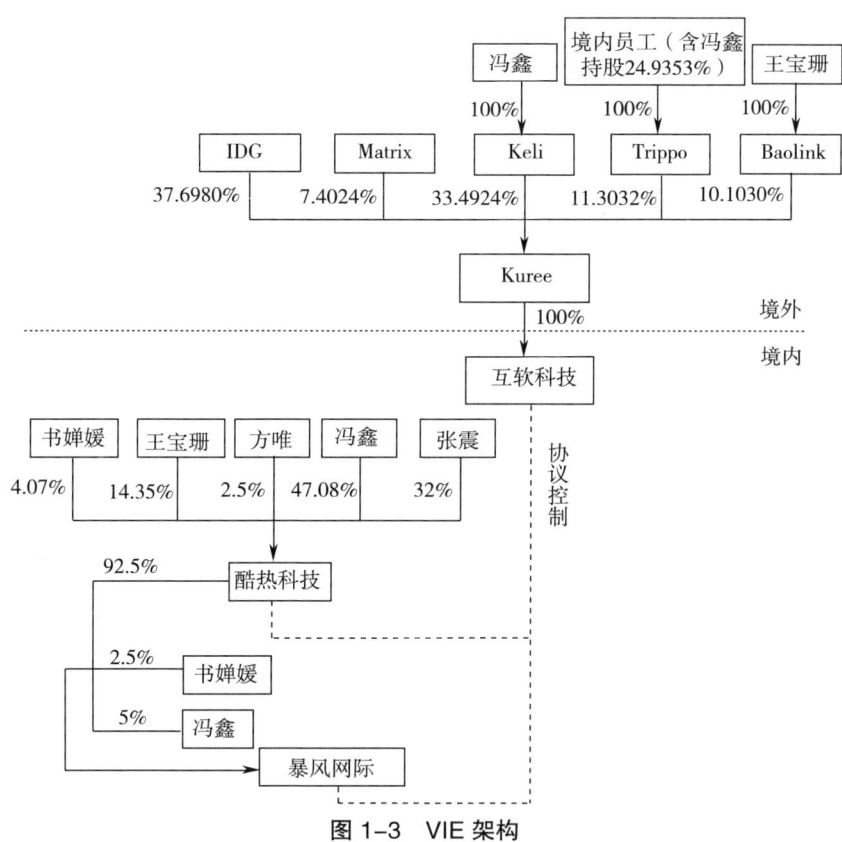

图 1-3 VIE 架构

- **详细披露红筹架构从搭建到最终解除的过程**

暴风科技在其招股说明书中详细披露了红筹架构中所涉及主体从成立、增资到红筹架构最终搭建以及拆除的过程，内容较多，故本书不对该过程进行详细的分析，仅提取出其中较为关键的时间节点。

① 2006 年 5 月 15 日，拟境外上市主体 Kuree 的成立。
② 2006 年 7 月 3 日，WFOE 公司互软科技成立。
③ 2007 年 1 月 18 日，境内上市主体暴风网际成立。
④ 2010 年 12 月 15 日，解除 WFOE 对境内拟上市主体的协议控制关系。
⑤ 2011 年 1 月 17 日，原境外上市主体退出 WFOE。
⑥ 境内拟上市主体以增资或股权转让的方式引入新投资人或接盘基金。
⑦ 2012 年 5 月 10 日，VIE 架构下相关公司注销。

红筹架构搭建及拆除过程的详细披露有助于审核员了解全部过程，以便其对红筹架构拆除前后股权演变的过程有清晰的认识和了解，便于其对整个过程涉及的股权清晰性及红筹架构拆除的具体情况及结果有充分的掌握，故暴风科技的做法具有借鉴意义。

- 介绍海外投资者的基本情况

介绍海外投资者的目的在于核查红筹架构搭建时股东的基本情况，以确认拟上市公司在红筹架构存续期间不存在违法违规的情形，确认既不存在其委托其他方持有或被其他方委托持有、信托持有拟境外上市公司股份的情况，也不存在其他类似利益安排，以确认股权的清晰及稳定性。

- 介绍协议控制的具体安排及相关协议的履行情况

涉及协议包括《独家技术咨询和服务协议》《股权质押合同》《独家购买权合同》《非专利技术转让协议》《非专利技术使用许可协议》《域名及网站版权独家认购合同》《知识产权独家认购合同》及《授权委托书》。协议控制模式及通过签署一系列的协议以达到将境内公司利润转移的效果，从而完成境外公司的上市。故红筹架构回归 A 股上市，必然要求废除所有相关安排，以确保境内公司收入的真实性。故在招股说明书中完全列示所签署的相关协议及其处理结果是必要的。

- WFOE 公司的股权演变及业务经营情况

WFOE 公司虽然最终被注销，但作为境内拟上市主体历史上存在的控制主体，考察其股权演变过程及其业务经营情况有助于审核员了解 WFOE 公司与境内拟上市公司之间的实际股权关系、同业竞争、其

- **重组及相关协议的主要内容**

目的在于通过核查重组协议的具体内容及执行情况掌握重组的具体安排及最终的效果，以保证境内拟上市企业最终资产及业务的独立性和完整性。

- **VIE搭建及解除过程中涉及的税收问题**

主要为股权转让个人所得税。根据红筹架构解除时签署的《重组协议》，2011年1月17日，Kuree将全部互软科技股权转让给金石投资及和谐成长，对价为人民币279947559.94元。根据《企业所得税法实施条例》第九十一条规定，Kuree此次股权转让所得按10%的税率征收企业所得税。根据《企业所得税法实施条例》第三十七条规定，该次操作涉及的企业所得税实行源泉扣缴，支付人为扣缴义务人。

通过核查相关资料，中介机构确认Kuree此次股权转让操作涉及的税收事项已缴纳。Kuree收到的股权转让款与重组协议约定的转让价款一致，该笔转让及支付不存在潜在纠纷。

- **说明相关主体均不拥有与发行人业务相关的资产，以解释发行人资产的独立性和完整性**

发行人历史上VIE结构下的主体主要包括Kuree、互软科技及酷热科技。设立Kuree及互软科技的主要目的为搭建境外融资平台及搭建VIE结构，该两家公司自设立至注销从未开展过实际经营；酷热科技为创业团队开发视频播放业务的初始创业平台，自发行人设立起即逐步停止经营，其原有的与发行人业务相关的资产已全部转移至发行人继续运营。截至2012年5月10日，Kuree、互软科技及酷热科技均已注销完毕，不存在拥有与发行人业务相关资产的情形。

- **境内自然人的外汇登记情况**

2014年7月，国家外汇管理局又发布了《国家外汇管理局关于境内居民通过特殊目的公司境外投融资及返程投资外汇管理有关问题的通知》（汇发[2014]37号文），废止了75号文，并对境内居民境外投资或融资的外汇登记事项进行了更新、细化及调整。但是暴风科技VIE架构搭建在该文颁布以前，故仍适用75号文的规定。然而，75号文并未对未能按时办理境外融资的变更登记手续应如何处理有明确的规定。故在暴风科技的案例中，中介机构认为虽然存在一笔外汇资金未进行变更登记的情形，但是拟境外上市企业将该轮融资所得资金以增资及股东贷款形式提供给互软科技的相关手续均已取得相应外汇管理部门的核准或登记。根据发行人实际控制人冯鑫出具的确认函，在红筹架构的搭建和解除过程中不存在纠纷或潜在的纠纷和争议。发行人的实际控制人已作出承诺，如果因上述事项产生纠纷而导致发行人利益遭受损失，该损失将由发行人的实际控制人全额承担。因此，发行人律师认为该法律瑕疵不会对发行人本次发行上市造成重大障碍。

- **实际控制人未发生变化**

实际控制人在规定的期间内未发生变化是 A 股上市的必然要求，对于红筹架构回归 A 股上市的企业而言，需论证红筹架构拆除前后实际控制人是否发生变更，其论证方法与一般公司并无太大差异，主要是从占股比例及对公司实际经营的控制进行论证，此处不作详述。

本节小结

一直有传言证监会将对红筹架构企业回归 A 股上市进行严格的限制甚至"一刀切"，证监会于 2016 年 9 月作出的答复是证监会正在对海外上市的红筹企业通过 IPO、并购重组回归 A 股市场可能引起的影响进行深入分析研究，在相关政策明确之前，对该类企业回归 A 股市场的相关规定及政策没有任何变化。笔者认为，虽然红筹架构回归涉及的问题较多，但是从国家的角度来考虑，优秀的企业在国外上市已经是一种损失，国内资本市场不应当将优秀健康的企业拒之门外。

实践中，红筹架构回归因涉及多个国别且架构相对一般拟上市企业而言复杂许多，故对该问题的处理也往往较为复杂，证监会往往重点关注红筹架构搭建及拆除过程中的股权清晰性、外汇登记、税务管理、实际控制人变更等问题。

股权清晰问题上，首先企业应当按照红筹架构的搭建过程一步步反向拆除该架构，将股权结构还原到最真实的状态。中介机构在披露时应设定专门章节对红筹架构进行阐述，详细梳理原境外上市主体、WFOE 公司及境内运营实体历次股权变动情况及理由，对于可能存在的纠纷尽量签署书面协议或承诺以杜绝。

外汇登记问题上，中介机构应当详细核查创始人在拟境外上市主体历次私募融资等每一笔外汇资金是否办理外汇登记，若未办理是否可以进行补办，若未能及时进行补办该如何操作及解释使其不构成上市的实质障碍。其次，但凡涉及外汇登记的事项，应该尽可能地与当地的外汇管理部门取得沟通，以降低被处罚的风险。

税收问题上，主要是重组过程中的股权转让个人所得税以及外商投资企业的税收优惠。股权转让所得税与股权转让价格相关，其定价原则一般采用成本价或者净资产作价。外商投资企业的税收优惠问题，10号文已经明确禁止了红筹架构搭建过程中通过关联并购形成的外商投资企业享受税收优惠。故红筹架构回归A股上市时一般需要补缴，但经与地方税务局进行沟通后得到税务局豁免的除外。

最后，因为红筹架构回归涉及较多主体的股权变更，务必注意在拆除红筹架构时应当保证实际控制人不能变更。

第四节　外商投资股份有限公司

根据《关于设立外商投资股份有限公司若干问题的暂行规定》（外经贸部令1995年第1号），外商投资股份有限公司是指依本规定设立的，全部资本由等额股份构成，股东以其所认购的股份对公司承担责任，公司以全部财产对公司债务承担责任，中外股东共同持有公司股份。外国股东购买并持有的股份占公司注册资本的25%以上。外商投资股份有限公司同国内一般股份公司一样，同样可以由新设或者改制两种途径成立，但因为涉及外资等特殊问题，故在设立程序和要求以及上市条件及程序等方面均存在特殊规定。也正因为国家相关法律法规对外商投资股份有限公司上市存在特殊规定，说明只要符合相关规定，外商投资股份有限公司上市并不因为其外商投资股份有限公司身份本身而存在实质性障碍，实践中也有不少外商投资股份有限公司成功IPO的案例。

法律上，除《公司法》《证券法》《首发办法》等一般性法律法规外，规范外商投资股份有限公司上市的法律法规或规章制度有《关于设立外商投资股份有限公司若干问题的暂行规定》(1995年)《关于上市公司涉及外商投资有关问题的若干意见》(2001年)等。当然，外商投资股份有限公司往往与中外合资或中外合作等企业类型密不可分，且外商投资股份有限公司在中外合资或合作期间生产经营的合法合规性同样是监管层重点核查的对象，但考虑到篇幅的限制，本书对以上类型公司涉及的法律合规问题不作专门论述。

《关于设立外商投资股份有限公司若干问题的暂行规定》(外经贸部令1995年第1号)对外商投资股份有限公司上市的实质性规定如下：

第二条　本规定所称的外商投资股份有限公司是指依本规定设立的，全部资本由等额股份构成，股东以其所认购的股份对公司承担责任，中外股东共同持有公司股份。外国股东购买并持有的股份占公司注册资本25%以上的企业法人。

第四条　设立公司应符合国家有关外商投资企业产业政策的规定。国家鼓励设立技术先进的生产型公司。

第六条　以发起方式设立的公司，除应符合《公司法》规定的发起人的条件外，其中至少有一个发起人应为外国股东。以募集方式设立的公司，除应符合前款条件外，其中至少有一个发起人还应有募集股份前三年连续盈利的记录，该发起人为中国股东时，应提供其近三年经过中国注册会计师审计的财务会计报告；该发起人为外国股东时，应提供该外国股东居所所在地注册会计师审计的财务报告。

第七条　公司的注册资本应为在登记注册机关登记注册的实收股本总额，公司注册资本的最低限额为人民币3000万元，其中外国股东购买并持有的股份应不低于公司注册资本的25%。

第十五条　已设立中外合资经营企业、中外合作经营企业、外资企业(以下简称外商投资企业)，如申请转变为公司的，应有最近连续3年的盈利记录。

《关于上市公司涉及外商投资有关问题的若干意见》(外经贸资发[2001]538号)对外商投资股份有限公司上市的实质性规定如下：

一、关于外商投资股份有限公司设立

设立外商投资股份有限公司或现有的外商投资有限责任公司申请转为外商投资股份有限公司，须符合《关于设立外商投资股份有限公司若干问题的暂行规定》（外经贸部令1995年第1号）的要求并按规定程序报外经贸部审批。

二、关于外商投资股份有限公司上市发行股票

（一）外商投资股份有限公司在境内发行股票（A股与B股）必须符合外商投资产业政策及上市发行股票的要求；

（二）首次公开发行股票并上市的外商投资股份有限公司，除符合《公司法》等法律、法规及中国证监会的有关规定外，还应符合下列条件：

1. 申请上市前三年均已通过外商投资企业联合年检；

2. 经营范围符合《指导外商投资方向暂行规定》与《外商投资产业指导目录》的要求；

3. 上市发行股票后，其外资股占总股本的比例不低于10%；

4. 按规定需由中方控股（包括相对控股）或对中方持股比例有特殊规定的外商投资股份有限公司，上市后应按有关规定的要求继续保持中方控股地位或持股比例；

5. 符合发行上市股票有关法规要求的其他条件。

（三）外商投资股份有限公司首次公开发行股票并上市，除向中国证监会提交规定的材料外，还应提供通过联合年检的外商投资股份有限公司的批准证书和营业执照。

三、外商投资股份有限公司境内上市发行股票后外资比例低于总股本25%的，应缴回外商投资企业批准证书，并按规定办理有关变更手续

然而，以上《暂行规定》及《若干意见》分别颁布于1995年及2001年，其后国家相关部门相继颁布了一系列的规定对外商投资股份有限公司上市的条件做了减法，主要内容如下：

《若干意见》第五条"外商投资股份有限公司境内上市发行股票后外资比例低于总股本25%的，应缴回外商投资企业批准证书，并按规定办理有关变更手续"说明外资比例低于25%并非禁止性规定。但需要特别注意的是，根据《中华人民共和国外商投资企业和外国企业所得税法》（目前该法已被

废止），若外资比例25%的实际经营状态未超过10年，发行人将面临外商投资企业优惠税收被征缴的风险。

2014年商务部《关于改进外资审核管理工作的通知》、2015年商务部《关于修改部分规章和规范性文件的决定》取消对外商投资（含台、港、澳投资）的公司（以下简称公司）首次出资比例、货币出资比例和出资期限的限制或规定。认缴出资额、出资方式、出资期限由公司投资者（股东、发起人）自主约定，并在合营（合作）合同、公司章程中载明。各级商务主管部门应在批复中对上述内容予以明确。

2014年商务部办公厅《关于中外合资经营等类型企业转变为外商投资股份有限公司有关问题的函》规定，中外合资经营企业、中外合作经营企业、外资企业申请转变为外商投资股份有限公司，审批机关可依《公司法》执行，无须再要求"应有最近连续3年的盈利记录"。

另外，需要注意的是，"上市发行股票后，外资股占总股本的比例不低于10%"的条件在实践中并未再执行，只需其按照相关规定申请注销《外商投资企业批准证书》并办理工商变更为一般股份公司即可，具体可参见案例歌力思（603808）。

案例一 移为通信（300590），发行人由国内合资变为中外合资最终变更为外商投资股份有限公司

移为通信自设立至2010年12月7日之前为国内合资，2010年12月7日至2014年10月20日之前为中外合资。2014年10月20日后为外商投资股份公司。证监会在反馈意见中要求发行人补充说明发行人各阶段是否符合我国关于中外合资、外商投资企业持股比例、缴税、项目审批、经营范围、投资资质等方面的法律法规，生产经营过程是否存在重大违法违规，是否符合外商投资股份有限公司上市的相关规定。

● **说明发行人各阶段是否符合我国关于中外合资、外商投资企业持股比例、缴税、项目审批、经营范围、投资资质等方面的法律法规**

1. 发行人为中外合资公司期间（即2010年12月7日至2014年

10月20日）的合法合规情况

（1）持股比例的合法合规性情况

根据发行人提供的工商资料，在2010年12月7日至2014年10月20日期间，移为通信外资股东合计持有移为通信的股权比例均超过25%。

经律师核查，移为通信的外资股东持股比例符合当时有效的《中华人民共和国中外合资经营企业法（2001年修正）》中有关外资股东持股比例的规定。

（2）发行人为中外合资公司期间历次股权转让、转增股本、分红所涉外资股东缴纳企业所得税的具体情况及其合法合规性

a.2012年8月第一次分红

移为通信于2012年8月按持股比例分配，截至2011年末的累计未分配利润为10423062.44元，其中Onwell应分配金额为4690378.10元，应缴纳企业所得税234518.91元；Sinoway应分配金额为521153.12元，应缴纳企业所得税52115.32元；SmartTurbo应分配金额为2449419.67元，应缴纳企业所得税244941.97元。

根据发行人提供的相关缴税凭证，移为通信已经为Onwell、Sinoway、SmartTurbo代扣、代缴本次分红所应缴纳的企业所得税。

b.2012年12月第三次股权转让

2012年8月21日，移为通信召开董事会会议，同意Onwell将其持有的移为通信26.50%的股权（对应出资额99.86万元）作价238.5万元转让给廖荣华；同意Onwell将其持有的移为通信18.50%的股权（对应出资额69.73万元）作价166.5万元转让给Sinoway。

根据发行人提供的相关缴税凭证，移为通信实际控制人廖荣华已经为Onwell代扣、代缴本次股权转让所应缴纳的企业所得税。

c.2013年12月资本公积转增资本金

2013年12月，移为通信通过资本公积转增注册资本的方式将其注册资本由377万元增至900万元。经律师核查，本次增资不涉及外资股东需要缴纳企业所得税的情形。

……

综上所述，律师认为发行人为中外合资公司期间历次股权转让、

转增股本、分红所涉外资股东的所得税缴纳义务均正常履行，符合法律、法规以及规范性文件的规定。

（3）项目审批的合法合规性情况

经律师核查，上海市闵行区人民政府于 2010 年 9 月 29 日向移为通信出具了《关于同意外资以认购增资的方式并购上海移为通信技术有限公司的批复》（闵商务发［2010］1024 号），同意外资以认购增资的方式并购移为通信。上海市人民政府于 2010 年 9 月 30 日向移为通信核发了《中华人民共和国台港澳侨投资企业批准证书》（商外资沪闵合资字［2010］2928 号）。

据此，律师认为移为通信本次以增资形式引入外资股东已取得有关外商投资企业项目审批所必需的手续。

（4）经营范围的合法合规性情况

根据上海市闵行区人民政府于 2010 年 9 月 29 日出具的《关于同意外资以认购增资的方式并购上海移为通信技术有限公司的批复》（闵商务发［2010］1024 号）及上海市人民政府于 2010 年 9 月 30 日向移为通信核发的《中华人民共和国台港澳侨投资企业批准证书》（商外资沪闵合资字［2010］2928 号），移为通信的经营范围为："从事通信、电子科技相关技术开发、技术转让，计算机软件开发、设计、制作，并提供相关的技术咨询和技术服务；计算机软件（游戏软件除外）及硬件设备、电子产品、仪器仪表、电子元器件、通信设备的批发、进出口、佣金代理（拍卖除外），并提供相关配套服务（不涉及国营贸易管理商品，涉及配额、许可证管理商品的，按国家有关规定办理申请）。"

经律师核查，移为通信的经营范围符合《外商投资产业指导目录（2007 年修订）》的有关规定。

（5）投资资质的合法合规性情况

根据上海市工商局于 2010 年 12 月 7 日向移为通信换发的《企业法人营业执照》，移为通信的经营范围为："从事通信、电子科技相关技术开发、技术转让，计算机软件开发、设计、制作，并提供相关的技术咨询和技术服务；计算机软件（游戏软件除外）及硬件设备、电子产品、仪器仪表、电子元器件、通信设备的批发、进出口、佣金代理（拍卖除外），并提供相关配套服务（不涉及国营贸易管理商品，涉及配额、许可证管理商品的，按国家有关规定办理申请）（企业经营涉及行政许可的，凭许可证件经营）"。

根据发行人的确认并经律师核查，移为通信经营业务不涉及需要取得外商投资资质的情况。

2. 发行人为外商投资股份公司期间（2014年10月20日至今）的合法合规情况

同中外合资期间的论述一样，发行人律师对发行人在外商投资股份有限公司期间的持股比例、历次变更分红、项目审批、经营范围、投资资质等各方面的合法合规性进行了详细的披露和论述，此处不再赘述。

- **生产经营过程中是否存在重大违法违规**

外商投资企业在生产过程中可能涉及的重大违法违规情况，相较于境内企业上市一般需要多核查的内容主要是外汇合规、海关合规两方面。发行人律师在回复发行人在生产经营过程中是否存在重大违法违规情况的问题时，悉数列举出了发行人在工商合规、税务合规、外汇合规、海关合规、环保合规、质检合规等方面取得的主管机关出具的无重大违法违规证明。

- **是否符合外商投资股份有限公司上市的相关规定**

1. 经核查，发行人经营业务符合外商投资产业政策且发行人本次发行股票已经满足《公司法》《证券法》和《创业板首发管理办法》规定的各项实质条件，符合《关于上市公司涉及外商投资有关问题的若干意见》中"外商投资股份有限公司在境内发行股票（A股与B股）必须符合外商投资产业政策及上市发行股票的要求"的规定。

2. 经核查，发行人自2010年12月由内资企业变更为中外合资企业以来，已通过2013年之前的历年（包括2010年度、2011年度及2012年度）外商投资企业联合年检；根据《注册资本登记制度改革方案》及《关于开展2014年外商投资企业年度经营状况联合申报工作的通知》（商资函〔2014〕175号）的有关规定，发行人自2014年起不再需要办理外商投资企业联合年检，据此，本所律师认为发行人符合《关于上市公司涉及外商投资有关问题的若干意见》中"申请上市前三年均已通过外商投资企业联合年检"的规定。

3. 根据发行人现持有的《营业执照》，发行人的经营范围为："从事通信、电子、科技相关技术开发、自有技术成果转让；计算机软件的开发、设计、制作，并提供相关的技术咨询和技术服务；移动通信产品终端及相关电子产品的生产（有限分公司），销售自产产品；计算机软件（游戏软件除外）及硬件设备、电子产品、仪器仪表、电子元器件、通信设备的批发、进出口、佣金代理（拍卖除外），并提供相关配套服务（不涉及国营贸易管理商品，涉及配额、许可证管理商品的，按国家有关规定办理申请）"，符合《关于上市公司涉及外商投资有关问题的若干意见》中"经营范围符合《指导外商投资方向暂行规定》与《外商投资产业指导目录》的要求"的规定。

4. 经核查，发行人本次发行完成后，总股本将增至 8000 万股，其中外资股将占总股本的 35.25%，符合《关于上市公司涉及外商投资有关问题的若干意见》中"上市发行股票后，其外资股占总股本的比例不低于 10%"的规定。

综上所述，发行人律师认为，发行人符合外商投资股份有限公司上市的相关规定。

本案例中，发行人自设立至 2010 年 12 月 7 日之前为国内合资，2010 年 12 月 7 日至 2014 年 10 月 20 日之前为中外合资，2014 年 10 月 20 日后为外商投资股份公司，经历了由中外合资变更为外商投资股份有限公司的过程，这往往也是大多数外商投资股份有限公司会有的典型的历史沿革。因此需要明确的是，鉴于《关于上市公司涉及外商投资有关问题的若干意见》《关于设立外商投资股份有限公司若干问题的暂行规定》等规定针对的对象仅仅为外商投资股份有限公司，通过结合事实说明拟上市公司符合该意见的所有条件仅仅是拟上市公司通过审核的必要条件。由本案例可知，鉴于所涉主体的特殊性，我国法律法规对于中外合资及外商投资股份有限公司的规定与国内企业在诸多方面存在不一致。因此，中介机构在核查涉及中外合资及外商投资股份有限公司时应当特别注意与国内企业不一致之处，如本案例体现的项目审批、工商变更、投资产业、外汇、分红等。

本节小结

外商投资股份有限公司因为涉及外资等特殊问题，故在设立程序和要求以及上市上条件及程序等方面均存在特殊规定，也因此说明只要符合法定条件，外商投资股份有限公司上市并不存在障碍。证监会、商务部等国家部门制定了专门的针对外商投资股份有限公司上市的规定，如《关于上市公司涉及外商投资有关问题的若干意见》《关于设立外商投资股份有限公司若干问题的暂行规定》等，但需要明确的是，以上法律法规仅仅是对于外商投资股份有限公司在境内上市所应当满足的额外的规定，而并非全部规定。除以上条件外，外商投资股份有限公司在日常经营期间应当合法合规，应当满足我国法律法规中对于中外合资或外商投资股份有限公司的特殊规定，如外汇登记、工商变更、项目审批、投资产业、分红、税收等各方面。

当然，以上《暂行规定》及《若干意见》分别颁布于1995年及2001年，其后国家相关部门相继颁布了一系列的规定对外商投资股份有限公司上市的条件做了减法，主要包括：外商投资股份有限公司的外资比例可以低于25%；取消对外商投资（含台、港、澳投资）的公司（以下简称公司）首次出资比例、货币出资比例和出资期限的限制或规定；无须再要求"应有最近连续3年的盈利记录"；"上市发行股票后，外资股占总股本的比例不低于10%"的条件在实践中并未再执行，只需其按照相关规定申请注销《外商投资企业批准证书》并办理工商变更为一般股份公司即可等。

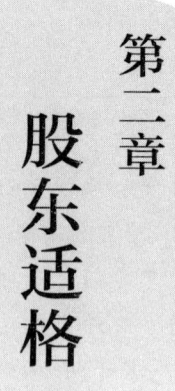

第二章 股东适格

第一节 三类股东

所谓三类股东,是指契约型私募基金、资产管理计划和信托计划,对于直接或间接股东中含有三类股东的公司能否通过IPO历来都是备受关注的问题。2017年以前,市场普遍传闻证监会将对含有以上三类股东的公司持绝对否定态度,即若公司直接或间接股东中含有以上三类的,唯有在申报前将其清理才有可能成功上市,否则就是越过了红线。然而,随着2017年初以来几例含有以上股东企业的成功上市,市场对以上情形的公司上市开始持积极态度。

然而,为什么三类股东公司IPO会成为监管部门关注的问题呢?笔者认为,主要存在以下原因:

一是出资人和资金来源很难穿透核查。契约型私募基金、资产管理计划和信托计划的背后往往有许多股东,特别在多个金融产品层层嵌套的情形下,更容易滋生股份代持、关联方隐藏持股、规避限售、短线交易,甚至利益输送等问题。

二是"三类股东"的投资决策、收益分配机制未经有效披露,容易引起纠纷，不符合IPO对股权结构清晰的要求。甚至部分"三类股东"存在利用资金池进行投资的情况。投资人可以较为自由地转让及变动，第三方较难通过公开渠道获得最终投资人及权益持有人情况，因此持续披露存有"三类股东"的最终投资者结构及其变动状况是否真实、是否涉及未披露关联方等事项，具有相当程度的困难性和复杂性。

三是可能导致公司股权结构不稳定。以往一段时期申请IPO的排队时间较长，在这期间，如"三类股东"出现到期兑付、份额或收益权转让等情形，将造成被投资公司股权结构不稳定。再者，"三类股东"均是以契约为载体的金融产品，在工商登记时不被视为民事主体，无法登记为股东，缺乏法人资格，在前些年也无法开立证券账户。因此，作为拟IPO公司的股东，存在确权、登记困难。

鉴于以上原因，相关企业一般需要在申请上市之前通过实际控制人或控股股东回购、向其他投资机构进行转让等方式将"三类股东"清除。

自2016年下半年IPO开闸以来，"三类股东"问题有明显放松的迹象，在此之前，早就有成功案例。常熟汽饰（股票代码：603035；上市时间：2017年1月5日）成为首个主板过会案例，接下来好戏不断。海辰药业（股票代码：300584；上市时间：2017年1月12日）紧跟其后，成为首个创业板过会案例。碳元科技（股票代码：603133；上市时间：2017年3月8日）再次成为幸运儿，成功过会。

然而，以上三例IPO案例中有着相同的基因，均存在"三类股东"中的资产管理计划，资产管理计划通过有限合伙型私募基金间接持股IPO企业，对于契约型基金以及信托计划的态度仍不明朗。2017年3月27日，长川科技在3月27日获得创业板IPO首发批文，代码300604。长川科技的成功过会打破魔咒，因为从招股书披露的信息看，长川科技的股东之一浙江天堂硅谷合丰创业投资有限公司的股东出资来源于契约型基金，而且向上追溯存在大量的资管计划和信托计划。至此，含有三类股东的企业，尤其是大量的三板企业长舒一口气，因为这说明监管层对于三类股东的态度并非传闻中的毫无余地。

笔者认为，真正优秀的企业，只要能有理由让人相信能保持股权的清晰、稳定以及不存在纠纷，哪怕同时存在三类股东也不能仅仅因为"三类股东"企业这个标签而被拒之于资本市场之外，这也是长川科技这个案例给我们传达出来的积极信息。另外，有人指出："三类股东"是合规合法进入资本市场投资的，若不合法的话，在新三板市场上就不会让这些投资行为发生。确实，如若同样是在证监会领导下的三板企业中合法存在甚至被鼓励，在 IPO 上市时却因此成为障碍，这样的规则设计恐怕难以服众。

证监会最近在答复某上市公司负责人关于 IPO 相关建议时表示，针对部分新三板挂牌公司存在"三类股东"的问题，证监会并未在 IPO 申请即受理阶段设置差别性政策，已有多家存在"三类股东"的拟上市企业提交 IPO 申请并获受理。同时，鉴于"三类股东"作为拟上市企业股东涉及发行人股权清晰等发行条件及相关信息披露要求，证监会表示目前正积极研究"三类股东"作为拟上市企业股东的适格性问题。

由最近的案例及证监会的答复中我们不难发现，在面对三类股东时，监管层并未在受理阶段即对该三类股东歧视对待，而是要求中介机构从实质上论述三类股东企业的合法合规性及股权清晰性及稳定性。所谓合法合规性，即三类股东依法设立，业已完成法律规定的备案审批程序，实际业务经营未违反法律法规或合同约定，不存在股权代持或通过设置以上结构向公司实际控制人、控股股东、董监高或其他利益相关人输送利益的情形；股权的清晰性稳定性是指可最终穿透三类股东后的最终权益人及真实出资情况，不存在隐藏的、复杂的利益结构；此外，三类股东间接持有上市公司的股权比例尽量减少，以免三类股东内部结构变化最终影响上市公司股权的稳定性。

案例一　海辰药业（300584），间接股东中存在四个资管计划

南京海辰药业股份有限公司（以下简称海辰药业）成立于 2003 年 1 月，于 2017 年 1 月 12 日成功过会，专业从事化学药品的研发、生产和销售，主要产品包括：抗生素类、利尿剂类、消化类、免疫调节类、抗病毒类、心脑血管类等药物。

根据海辰药业首次公开发行及上市披露的信息，海辰药业申请上市时股权结构如图 2-1 所示。

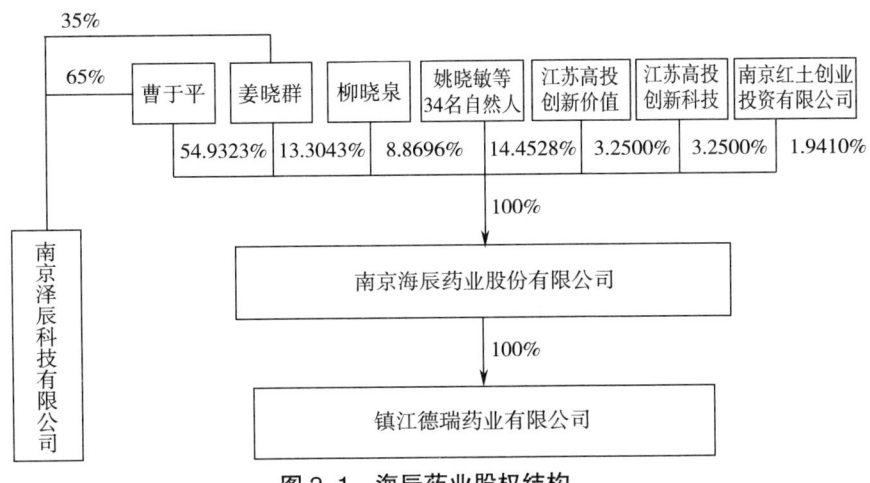

图 2-1 海辰药业股权结构

而继续往上追溯，股东之一江苏高投创新科技的股权结构如图 2-2 所示。

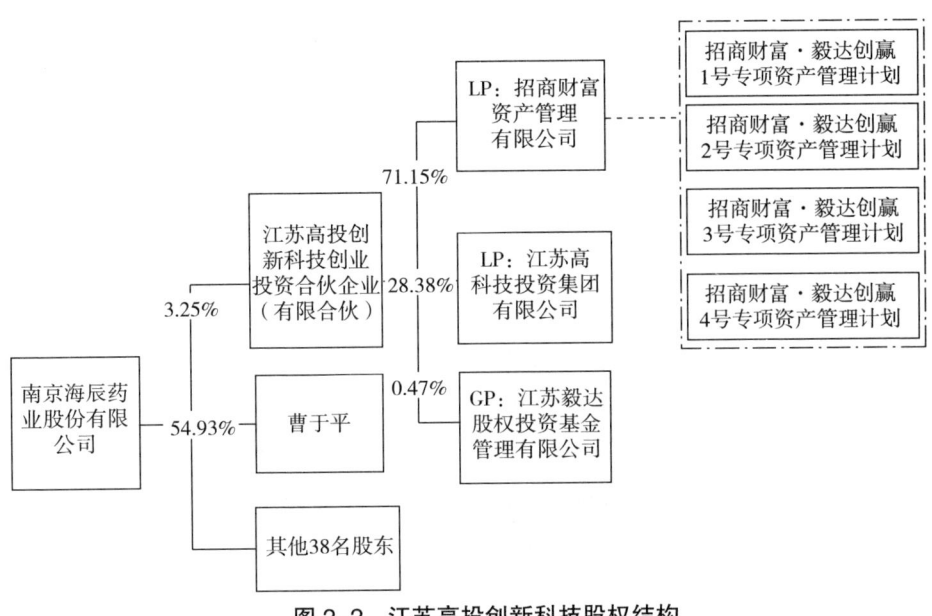

图 2-2 江苏高投创新科技股权结构

由以上结构可以看出,海辰药业追溯到最终存在四个资管计划。而对于如此敏感的三类股东之一,证监会的反馈意见中竟然连"资管计划"四个字都没有提到,只是要求"说明南京红土、江苏高投创新价值、江苏高投创新科技三家机构增资的原因和定价依据;说明上述投资者追溯到自然人股东或国有股东的股权结构,上述投资者及其股东所投资的其他企业的基本情况;上述投资者及其股东,以及前述主体投资或控制的其他企业与发行人、发行人控股股东、实际控制人、董事、监事和高级管理人员、其他核心人员之间是否存在关联关系,与发行人及其客户与供应商是否存在交易和资金往来。请保荐机构和律师对上述问题进行核查,说明核查过程并发表核查意见。"

对此,中介机构在组织反馈回复时也极具针对性地核查至自然人股东或国有股东。首先,取得发行人引入三家机构投资者的相关决议文件、会议资料、资金转入原始凭证、验资报告,对引入投资者的合法性、真实性进行核查,同时,取得引入投资者后的公司章程修正案和工商变更资料;其次,取得南京红土、江苏高投创新价值、江苏高投创新科技出具的追溯到自然人股东或国有股东的股权结构及其对外投资的其他企业的基本情况说明。最终在披露时如实披露至最终的自然人或国有股东。

对于资管计划本身的合法性,律师首先核查到招商财富资产管理有限公司通过设立四个专项资产管理计划认购江苏高投创新科技的有限合伙份额,4个专项资产管理计划的委托人共计4个自然人,权属清晰简单不存在纠纷;其次核查所涉资管计划产品及私募投资基金是否依法履行了备案程序。至此,证监会对资管计划也未再追问。

此案例的出现导致很多中介机构或企业认为三类股东的门槛已经成为过去。然而,冷静下来之后,市场重归理智,因为稍微仔细研究该案例后便不难发现,该案例似乎并不存在代表性,"不可简单复制"。首先,进行最终穿透后发现,四个参与认购的计划分别只对应一位自然人,也就是说每个资管计划仅有一位LP,结构简单清晰且不存在最终股东超过200人的可能;其次,江苏高投创新科技仅占海辰药业3.25%的股份,四个资管计划也未

100%持有江苏高投创新科技，故最终占比极小，即使以上资管计划存在股权清晰性和稳定性方面的问题，最终也不会对海辰药业产生太大影响。综合以上情况，监管层对此案例中的资管计划并未深究。

案例二　长川科技（300604），穿透后存在私募基金、资管计划及信托计划

杭州长川科技股份有限公司（以下简称长川科技）成立于2008年4月10日，于2017年3月30日核准发行，主营业务为事集成电路专用设备的研发、生产和销售，主要产品包括集成电路测试机和分选机。

根据招股说明书，长川科技的股权结构如图2-3所示。

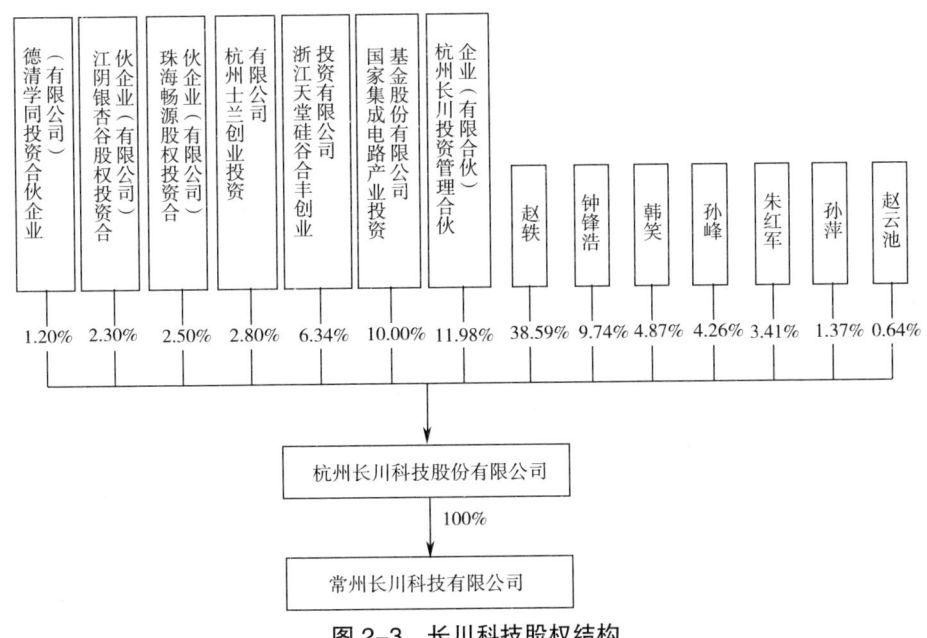

图2-3　长川科技股权结构

长川科技的股东之一浙江天堂硅谷合丰创业投资有限公司的股权结构如图2-4所示。

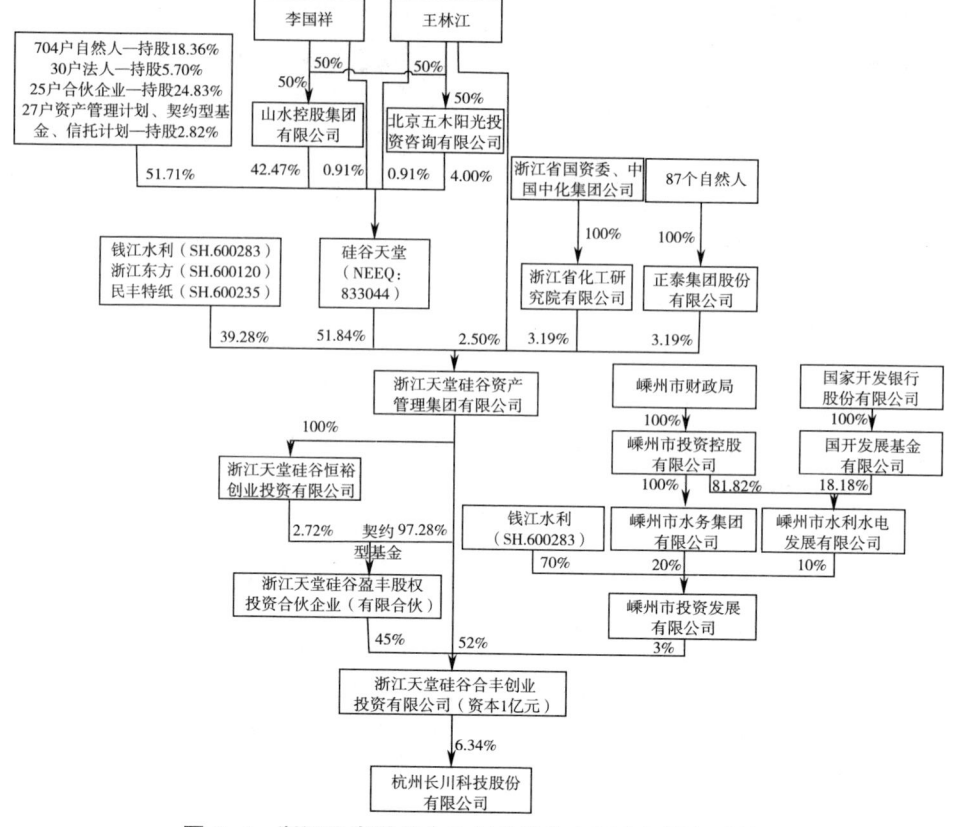

图 2-4 浙江天堂硅谷合丰创业投资有限公司股权结构

对于如此复杂的股权结构，证监会同样并未直接点明契约型基金、资管计划和信托计划，而是要求中介机构或企业从实质上判断其股权的清晰性和稳定性，提出了如下问题：

"2011年至今，各新增自然人股东近五年的履历，非自然人股东的股权结构及实际控制人，各新增股东与发行人及其控股股东、实际控制人、董事、监事、高级管理人员、本次发行相关中介机构及经办人员之间是否存在关联关系；发行人历史上及目前是否存在委托持股、信托持股及利益输送情形；担任发行人本次发行申请的相关中介机构及相关人员是否存在直接或间接持有发行人股份的情形"以及"请发行人补充披露天堂硅谷合丰的股权结构图；补充说明各非自然人股东的完整股权结构（层层打开至最终控制人）；说明发行人是否存在规避股东不得超过200人规定的情形。"

由此可见，监管机构对于契约型基金关注点在于（1）股权清晰，不得存在委托持股、信托持股以及利益输送的情形；（2）仍需穿透核查至最终的自然人；（3）不得以此规避股东不得超过200人的规定。

律师在《补充法律意见书（三）》中回复如下：天堂硅谷合丰的股东浙江天堂硅谷资产管理集团有限公司对浙江天堂硅谷盈丰股权投资合伙企业（有限合伙）的出资来源自契约型私募基金，该基金已于中国基金业协会备案，其名称为天堂硅谷——盈丰资产管理计划，基金编号为S39124，基金管理人为浙江天堂硅谷资产管理集团有限公司。根据天堂硅谷合丰提供的资料，该基金的投资人共有16人，其筹集资金主要用于投入浙江天堂硅谷盈丰股权投资合伙企业（有限合伙），以受让杭州高科技创业投资管理有限公司、科学技术部科技型中小企业技术创新基金管理中心所持天堂硅谷合丰出资额。

上述16人用于出资的资金均来自其自有或自筹资金，不存在代持、委托持股或信托持股的情形；其均为在中国境内有住所的中国籍公民，具备担任公司股东的完全民事权利能力和完全民事行为能力，不存在根据《中华人民共和国公务员法》《中共中央办公厅、国务院办公厅关于县以上党和国家机关退离休干部经商办企业问题的若干规定》《国有企业领导人员廉洁从业若干规定》《关于严禁党政机关和党政干部经商、办企业的决定》《关于进一步制止党政机关和党政干部经商、办企业的规定》《关于"不准在领导干部管辖的业务范围内个人从事可能与公共利益发生冲突的经商办企业活动"的解释》《中国人民解放军内务条令》等规定不适宜担任股东的情形；上述16人除间接持有长川科技股份、赵云池为长川科技直接股东、王洪斌担任长川科技董事外，与长川科技及其董事、监事、高级管理人员、主要供应商和客户、中介机构及经办人员之间不存在关联关系。

此外，我们也关注到长川科技往上追溯存在大量的资管计划、信托计划和契约型基金。对此，律师在《补充法律意见书（三）》中说明：浙江天堂硅谷资产管理集团有限公司的控股股东硅谷天堂资产管理集团股份有限公司截至2016年12月31日共有股东790户，其中自然人706户，合计持股比例为20.18%；法人32户，合计持股比例为52.17%；合伙企业25户，合计持股比例为24.83%；资产管理计划、契约型基金、信托计划共 27 户,合计持股比例为 2.82%。证监会在后续的反馈中并未要求再对以上 27 户三类股东进行穿透。由此可见,对于关系较为疏远且占比较小的三类股东,证监会的要求较为宽松,以上案例仅披露至持股人数及比例便不再追究。

本案例区别于海辰药业的关键因素在于,首先本案例说明监管机构同样对契约型基金类股东并非全盘否定,其次说明并非存在"三类股东"持有发行人 5% 以上的股份即不可被核准,而应该从实质判断其股权的清晰性和稳定性。

本节小结

虽然坊间一度流传监管机构将对三类股东企业进行"一刀切"的否定,但是根据目前过会的案例以及监管思路转变的推测,只要三类股东企业满足 IPO 对于股权的实质要求,三类股东问题并不会必然成为企业 IPO 的实质障碍。根据目前的案例我们可以总结出监管机构对于三类股东的基本要求:

1. 合法合规性:三类股东应依法完成法定的审批备案登记等程序,日常经营活动也需合法合规,不得违反法律或者相关的协议约定。

2. 股权清晰:可最终穿透三类股东后的最终权益人及真实出资情况,不存在隐藏的、复杂的利益结构,不存在股权代持或通过设置以上结构向公司实际控制人、控股股东、董监高或其他利益相关人输送利益的情形。

3. 三类股东间接持有上市公司的股权比例尽量减少,以免三类股东内部瑕疵或变化最终影响上市公司股权的稳定性。

第二节 股东人数超过 200 人

股东人数超过 200 人企业的形成往往是由于一定的历史原因造成,中介机构在遇到类似的项目寻求解决之道时,应先厘清 200 人公司形成的前因后果而后方能对症下药。在具体展开前,本书仔细梳理了特定历史背景下相应的法律法规,以此作为后续讨论的基础。

1992年5月15日,原国家体改委颁布《股份有限公司规范意见》规定,公司可以采取发起方式或募集方式设立。采取发起方式设立,公司股份由发起人认购,不向发起人之外的任何人募集股份。募集方式包括定向募集和社会募集两种。采取定向募集方式设立,公司发行的股份除由发起人认购外,其余股份不向社会公众公开发行,但可以向其他法人发行部分股份,经批准也可以向本公司内部职工发行部分股份。采取社会募集方式设立,公司发行的股份除由发起人认购外,其余股份应向社会公众公开发行。 采取发起方式设立和定向募集方式设立的公司,称为定向募集公司。定向募集公司内部职工认购的股份,不得超过公司股份总额的百分之二十;社会募集公司的本公司内部职工认购的股份,不得超过公司向社会公众发行部分的百分之十。由定向募集公司转为社会募集公司者,超过此限时不得再向内部职工配售股份;社会募集公司向社会公众发行的股份,不少于公司股份总数的百分之二十五。国家另有规定的除外。

1993年4月3日,对于股份制试点工作中出现的不规范操作,主要是一些企业在进行内部职工持股的定向募集股份有限公司试点中,超范围、超比例发行内部职工股,有的以法人名义购买股份后分发给个人,有的在报纸上公开发布招股说明书在全国范围内招股。一些地方还出现了内部职工股权证的非法交易,造成"内部股公众化,法人股个人化"等不规范的做法,国家体改委、国家经贸委、国务院证券委发布《关于立即制止发行内部职工股不规范做法的意见》的紧急通知,要求立即停止相关不规范做法,同时要求在本地区和本部门清理工作结束以前,对新要求成立内部职工持股的定向募集股份有限公司要暂缓审批。

1993年7月30日,为指导定向募集工作,纠正不规范做法,国家体改委发布《定向募集股份有限公司内部职工持股管理规定》,进一步规规范了内部职工持股的职工范围、股权证、持股审批、股权转让和管理等事项。该《规定》指出,定向募集公司内部职工认购的股份总额不得超过公司股份总额的百分之二点五,且股权证不得交内部职工个人持有,由公司委托省级、计划单列市人民银行认可的证券经营机构集中托管，另外内部职工持有的股份在公司配售三年内不得转让，三年后也只能在内部职工之间转让，不得在社会上转让交易。

1993年12月29日，全国人大常委会颁布《中华人民共和国公司法》，对于股份公司人数，该法规定，设立股份有限公司，应当有五人以上为发起人，其中须有过半数的发起人在中国境内有住所。该《公司法》并未对股份公司的人数设置上限。

1994年6月19日，针对一些地方和部门不执行相关规定，扰乱国家金融秩序稳定的现象，国家体改委发布《关于立即停止审批定向募集股份有限公司并重申停止审批和发行内部职工股的通知》，要求停止审批和发行内部职工股。

1994年后，在国家层面缺乏统一的法律规范下，各级地方政府纷纷出台了地方企业员工持股计划的政策法规，推动了股份制企业职工持股的发展。

2002年4月17日，中国证监会发行监管部发布的股票发行审核备忘录[2002]第11号《关于定向募集公司申请公开发行股票有关问题的审核要求》系统性地对定向募集公司的审批、内部职工股的发行、违规内部职工股的处理等方面作了系统且细致的归纳总结。该审核要求虽然已经失效，但是其中对于定向募集公司的处理意见仍具有极大的借鉴意义，中介机构在考察相关项目时，可依据该要求核查项目内部职工股的合法合规程度。

2006年1月1日起生效的《公司法》规定，有限责任公司由五十个以下股东出资设立；设立股份有限公司，应当有二人以上二百人以下为发起人，其中须有半数以上的发起人在中国境内有住所。同日生效的《证券法》规定向特定对象发行证券累计超过200人的视为公开发行，未经依法核准，任何单位和个人不得公开发行证券。即自2006年后，未经依法核准的向特定对象发行证券累计超过200人被视为违法行为。此外，因历史原因造成的200人公司因此处于较尴尬的境地。

此后，一系列法律法规相继强调了未经依法核准的定向发行超过200人行为的违法性质。2006年12月12日，国务院办公厅颁布《国务院办公厅关于严厉打击非法发行股票和非法经营证券业务有关问题的通知》规定，向不特定对象发行股票或向特定对象发行股票后股东累计超过 200 人的，为公开发行，应依法报经证监会核准。未经核准擅自发行的，属于非法发行股票。《首次公开发行股票并上市管理办法》规定发行人不得在最近 36 个月内未经法定机关核准，擅自公开或者变相公开发行证券；或者有关违法行为发生在 36 个月前，但目前仍处于持续状态。《首次公开发行股票并在创业板上市管理办法》规定发行人及其控股股东、实际控制人最近三年内不存在未经法定机关核准，擅自公开或者变相公开发行证券，或者有关违法行为虽然发生在三年前，但目前仍处于持续状态的情形。

由以上的历史背景我们不难发现，20 世纪 90 年代至今对于因职工持股形成的 200 人公司的性质，监管层的态度发生了较大的改变。1993—1994 年，国家鼓励通过内部职工直接持股定向募集设立公司，但因为部分地区和企业没有认真贯彻执行影响了金融市场的稳定以至于在国家层面向内部职工定向募集设立公司被紧急叫停。1994 年定向募集设立公司被紧急叫停以后至 2006 年期间，各级地方政府纷纷出台了地方企业员工持股计划的政策法规，形成了较多内部职工持股会持股公司，员工通过职工持股会间接持股，推动了股份制企业职工持股会的发展，但同时因为缺乏国家层面法律法规的支撑，导致该部分企业现如今要上市却因为 200 人问题无法律依据也无法厘理的情况下而一度无法上市。2006 年《公司法》及《证券法》出台后，对于未经核准的向特定对象发行证券超过 200 人的现象作了明确禁止，因此 2006 年后因内部职工持股或其他原因导致实际股东超过 200 人的现象大幅减少，但是不排除仍有部分类似现象的存在。

那么，200 人公司到底是否必然构成公司上市的实质障碍？200 人中的人数计算原则又是什么？在当下越来越多的三板公司要转板 IPO 的情况下，当拟转板的三板公司因公开或非公开发行导致股东人数超过 200 人时，是否可以直接申报 IPO？在介绍具体的案例前，先解答以上三个基本问题。

一、200人公司的基本原则

在2013年《非上市公众公司监督管理办法》及其配套的规则《非上市公众公司监管指引第4号——股东人数超过200人的未上市股份有限公司申请行政许可有关问题的审核指引》(以下简称"4号文")出台前,中介机构在处理200人公司时的思路也相对明确。对于根据1993年相关规定通过定向募集方式形成内部职工直接持股导致股东人数超过200人的情形,中介机构若核查清楚,该公司内部职工持股的职工范围、审批及发行情况、转让继承等股份变动情况、托管情况等合乎当时规范且能取得政府部门的确认函,则可直接申报,股东超过200人问题并不构成实质障碍;对于同样根据1993年相关规定定向募集设立的不规范公司,按照《关于定向募集公司申请公开发行股票有关问题的审核要求》进行规范后同样不构成实质障碍。对于1994年国家体改委紧急叫停后形成内部职工持股会等最终导致股东超过200人等情况,对超过200人股东进行清理是唯一的选项,但现实情况往往是因为涉及内部职工态度而无法清理,最终导致公司因为历史遗留问题而始终无缘资本市场。

2013年,《非上市公众公司监督管理办法》及4号文的颁布使得除了根据1993年相关规定通过定向募集设立的公司外,其他特定历史背景下形成的200人公司在无法对超过200人股东进行清理的情况下仍有上市的可能,即根据4号文的规定进行规范,然后申请证监会的行政许可。根据4号文的规定,200人公司的合规性需满足公司依法设立且合法存续、股权清晰、经营规范、公司治理与信息披露制度健全等条件,具体条件及操作读者可参照该4号文执行,本书不作文字上的罗列。但提请读者注意的是,2006年后形成的200人公司问题因违反已生效的《公司法》及《证券法》的规定,中介机构在筛查项目时应当审慎评估。

二、200人的计算原则

200人股东的计算问题在一些方面已经形成了较为固定的做法,但一些方面因为证监会的窗口指导意见以及证监会出具的反馈意见与现有的法律法规出现一定的冲突而让中介机构在处理此类问题时有些无所适从。根据相关法律法规、证监会窗口指导意见、反馈意见等,本书对200人的计算原则作如下归纳:

第一,股份公司股权结构中存在工会代持、职工持股会代持、委托持股或信托持股等股份代持关系,或者存在通过"持股平台"间接持股的安排以致实际股东超过200人的,应当将代持股份还原至实际股东、将间接持股转为直接持股。

第二,如果存在刻意规避200人限制的持股平台(指单纯以持股为目的的合伙企业、公司等持股主体)持股,持股平台的股东要穿透合并计算股东人数。

第三,4号文规定,以私募股权基金、资产管理计划以及其他金融计划进行持股的,如果该金融计划是依据相关法律法规设立并规范运作,且已经接受证券监督管理机构监管的,可不进行股份还原或转为直接持股。对于已经完成备案的私募股权基金的穿透问题并未形成统一且权威的说法,部分主张已经完成备案的可视为单一股东,目前的审核意见也出现过要求对备案的私募股权基金穿透核查的情况。

总之,由于对部分主体作为上市公司股东是否需要穿透计算的问题并未形成较为统一且权威的做法,笔者认为在处理此类问题时应秉持的原则即切勿碰触变相公开发行的红线,谨慎起见最好能以最严格的做法要求自己。

三、三板公司股东超过 200 人可否直接申报 IPO

2016年3月,上海证券交易所(以下简称上交所)发布了《企业改制上市30问》,对于股东人数超过200人的三板公司,上交所认为,股东人数超过200人的新三板公司在挂牌后,如通过公开转让导致股东人数超过200人的,并不违反相关禁止性规定,可以直接申请IPO;如通过非公开发行导致股东人数超过200人,根据《非上市公众公司监督管理办法》,在进行非公开发行时应先获得证监会核准,其合规性已在非公开发行时经过审核,可以直接申请 IPO。虽然上交所并不代表证监会，但两者的关系决定了上交所的指导意见不至于偏离证监会太远，且根据相关法律法规进行推断，我们也可得出同样的结论。另外，实践中已有多家超过 200 人股东的三板公司获得证监会的受理，也印证了股东超过 200 人的三板公司在满足一定条件时可直接申请 IPO 的结论。

案例一　康普顿（603798），2006 年前定向募集设立，规范后直接申报无须清理

青岛康普顿科技股份有限公司（以下简称康普顿）成立于 2003 年 12 月 19 日，于 2016 年 4 月 6 日上市，主营业务为为车辆、工业设备提供润滑和养护系列产品。康普顿股东之一华侨实业于 1988 年 4 月设立，设立时为集体所有制企业。1996 年 10 月 8 日，青岛市体改委下发《关于对青岛华侨实业股份有限公司规范工作予以确认的通知》，确认华侨实业为以募集方式设立的股份有限公司。

发审委关注到发行人股东人数追溯至股东华侨实业的股东存在超过 200 人情况，在主要关注问题中要求：请发行人代表补充说明华侨实业历次增资后的具体股东人数、最近两年的员工人数、业务开展情况、营业收入和净利润等情况。请保荐代表人进一步说明发行人的上述情形是否符合首发管理办法第三条、第十三条、《证券法》第十条、《非上市公众公司监管指引第 4 号——股东人数超过 200 人的未上市股份有限公司申请行政许可有关问题的审核指引》第三条等相关规定，是否存在潜在的法律纠纷和法律风险。

首先需要明确的是，根据 4 号文的规定，200 人公司的控股股东、实际控制人或者重要控股子公司也属于 200 人公司的，应当依照 4 号文的要求进行规范，即控股股东、实际控制人或重要控股子公司若存在股东超过 200 人的情形应按照同样的标准予以核查和规范。在本案例中，华侨实业并非康普顿的控股股东，但中介机构出于谨慎性原则仍依据相同的标准予以了关注，证监会在主要问题中对该问题也予以了关注，因此中介机构在碰到类似问题时切勿因为非控股股东而想当然地认为不构成影响。

对于股东华侨实业存在股东超过200人的情形，中介机构先是通过详细披露华侨实业的历史沿革，通过证明其设立、演变的每个过程均取得了当时青岛市人民政府相关部门的批准以证明其股权形成过程的合法性即存在超过200人股东情况的历史性。

经核查，华侨实业于1988年4月设立。1988年4月7日，青岛市计划委员会下发《关于同意成立青岛华侨实业股份有限公司的批复》（青计财贸字[1988]81号），同意成立青岛华侨实业股份有限公司，公司性质为集体所有制，其中青岛市侨联投资12.2万元，侨眷个人集资22.8万元，共计35万元。1996年10月8日，青岛市经济体制改革委员会下发《关于对青岛华侨实业股份有限公司规范工作予以确认的通知》（青体改发[1996]81号），确认华侨实业为以募集方式设立的股份有限公司，股本总额为1674.288万股，其中法人股864万股，个人股810.288万股。

保荐机构认为，由于发行人股东华侨实业为以募集方式设立的股份有限公司，追溯华侨实业的股东人数，发行人股东人数存在超过200人的情况，但由于华侨实业为1994年前依法成立的募集公司，依照《公司法》重新进行了规范，并取得青岛市经济体制改革委员会的批准和确认，不属于非法发行股票的情形，且华侨实业仅持有发行人3.28%的股份，为持有发行人5%以下股份的股东，因此，发行人股东人数追溯至股东的股东存在超过200人的情况，不构成本次发行的实质性障碍。

由本案例可知，2006年前以定向募集方式设立的股份有限公司在其设立、股权演变及职工股的管理等方面符合当时法律法规要求，股权清晰且不存在纠纷等法律风险的情况下，无论是发行人本身或者其控股股东存在股东超过200人的情形，拟上市公司均可直接申报，而并不必然要求清理。

类似的案例可参照山东赫达（002810），该案例中，对于股东超过200人的合法性解释如下：

保荐人和发行人律师认为，发行人设立时内部职工股的发行存在不规范之处，已依法得到规范并取得省级人民政府的确认，对发行人的本次发行上市不构成法律障碍。

保荐人和发行人律师认为，发行人是依据当时有效的《试点办法》和《规范意见》的规定，于 1992 年 12 月 15 日经批准设立的定向募集公司，其设立时法律对定向募集公司的股东人数上限并无限制性规定，故不存在违反《证券法》第十条关于"未经依法核准，向累计超过二百人的特定对象发行证券"规定的情形，也不存在《首发办法》第二十五条第一款规定的"最近 36 个月内未经法定机关核准，擅自公开或者变相公开发行过证券；或者有关违法行为虽然发生在 36 个月前，但目前仍处于持续状态"的情形。虽然发行人在设立和股票发行过程中存在超越审批权限以及内部职工股超比例、超范围发行等不规范的问题，但其已及时依照有关法律规定进行了规范，并将全部内部职工股在主管部门认可的证券经营机构实行了集中托管，山东省人民政府或其有权部门先后对发行人内部职工股的审批、发行、转让、托管及规范情况予以批准或确认，发行人设立及股票发行的审批、内部职工股的发行、转让和托管真实、合法，不存在纠纷或潜在纠纷，不会对本次发行上市构成实质性障碍。

案例二　川仪股份（603289），发行人存在委托持股的情形，实际出资人超过 2000 名，申报前进行规范和清理；控股子公司存在工会持股及自然人代持的情况，申报前清理

重庆川仪自动化股份有限公司（以下简称川仪股份）成立于 1999 年 11 月 1 日，于 2014 年 8 月 5 日上市，主营业务为工业自动控制系统装置及工程成套，发行人及其部分子公司曾存在委托持股、实际股东超过 200 人或工会持股的情况。

● 发行人曾存在委托持股和实际股东超过 200 人的情况

发行人曾存在委托持股和实际股东超过 200 人的情形，具体情况如下：

1. 2002 年初次形成

2002 年 11 月，经重庆市财政局《关于中国四联仪器仪表集团有限公司转让重庆川仪总厂有限公司部分股权的批复》（渝财企—[2002] 175 号）和重庆市经济委员会《关于同意重庆川仪总厂有限公司实施

投资主体多元化改革的批复》(渝经企指〔2002〕35号)批准,四联集团将其所持川仪有限15%的股权(即3926万元股权)转让给经营管理者及骨干职工。本次转让实施过程中,四联集团将该等股权转让给向晓波等30名自然人,并办理了工商变更登记。

但前述30名自然人股东存在作为受托人受托代为持有川仪股份股权情况。30名自然人股东除其自身实际出资7180000元外,还受另外的618名自然人委托代为持有32080000元出资。

根据实际出资人与受托人签署的协议书,相关股权的表决权由相应的受托人(即前述30名自然人股东)分别行使,实际出资人享有除表决权外的其他股东权利,并按其实际股权份额履行出资人义务和承担股东责任。

2. 实际持股人增加及变化

2004年12月,经重庆市国资委《重庆市国有资产监督管理委员会关于同意中国四联仪器仪表集团有限公司向经营骨干和员工转让所持重庆川仪总厂有限公司部分股权的批复》(渝国资产〔2004〕197号)批准,同意四联集团将其所持川仪股份10%的股权(即2617.688万元股权)转让给经营骨干及员工。本次股权转让中,向晓波等30名自然人股东作为受托人代为持有川仪股份的股权;除上述648名实际出资人中的部分员工增持了股权外,加上新增受让股权的实际出资人后,公司实际出资自然人人数合计为2026名。至此,向晓波等30名自然人股东除其自身实际出资11453409元外,还受另外的1996名自然人委托代为持有53983471元出资。此外,实际持股人及其受托人经历部分转移和变化,至2008年9月川仪股份委托持股情形彻底清理前,实际出资人变更为2025名。

3. 规范和彻底清理

为规范川仪股份的股权关系,川仪股份就向晓波等30名自然人股东涉及的职工委托出资情形进行了彻底清理。

2008年5月29日,30名自然人股东与重庆国创等九家投资者签署《股权转让协议》,将川仪股份全部自然人持股(合计6543.688万元出资)全部转让给前述九家投资者,转让价格为每股注册资本4.34元,并于2008年9月26日完成了工商变更登记。

2008年12月10日,四联集团就本次股权转让价款的代收及委托发放分别与中国银行重庆北碚支行、建设银行重庆北碚支行、重庆银行北碚支行、重庆银行北部新区支行签署《关于出资人已转让重庆川仪总厂有限公司股权的股权转让价款委托发放协议书》,将实际出资人按原出资比例应分配的数额在扣缴个人所得税后委托上述银行发放给实际出资人。该次股权转让收益应缴个人所得税由四联集团代扣代缴。

本次转让由实际出资人分别签署《同意函》,同意并授权向晓波等30名自然人股东向相关股权受让方转让其各自受托持有的川仪股份全部出资,并签署相关股权转让合同以及其他与受托股权转让相关的法律文件;委托受托人转让的川仪股份出资的价格不低于每股注册资本4元。

自2008年12月19日起,实际出资人开始领取股权转让价款并签署《声明书》,声明其已收到全部股权转让款项,并确认该等委托持有的川仪股份股权已全部转让,其不直接或委托他人持有川仪股份股权。2011年12月31日,四联集团出具《承诺函》,承诺在公司委托持股清理过程中,如有任何第三方向公司提出任何权利主张并导致公司遭受任何损失的,四联集团将无条件、全额、连带地向公司赔偿该等损失,以确保公司不会因此遭受任何损失。至申报时,所有实际出资人均已签署上述《同意函》和《声明书》。

- **对控股子公司存在工会持股、自然人代持股的规范**

1. 对控股子公司存在工会持股情形的规范

2009年3月,川仪股份和重庆耐德分别与川仪十一厂工会委员会(职工持股会)签署《股权转让协议》及《补充协议》,约定分别受让其所持川仪十一厂7.5%的股权,并完成了工商变更登记。本次转让后,川仪十一厂工会委员会不再持有川仪十一厂的股权。

职工持股会全体出资人共计97名。川仪十一厂工会委员会采用逐人逐笔的方式,将股权转让款按其实际出资比例发放给实际出资人,并由其签字确认。至申报时,尚有2名实际出资人未领取其股权转让价款。

2010年6月30日,四联集团出具《承诺函》,如因该等股权转让引起纠纷或诉讼给发行人或川仪十一厂造成的一切损失、损害和开支由四联集团足额补偿。

2. 对控股子公司存在自然人委托他人持股情形的规范

2009年4月,川仪股份受让陈德平等14名川仪速达自然人股东所持川仪速达49%的股权,该14名自然人股东存在代持股情形,其实际持有人为96名自然人。

本次转让,川仪速达96名实际持股人分别签署了《同意函》与《声明书》,同意并授权受托人将其代为持有的川仪速达股权向川仪股份转让,包括授权陈德平等14名自然人代表委托人与川仪股份签署股权转让协议。至申报时,96名实际出资人声明确认已收到股权转让价款。本次转让已办理工商变更手续,转让完成后川仪速达成为川仪股份的全资子公司。

本案例中,无论是自然人委托代持还是工会代持,在申报前都予以了清理,这也是毫无余地的。在处理此类案例时,代持形成的原因及合法性、代持规法和清理过程是否有存在纠纷的风险是证监会关注的重点。例如,本案例中,为防止潜在的股权纠纷及其给公司带来的影响,公司在处理的过程中做到以合理的价格转让的同时,要求实际出资人在最终转让股权时签署《同意函》和《声明书》,且控股股东出具《承诺函》承诺,承诺在公司委托持股清理过程中,如有任何第三方向公司提出任何权利主张并导致公司遭受任何损失的,控股股东将无条件、全额、连带地向公司赔偿该等损失,以确保公司不会因此遭受任何损失,以此确保股权不存在纠纷及最大限度地减少公司潜在的损失。

案例三 **家家悦(603708),控股股东存在股东超过200人情形,申报前根据4号文取得证监会的行政许可,超过200人股东无须清理**

家家悦集团股份有限公司(以下简称家家悦)成立于1981年6月16日,于2016年12月13日上市,主营业务为连锁超市的经营。

● **家家悦曾存在股东超过200人以及其控股股东申报时存在股东超过200人的历史沿革**

公司发展历程最早追溯至1974年1月,并于1981年6月16日办理了企业工商登记，登记时名称为"山东省威海市糖业烟酒公司"，隶属于威海市商业局，后更名为威海市副食品公司。1986年4月4日，经威海市人民政府批准，威海市副食品公司更名为威海市糖茶酒类公司。1988年5月10日，根据威海市人民政府《关于市百货公司等七个企业增设名称的批复》（威政发〔1988〕64号），威海市糖茶酒类公司增设名称为山东省威海糖酒采购供应站。

经过威海市国资局同意资产评估立项—会计师事务所评估—威海市国资委确认评估结果—威海市国资局同意改制为股份合作制企业—股东大会—验资—威海市体改委同意改制为股份合作制企业—办理工商登记等主要程序后，1998年1月5日，糖酒站改制为股份合作制企业，股东为威海副食品总公司和289名自然人。

1999—2001年，国家股分两次全部退出，转让退出时未按照国有资产转让相关规定进行资产评估，且存在短期内无偿占用改制后剩余国有资产以及1999年未在规定期限内上缴国有资产转让款但却享受优惠政策等不规范情形。为弥补以上瑕疵，2014年，威海市国资办委托评估公司对当时资产进行了评估，且评估结果得到了威海市国资办的书面确认。且威海市国资办出具《关于对家家悦集团股份有限公司改制合法性审查的意见》，对糖酒站1997—2001年期间企业改制及国家股转让中存在不规范情形作出处理意见，对于两次转让国家股以及职工增资未经评估定价等不规范情形，要求按评估值补缴国有资产转让差价及利息损失，并支付国有资产使用费。截至2014年6月，公司已将上述款项上缴威海市财政局。最终，山东省人民政府出具《关于对原山东省威海糖酒采购供应站改制及国有股权转让事项合法性予以确认的批复》。根据该批复，公司前身原山东省威海糖酒采购供应站改制及国有股权转让事项，符合当时国家法律法规及地方政府的政策规定。本次改制后，公司股东为359名自然人。

2007年6月，糖酒站召开临时股东大会，决定成立山东省威海糖酒采购供应站工会职工持股会，部分股东将所持股份转让给工会代为持有，糖酒站工会于2006年12月取得工会法人资格证书。由工会代为持股后，糖酒站股东由49名自然人和糖酒站工会组成。

2007年12月，糖酒站由股份合作制企业改制为有限责任公司，糖酒站名称变更为"山东家家悦集团有限公司"（家家悦有限）。

2011年4月26日，家家悦有限通过股东会决议，全体股东一致同意以各自所持家家悦有限100%股权以及3000万元现金，成立"山东家家悦投资控股有限公司"（家家悦控股有限），其中家家悦有限100%股权以经审计确认的净资产作价6000万元出资，余额部分计入家家悦控股有限的资本公积。本次转让后，家家悦有限股东变更为家家悦控股有限一个法人主体，而家家悦控股有限的股东由43名自然人和家家悦有限工会组成（原糖酒站工会）。

2014年5月，家家悦控股有限整体变更为股份有限公司（家家悦控股），股东为40名自然人和家家悦集团工会。

家家悦控股改制为股份公司后，2014年5月5日，家家悦控股召开第一届董事会第二次会议，同意家家悦集团工会将所委托持有的股份还原给代持对象。2014年5月12~17日，家家悦集团工会分别与222名被代持股东签订《关于解除委托持股的协议书》，将所代持的股份还原给实际出资股东。至此家家悦控股的股东人数为262名（其中原直接持股股东40名，本次解除代持关系222名）。2014年5月20日，家家悦控股在山东产权登记有限责任公司办理了股份集中托管手续。2014年8月6日，家家悦控股取得了中国证监会《关于核准山东家家悦投资控股股份有限公司股票向特定对象转让导致股东累计超过200人的批复》（证监许可［2014］811号）。至申报时，家家悦控股股东人数为257人，作为发行人家家悦的控股股东，虽然存在超过200人的情形，但因为履行了4号文规定的规范和行政许可程序，所以并不构成家家悦IPO的实质性障碍。

● **家家悦曾存在股东超过200人以及其控股股东申报时存在股东超过200人的合法合规性论证**

由以上历史沿革部分可知，200人情况的形成自1998年改制为股份合作制企业开始，故在论证其合法合规性时，中介机构分为股份合作制阶段、有限公司阶段及投资控股三个阶段进行分析，详细介绍了各个阶段形成的背景和政策依据、股权或股份转让的相关约定、员工或股东的变化情况，旨在说明改制等行为符合当时的法律法规，员工持股会中有关股份转让或退出的规定并未违反《公司法》等法律法规的精神，体现当事人的自由意志，权利义务公允，退出等机制设置合理，并无导致相关纠纷的风险。最后，家家悦取得了威海市工商局及威海市人民政府对于公司内部职工股的合法性确认。

例如，设立股份合作制企业的背景为威海市人民政府于 1997 年 8 月 25 日下发了《关于进一步加快企业改革的试行意见》(威政发[1997] 43 号)，力求通过建立现代企业制度，切实搞好搞活大、中、小各类企业，推动威海市经济的快速、稳定、健康发展。上述办法明确规定：职工人均净资产在两万元以下的国有、集体企业，原则上要采用"出售与改制结合"的办法改组为股份合作制企业。股份合作制企业应当设置职工个人股，还可根据情况设置职工集体股、国家股、法人股，由企业职工按照企业章程的规定认购一定数额的股份，其中企业主要管理人员平均持股数应高于职工平均持股数，具体股份设置及认购方案由企业职工代表大会讨论通过并报主管部门批准。

在上述政策背景下，糖酒站在威海市国资局及威海市经济体制改革委员会的指导下进行了股份合作制改造。经履行国有资产评估手续并经威海市经济体制改革委员会批准后，糖酒站改制为股份合作制企业。

本案例是一个非常典型的、值得我们认真学习的有关国企改制、职工持股会以及 200 人股东的综合案例，中介机构在处理每一部分的时候均单列一节进行详细的解释，非常具有代表性。1998 年改制为股份合作制企业、2001 年国有股权转出、2007 年成立职工持股会、2011 年原股东以所持股权及 3000 万元现金出资设立家家悦控股有限以至发行人股东存在职工持股会情况、2014 年家家悦集团控股工会解除委托并取得证监会的行政许可，整个过程涉及的问题错综复杂，但中介机构在处理及披露时思路有条不紊，值得借鉴。

本节小结

1. 股东超过 200 人情形往往由三种情况导致，1993 年左右根据当时的政策导向向内部职工定向募集设立的公司、通过国企改制等情形导致的职工持股会或工会以及国企改制过程中形成的个人代为持股的情形。

2. 在4号文出台以前，只有两种情况允许股东超过200人的企业直接申报IPO，一种是规范的定向募集公司，另一种是城商行特批，其他因历史原因形成的200人公司若不能进行清理则几乎没有可能。4号文的出台给予了其他因历史原因形成的200人公司且同时清理存在困难的企业一种解决方法。

3. 根据4号文，发行人的控股股东及重要控股子公司若存在200人问题需按照同样的标准予以核查和规范。然而，根据证监会对川仪股份的反馈意见，参股股东存在股东超过200人问题同样需要予以关注、核查和规范。

4. 200人公司的处理及解释思路已经形成了较为固定的模式：（1）检索向内部职工定向募集设立公司形成内部职工股或者设立职工持股会的背景或政策依据，证明内部职工股或职工持股会形成的合法合规性。（2）核查内部职工股或职工持股会有关股份转让、退出等制度的安排和执行及其合理性，重点关注是否存在或者可能导致纠纷。（3）若能清理，则关注清理是否彻底，是否存在不公允等侵犯职工权益最终导致纠纷的风险；若不清理，则关注托管情况是否存在托管人与实际持有人不一致等可能导致纠纷的情况，仔细核查历次托管情况尤其是最后一次托管的状态及具体信息，避免潜在的纠纷。（4）中介机构发表核查意见。（5）取得市级以上人民政府的确认文件。

5. 200人公司问题往往与国企改制及特定的历史背景联系在一起，历史沿革较为复杂，中介机构在处理时应当综合系统考虑，披露时最好对各个问题单列披露，以保证思路的清晰和处理的完整性。

6. 本书在写作过程中检索了大量的案例，既包括IPO，也包括新三板相关的案例，但均未发现2006年后形成的200人公司（指200人情况最初始原因的形成时间）成功过会的案例，这或许有两方面原因：一是2006年后形成的200人公司本来就非常少，其次是2006年后再形成200人情况本就不再符合已经生效的《公司法》或《证券法》的规定了。但是，如果某国企2006年后进行国有资产转让最终形成国有参股的公司，同样需要面临职工安置的问题，此时是否通过一定的形式安排职工持股，而该公司又是否可以符合上市条件呢？让我们拭目以待。

第三节　职工持股会

所谓职工持股会，是指依法设立的从事内部职工股的管理，代表持有内部职工股的职工行使股东权利的企业内部团体。中国职工持股作为一种较为稳定而持久的经济体制创新和大规模存在的经济现象是20世纪80年代以来中国经济改革的产物。80年代，中小型企业的股份合作制改革，建立了以"全员相对均衡持股、民主决策与管理、按资分红与按劳分红相结合"的股份合作制度，为职工持股制度的形成提供了路径。

1992年，国家体改委颁布的《股份有限公司规范意见》中，明确了改制企业可以向内部职工募集股份，并规定了国有股、法人股和个人股的比例。1993年党的十四届三中全会通过的《关于建立社会主义市场经济体制若干问题的决议》指出，"一般小型国有企业，有的可以实行承包经营、租赁经营，有的可以改组为股份合作制，也可以出售给集体或个人"，对股份合作制的发展具有重要意义。为搞好定向募集股份有限公司内部职工持股的管理，促进股份制试点企业健康发展，1993年国家体改委颁布的《定向募集股份有限公司内部职工持股管理规定》，进一步规范了内部职工持股的职工范围、股权证、持股审批、股权转让和管理等事项。虽然从总体上看，企业员工内部持股的发展是比较健康的。但在试点中，由于一些地方没有严格按规范化要求办事，出现了超范围、超比例发行内部职工股，以法人名义购买股份后发给个人，在报纸上公开发布招股说明书在全国范围内招股、内部职工股权证的非法交易，造成"内部股公众化，法人股个人化"等不规范的做法。1993年，国务院发布了《关于立即制止发行内部职工股不规范做法的意见》，暂缓审批新成立的定向募集公司的内部职工股。1994年中国体改委发出的《关于立即停止审批定向募集股份有限公司并重申停止审批和发行内部职工股的通知》，停止审批和发行内部职工股。之后，在缺乏统一的法律规范下，各级地方政府纷纷出台了地方企业员工持股计划的政策法规，推动了股份制企业职工持股的发展。

对于职工持股会的性质和法律地位历史上同样因为政策变化的原因存在多种形式，也存在较大争议，对此本书不做深究。因为对于拟上市企业而言，证监会对于职工持股会的态度自2000年12月起实行的《中国证监会关于职工持股会及工会能否作为上市公司股东的复函》起已十分明确。在该复函中，中国证监会明确指出："职工持股会属于单位内部团体，不再由民政部门登记管理。对此前已经登记的职工持股会在社团清理整顿中暂不换发社团法人证书。因此，职工持股会将不再具有法人资格。在此种情况改变之前，职工持股会不能成为公司的股东。另外，根据中华全国总工会的意见和《中华人民共和国工会法》的有关规定，工会作为上市公司的股东，其身份与工会的设立和活动宗旨不一致，可能会对工会正常活动产生不利影响。因此，我会也暂不受理工会作为股东或作为发起人的公司公开发行股票的申请。"

证监会对于停止审批职工持股会及工会作为发起人或股东的公司的发行申请主要基于两点理由：其一，防止发行人借职工持股会及工会的名义变相发行内部职工股，甚至演变成公开发行前的私募行为；其二，在民政部门不再接受职工持股会的社团法人登记之后，职工持股会不再具备法人资格，不再具备成为上市公司股东及发起人的主体资格，而工会成为上市公司的股东与其设立和活动的宗旨不符。

在2002年发布的《中国证监会关于职工持股会及工会持股有关问题的法律意见》（法协字[2002]115号）一文中，证监会对于上市申请人职工持股会可能存在的三种情形给出了处理意见：①对已上市公司而言，在受理其再融资申请时，应要求发行人的股东不存在职工持股会及工会，如存在的，应要求其按照法律部[2000]24号文要求规范；②对拟上市公司而言，受理其发行申请时，应要求发行人的股东不属于职工持股会及工会持股，同时，应要求发行人的实际控制人不属于职工持股会或工会持股；③对于工会或职工持股会持有拟上市公司或已上市公司的子公司股份的，可以不要求其清理。总之，态度很明确，若拟上市企业中仍存在职工持股会的必须清理。

实践中，我们可以通过证监会的反馈问题总结出职工持股会问题中监管机构关心的核心因素，即股权不存在纠纷。证监会一般从以下几个方面确认股权权属的清晰性和确定性：①程序上，内部职工股的审批、发行和托管是否履行了内部及外部程序；历次权益变动是否履行了协议转让、内部决策和审批确认、价款支付等程序；清理时被清理人是否被通知公司拟申请上市，是否履行了完备的法律程序；是否取得了相关政府部门关于拟上市企业职工持股会、内部职工股审批、发行、托管、清理以及是否存在潜在风险等情况的确认文件。②实质上，核查职工持股会的设立、权益变动及清理过程中涉及的价款的合理性、真实性，相关决议的真实性和合理性等，从而从实质上判断职工持股会从设立到清理整个过程的真实性，以避免潜在的股权纠纷。中介机构在操作时已经形成了一套较为成熟的解决方案，往往会在招股说明书中单列一节详细介绍职工持股会从形成到最终清理过程中涉及的详细过程，从程序和实质上说明整个过程并不存在纠纷。

案例一　海天股份（601882），第一大股东中曾存在职工持股会

海天股份成立于 2002 年 4 月 10 日，2016 年 11 月 7 日上市，主营业务为高端数控机床的研发、生产和销售。海天精工的第一大股东海天股份历史上存在职工持股会的情况，虽然职工持股会曾间接持有发行人股份，但穿透核查后仍将影响发行人股权的清晰确定性，故应以同样的核查标准核查发行人第一大股东曾经存在的职工持股会从设立到最终清理的过程。

海天股份本身的历史沿革较为复杂，前身为设立于 1967 年 4 月的镇海县江南人民公社农机具修配厂（社办），经过一系列名称及企业性质的变更后，于 1994 年改组，通过募集设立海天股份，发起人之一——宁波市第一塑料机械制造厂职工保障基金协会为海天股份职工持股会的前身。

关于控股股东海天股份职工持股会清理情况，证监会在反馈意见中要求:（1）请补充说明并披露江南人民公社农机具修配厂的历史沿革，其改制为海天股份时 6 位发起人的基本信息，各发起人所享有权益比

例确认及其变动的认定依据,是否履行了相应决策程序和审批确认程序,是否足额缴纳出资,是否经职工代表大会审议。(2)请补充说明并披露职工保障基金协会的性质、其组成人员及其权益占比,历次权益变动情况(包括但不限于代持清理、转让、被收购等)、定价依据及其合理性、价款支付情况及是否履行了相应程序。(3)请保荐机构、发行人律师严格按照相关规定对有关海天股份内部职工股的审批、发行、托管等事项进行核查,并对内部职工股发行和托管的真实性、合法性及是否存在纠纷或潜在纠纷发表明确的专项意见并说明核查过程。保荐机构、发行人律师不能仅依据发行人说明、托管机构证明、政府确认文件等材料发表意见。(4)请保荐机构、发行人律师补充说明清理过程是否履行完备的法律程序,被清理相关持股人是否知晓公司拟申请发行上市、是否存在纠纷或潜在纠纷。(5)请发行人提供省级人民政府关于发行人职工持股会、内部职工股审批、发行、托管、清理以及是否存在潜在风险等情况的确认文件。

中介机构在处理该问题时因其程序的复杂性而单列一节,对职工持股会涉及的各方进行了完整细致的披露,以证明职工持股会从设立到最终清理都不存在权属或其他纠纷。

- **披露海天股份的前身及其演变,以说明其职工持股会设立的背景及享有的权益情况**

海天股份前身为设立于1967年4月的镇海县江南人民公社农机具修配厂(社办)——镇海县江南人民公社农机塑料机械厂(1997年)——镇海县江南塑料机械厂(1980年)——镇海县塑料机械厂(1981年)——企业性质(集体)——地方国营镇海县塑料机械厂(1984年)——宁波市塑料机械一厂(1986年)——宁波市第一塑料机械厂(1987年)——企业性质联营(1989年)——海天股份(改组,定向募集设立,1994年)。

- **披露改组时海天股份设立程序及各发起人所享有权益的确认依据,从源头说明各发起人所享有的权益并不存在纠纷**

1. 1993年12月25日,发行人签署《关于改组设立宁波海天股份有限公司协议书》,同意以经评估的净资产折股发行股份。根据该协议书,海天股份股本总额为5800万元,划分为5800万股,由法人股和内部职工股组成,其中法人股为5655万股,由发起人认购,其具体设置为：职工保障基金协会认购35442960股，以其界定的资产入股；小港工业总公司认购15189840股，以其界定的资产入股；小港镇资产管理公司认购3117200股，以现金入股；南国贸易认购1200000股，以现金入股；北仑财政信用投资公司认购1000000股，以现金入股；宁波华能认购600000股，以现金入股。

2. 1994年1月8日，宁波市北仑区乡镇企业管理局出具的仑乡企字〔1994〕第75号《关于同意宁波市第一塑料机械厂实行股份制的批复》，同意宁波第一塑料机械厂实行股份制。

3. 1994年1月12日，宁波审计事务所出具甬审所证字〔1994〕13号《资产评估报告书》。

4. 宁波市北仑区乡镇企业管理局1994年1月12日出具《关于确认宁波第一塑料机械厂资产评估和资产界定的批复》（仑乡企字〔1994〕第72号）、宁波市北仑区财政税务局1994年1月15日出具《资产确认通知书》（（仑）集资评字〔1994〕第4号）确认评估值。

5. 1994年1月22日，宁波市经济体制改革委员会出具《关于同意设立宁波海天股份有限公司的批复》，同意定向募集设立股份有限公司并发行内部职工股。

6. 1994年6月8日，股份公司创立大会。

7. 1994年6月25日，宁波审计事务所出具《关于对宁波海天股份有限公司定向募集实收资本的验报告》（甬审所验〔1994〕15号）——1994年7月30日，取得营业执照，注册资本为5800万元。

● 各发起人所享有权益比例变动的认定依据，说明权益变动的合法合规性，排除纠纷的可能

根据宁波市北仑区小港镇人民政府1994年8月18日出具的仑港政〔1994〕42号《对于宁波第一塑料机械厂资产评估和资产界定的确认书》，宁波市北仑区小港镇人民政府办公室与中国共产党宁波市北仑区小港镇委员会办公室于2000年12月5日出具的《关于我镇持海天股份公司股权处置的会议纪要》及小港工业总公司、小港镇人民政府、北仑区人民政府、职工保障基金协会于2001年1月5日共同签署的《关于股权转让有关事实的共同说明》，海天股份设立时小港工业总公司作为发起人持有的15189840股股份（占股份总数的26.19%）

中，有 7594920 股（占股份总数的 13.095%）为职工保障基金协会实际拥有，小港工业总公司仅代职工保障基金协会持有该等权益。因此，海天股份设立时，职工保障基金协会实际拥有 43037880 股股份（占股份总数的 74.205%）。由此可知，海天股份设立时存在职工保障基金协会权益由小港工业代持的情形。

为确认权益的真实情况，海天股份职工持股会全体会员 2006 年 5 月 26 日作出《宁波海天集团股份有限公司职工持股会会员决议》，小港镇资产管理公司 2006 年 6 月 28 日出具《确认函》，宁波市北仑区发展改革委 2006 年 6 月 8 日及宁波市发展改革委 2006 年 7 月 7 日出具《关于宁波海天集团股份有限公司改制情况的确认》，证实在小港镇资产管理公司作为发起人持有的 3117200 股股份（占股份总数的 5.37%）中，有 2728333 股（占股份总数的 4.7%）是由张静章以其个人奖金代为出资认购并由职工持股会全体会员拥有，但由小港镇资产管理公司代为持有。2002 年 2 月，宁波北仑小港镇资产经营管理公司收购了上述代持股份。

● **披露缴纳出资及职工代表大会审议情况，说明职工持股会出资真实性和程序合法性**

根据宁波审计事务所于 1994 年 6 月 25 日出具的甬审所验〔1994〕15 号《验资报告》，确认注册资本已足额缴纳。

海天股份在定向募集设立股份有限公司时并未经职工代表大会审议。为弥补该瑕疵，海天股份职工持股会全体会员于 2006 年 5 月 26 日作出《持股会决议》，对上述海天股份发起人所享有权益比例及其变动作出确认。

● **详细说明职工持股会的性质以及股权演变过程直至解散，通过披露履行的程序及相关依据说明演变过程合法合规，并不存在纠纷的风险**

中介机构详细披露了职工持股会的历史沿革，对其中涉及的股权转让程序、定价及其依据、价款支付情况、相关部门对于所转让的股权豁免评估或者无偿转让的说明及确认进行了细致的说明。股权转让程序遵循一般的规定，即签署股权转让协议、董事会及股东会审议通过、签署产权转让合同证书、工商变更登记等。

- **取得职工持股会成员及相关部门对于职工持股会历史情况的确认，从所涉员工及政府层面取得最终的确认**

2006年5月26日，职工持股会全体会员签署《宁波海天集团股份有限公司职工持股会会员决议》，确认职工持股会存续期间的出资分红、管理运作、投票决策的机制及运行情况，并确认职工保障基金、职工持股会、内部职工股的权益变化过程及海天股份管理层人员历次受让股权的数量及价格情况。

2006年6月8日，宁波市北仑区发展和改革局出具《关于宁波海天集团股份有限公司改制情况的确认》，对1994年海天股份设立为股份有限公司及职工保障基金、内部职工股实际享有的权益进行确认，并确认职工持股会（职工保障基金）、内部职工股持有的股份由职工持股会全体会员享有，并一直由职工持股会统一管理、运作并在会员之间分配分红。职工持股会可以自主处置、自主决定将该等股权及分红等权利转让、分配给个人。2006年7月7日，宁波市发展改革委盖章确认上述情况属实。

2015年7月10日，宁波市人民政府出具甬政发[2015]82号《宁波市人民政府关于确认宁波海天精工股份有限公司有关事项的批复》，确认宁波海天股份有限公司在定向募集设立过程中，其职工持股会的设立、内部职工股发行已按当时法律、法规及政策规定履行相应审批程序，不存在集体资产流失或权益受损的情况；其内部职工股未分配到个人名下，无须办理股份托管手续；其职工持股会及内部职工股历次转让、变更及清理不存在股权纠纷及潜在风险。

此案例中职工持股会存在于公司第一大股东中，从而成为海天股份的间接股东。正因为在发行人与职工持股会中间存在着历史沿革较为复杂的海天股份，故本案例中的职工持股问题较一般的稍显复杂，但也正是如此，其处理的思路、披露的完整性和细致性值得我们借鉴。

本节小结

由于特定的历史背景，职工持股会广泛存在于集体企业或股份合作制企业中。然而，由于可能存在变相公开发行的风险及主体资格等原因，证监会对于拟上市企业中存在的职工持股会的态度很明确，即必须彻底清理干净，以避免潜在的纠纷。中介机构对于该问题的处理在长期实践中也形成了较为成熟的思路，即从程序和实质上论证该职工持股会从设立到存续至最终的清理过程中不存在有纠纷的风险。

首先，取得职工持股会设立时资产的权属情况及确认依据，一般有中介机构的资产评估报告、相关部门对资产评估报告的确认、公司内部签署的协议、职工代表大会审议情况、相关部门对于发行内部职工股的披露及中介机构出具的验资报告等。

其次，股权变更时，取得每一次变更所涉及的程序文件，核查程序的完备性，从股权转让协议、董事会股东会决议、定价及其依据、价款支付情况、工商登记等情况判断股权转让的合理性和真实性。

最后，清理时，应尽可能保证每一个持股员工所持有的股份都得到合理的处置，从而避免潜在的纠纷。除了一般的聘请中介机构对资产进行评估从而确定合理价格、召开职工大会进行表决、签署转让协议、取得主管部门同意调整的批复外，中介机构往往会要求职工持股会召集职工会对职工持股会从设立到最终清理的整个过程进行确认，同时也往往会协调当地主管部门对该职工持股会从设立到最终清理过程的合法合规性及特殊事项进行确认，以避免潜在的纠纷。

第四节　其他类型股东

股东作为企业的所有者及决策者，其重要性不言而喻，故企业在IPO过程中务必保证股东的适格，不适格的股东应当坚决退出，若不适格的股东的退出将导致实际控制人的变更或者对公司的持续经营造成其他重大影响，则将导致该企业进行IPO的实质障碍，故判断股东是否适格是中介机构必须进行的一项核查。本章前几节对于几类比较典型的相对常见而又难处理的股东类型进行了专门的分析，然而股东的身份依据不同的分类种类难以穷尽，且《公司法》及证监会相关的规定对股东资格的问题也未作太多明确的规定。但相关的法律、法规甚至规范性文件中，对于公司股东的资格问题有诸多零散的规定。现对常见的涉及股东资格的问题整理如下。

一、自然人

不具备股东资格的主要包括：在职公务员[①]、现役军人[②]、乡（含乡）以上党政机关在职干部[③]、县以上党和国家机关退（离）休干部[④]等。

股东资格受到限制的主要包括：离职或退休公务员[⑤]、选聘的乡镇干部[⑥]、领导干部的子女及配偶[⑦]、隶属机关编制序列的事业单位的干部及其配

[①] 《公务员法》（主席令第35号）第五十三条第十四款规定，公务员必须遵守纪律，不得从事或者参与营利性活动；第二条规定，公务员指纳入国家行政编制、由国家财政负担工资福利的工作人员。

[②] 《中国人民解放军内务条令》（军发［2010］21号）第一百二十七条规定，军人不得经商，不得利用工作时间和办公设备从事证券交易、购买彩票。

[③] 根据《关于严禁党政机关和党政干部经商、办企业的决定》以及《关于进一步制止党政机关和党政干部经商、办企业的规定》，国家机关法人的干部和职工，除中央书记处、国务院特殊批准的以外，一律不准经商、办企业。因此，国家机关法人的干部和职工不得投资公司成为股东。《中国共产党党员领导干部廉洁从政若干准则》第二条规定，禁止私自从事营利性活动，不准个人或者借他人名义经商、办企业。

[④] 《中共中央办公厅、国务院办公厅关于县以上党和国家机关退（离）休干部经商办企业问题的若干规定》明确禁止县级以上党和国家机关的退（离）休干部，不得兴办商业性企业。因此，县级以上党和国家机关的退（离）休干部是不可以投资公司成为股东的。

[⑤] 《公务员法》第一百零二条规定，"公务员辞去公职或者退休的，原系领导成员的公务员在离职三年内，其他公务员在离职两年内，不得从事与原工作业务直接相关的营利性活动。"

[⑥] 中发［1984］27号文规定，"二、选聘的乡镇干部，除了其中担任乡镇党委正副书记、正副乡镇长、正副乡经管会主任的以外，在做好本职工作的前提下，可以利用业余时间兴办企业和参与有关企业的经营活动，但不得经营与本人分管工作业务有直接联系的工商企业"。

[⑦] 《中共中央纪委关于"不准在领导干部管辖的业务范围内个人从事可能与公共利益发生冲突的经商办企业活动"的解释》（中纪发［2000］4号）规定，"中央纪委第四次全会提出，省（部）、地（厅）级领导干部（以下简称领导干部）的配偶、子女，不准在该领导干部管辖的业务范围内个人从事可能与公共利益发生冲突的经商、办企业活动"，"六、上市公司的行业主管部门、上市公司的国有控股单位的主管部门、证券监督管理机构的领导干部，其配偶、子女不准从事上述部门、机构所管理的公司的证券交易活动"。

偶、子女①、国有企业领导②、国企领导配偶及子女③、国有企业职工④、银行工作人员⑤。

具备股东资格的主要包括：在职教师⑥、未成年人⑦。

二、法人

（一）分公司

有限责任公司或股份有限公司可以对公司制企业、集团所有制企业投资，但其所设立的分公司不能对外投资。

---

① 中发［1986］6 号规定，"一、党政机关，包括各级党委机关和国家权力机关、行政机关、审判机关、检察机关以及隶属这些机关编制序列的事业单位"。因此，隶属机关编制序列的事业单位的干部及其配偶、子女的股东资格及限制同前述关于在职党政机关干部及其配偶、子女、职工的资格及限制。

② 《国有企业领导人员廉洁从业若干规定》第五条规定，国有企业领导人员不得有利用职权谋取私利以及损害本企业利益的下列行为：（1）个人从事营利性经营活动和有偿中介活动，或者在本企业的同类经营企业、关联企业和与本企业有业务关系的企业投资入股。

③ 《国有企业领导人员廉洁从业若干规定》第六条规定，国有企业领导人员的配偶、子女及其他特定关系人，在本企业的关联企业、与本企业有业务关系的企业投资入股。

④ 《国务院国有资产监督管理委员会关于规范国有企业职工持股、投资的意见》（国资发改革［2008］139 号）规定，"国有大中型企业主辅分离辅业改制，鼓励辅业企业的职工持有改制企业股权，但国有企业主业企业的职工不得持有辅业企业股权"，"国有大型企业改制，要优先选取投资者，职工持股不得处于控股地位"，"严格控制职工持股企业范围。职工入股原则限于持有本企业股权。国有企业集团公司及其各级子企业改制，经国资监管机构或集团公司批准，职工可投资参与本企业改制，确有必要的，也可持有上一级改制企业股权，但不得直接或间接持有本企业所出资各级子企业、参股企业及本集团公司所出资其他企业股权。科研、设计、高新技术企业科技人员确因特殊情况需要持有子企业股权的，须经同级国资监管机构批准，且不得作为该子企业的国有股东代表"，"严格限制职工投资关联关系企业"。

⑤ 目前没有统一的明文规定禁止银行工作人员投资其他企业，但各商业银行对其员工都有不同程度的限制性规定。目前银监会正在征求意见制定相关规定：《银行业金融机构从业人员职业行为指引（征求意见稿）》第十条，坚持以客户和所在银行（公司）利益为重。当发生利益冲突时，应申请回避，或向管理层、利益相关人充分披露利益冲突信息，以保障业务处理的公平合理。从业人员如果与客户有亲属关系，批准贷款时应回避；不得在其他公司兼职（本行或本公司委派的除外）或从事第二职业；不得在工作时间炒股票；不得在所在银行（公司）外参与经营性或营利性活动。

⑥ 《教师法》和《教师职业道德规范》没有禁止教师担任股东。

⑦ 国家工商行政管理总局于 2007 年 6 月 25 日作出《关于未成年人能否成为公司股东的答复》（工商企字 131 号）：《公司法》对未成年人能否成为公司股东没有作出限制性规定。因此，未成年人可以成为公司股东，其股东权利可以由法定代理人代为行使。"但是要注意无民事行为能力或者限制民事行为能力的人不得担任公司的董事、监事、高级管理人员。

（二）一人公司

一人有限公司原则上可以成为公司的股东；自然人只能投资设立一个一人有限公司，而且该一人有限公司不能投资设立新的一人有限公司。

（三）商业银行

商业银行原则上不能成为非金融机构的股东，但国家另有规定的除外，如司法判决或抵押质押等不属于主动投资行为。

（四）被吊销营业执照的公司

拟上市股东被吊销营业执照，但其法人资格并未就此消亡，营业执照的吊销只说明其丧失了经营资格，其法人资格依旧存在，因此不影响其对股份的持有。但因为营业执照被吊销，可能存在法人资格丧失的风险，由此导致股权的不确定性。因此拟上市鉴于股权的稳定性考虑，若出现被吊销营业执照的法人股东，还是建议转给他人。

（五）非营利性非企业法人

总体上来说，机关法人、社会团体法人、事业单位法人等非企业法人都可以投资设立有限责任公司、股份有限公司和外商投资企业等。但是一般来说，国家政府性质的非营利性的非企业法人不具备股权投资的主体资格。

（六）基金公司

基金会可以成为公司的股东。

（七）个人独资企业

个人独资企业可以作为有限公司的股东，并可设立分支机构。不得投资设立非公司企业法人。

（八）外商投资企业

出资额已缴足、已经完成原审批项目、已经开始缴纳企业所得税的外商投资企业可以作为发起人。

三、合伙企业

合伙企业可以作为有限公司的股东，并可以设立分支机构。

四、中介机构

会计师事务所、审计事务所、资产评估机构、律师事务所不得设立公司。《公司登记管理若干问题的规定》第二十一条规定，会计师事务所、审计师事务所、律师事务所和资产评估机构不得作为资产主体向其他行业投资设立公司。

根据 2011 年证监会发布的《证券公司直接投资业务监管指引》，担任拟上市企业的辅导机构、财务顾问、保荐机构或主承销商的，自签订有关协议或者实质开展相关业务之日起，公司的直投子公司、直投基金、产业基金及基金管理机构不得再对该拟上市企业进行投资。

根据 2008 年《证券发行上市保荐业务管理办法》，保荐机构及其控股股东、实际控制人、重要关联方持有发行人的股份合计超过 7%，或者发行人持有、控制保荐机构的股份超过 7% 的，保荐机构在推荐发行人证券发行上市时，应联合 1 家无关联保荐机构共同履行保荐职责，且该无关联保荐机构为第一保荐机构。

五、国有资产及其他单位

（一）事业单位

《中央行政事业单位国有资产管理暂行办法》第二十九条规定：各部门行政单位和参照公务员法管理的单位，不得将国有资产用于对外投资。其他事业单位应当严格控制对外投资，不得利用国家财政拨款、上级补助资金和维持事业正常发展的资产对外投资。

（二）高校

教育部发布了《教育部关于积极发展、规范管理高校科技产业的指导意见》（教科发［2005］2 号），该文对部属高校做出了如下规定：高校除对高校资产公司进行投资外，不得再以事业单位法人的身份对外进行投资。

（三）社会团体法人

《民政部、国家工商行政管理总局关于社会团体开展经营活动有关问题的通知》规定，开展经营活动的社会团体，必须具有社团法人资格。不具备法人资格的社会团体，不得开展经营活动。社会团体开展经营活动，可以投资设立企业法人，也可以设立非法人的经营机构，但不得以社会团体自身的名义进行经营活动。社会团体从事经营活动，必须经工商行政管理部门登记注册，并领取《企业法人营业执照》或《营业执照》。

（四）村民委员会

目前没有禁止性规定。广西壮族自治区人民政府 2011 年 3 月发布的《广西壮族自治区人民政府关于进一步全面推动全民创业加快推进城镇化跨越发展的意见》，中允许"个人独资企业、合伙企业、个体工商户、农民专业合作经济组织、有投资能力的居民委员会、村民委员会作为股东或发起人设立公司"。由此，可以初步推定村委会作为发起人应该是可以的。

（五）职工持股会

2000 年 7 月 6 日，民政部民办函 [2000] 110 号《关于暂停对企业内部职工持股会进行社会团体法人登记的函》中特别规定：由于职工持股会属于单位内部团体，不应再由民政部门登记管理，各地民政部暂不对企业内部职工持股会进行社团法人登记；此前已登记的职工持股会在这次社团清理中暂不换发社团法人证书。据此，职工持股会不具有社团法人的主体资格，其作为股份有限公司的发起人，缺乏法律依据。2000 年 12 月 11 日，中国证监会也在其《复函》中指出：职工持股会不能成为公司的股东。

职工持股会是我国 20 世纪 90 年代至 21 世纪初的历史性产物，故在当时设立的企业中较普遍地存在，如何解决因历史遗留导致的有职工持股会股东的企业的 IPO 问题成为中介机构必须面对的问题，故在本书中设有专门一节进行分析。

案例一 晨化股份（300610），实际控制人退休前为公务员身份是当时历史条件下的"时代产物"，具有一定的特殊性

扬州晨化新材料股份有限公司（以下简称晨化股份）成立于 1995 年 5 月 12 日，于 2017 年 2 月 13 日上市，主营业务为以氧化烯烃、

脂肪醇、硅氧烷等为主要原料的精细化工新材料系列产品的研发、生产和销售。晨化股份的实际控制人于子洲同志在 2013 年 12 月公务员身份退休之前担任发行人董事长，对此证监会在反馈意见中要求：请保荐机构、发行人律师就中共宝应县委等是否有权认定于子洲不违反《公务员法》《党员领导干部廉洁从政若干准则》《关于严禁党政机关和党政干部经商、办企业的决定》等国家相关法规、党的规章等予以说明；说明上述情形是否影响发行人股权结构稳定性、上述情形是否符合发行条件。请保荐代表人、律师对上述问题进行核查，说明核查过程并发表意见。

● 经核查，对于子洲同志在 2013 年 12 月公务员退休之前担任发行人董事长、实际经营发行人业务并经宝应县人民政府批准成为改制后发行人前身扬州晨化集团有公司的股东等历史沿革所涉相关问题的有关确认文件如下

1. 2013 年 8 月 19 日，宝应县人民政府上报扬州市人民政府《关于确认扬州晨化新材料股份有限公司历史沿革有关事项的请示》（宝政发〔2013〕154 号）确认：晨化股份历次改制履行了相关合法程序，并经相关主管部门批准，符合当时的法律法规及地方有关企业改制政策的规定，不存在集体资产流失，合法有效；晨化股份及其前身晨化科技历次产权变革及历史沿革中，股东及股权变化情况清晰，至今未产生任何纠纷。

2. 2013 年 9 月 14 日，扬州市人民政府上报江苏省人民政府《关于确认扬州晨化新材料股份有限公司历史沿革有关事项的请示》（扬府发〔2013〕164 号）认为，晨化股份历史沿革和产权股权变化情况清晰，其历次改制过程履行了法定程序，并经相关主管部门批准，符合当时的法律法规和地方集体企业改制政策规定，改制结果真实合法有效，不存在集体资产流失的情形。该公司产权变革及历史沿革过程中未产生任何纠纷。

3. 2013 年 12 月 27 日，江苏省人民政府下发《关于确认扬州晨化新材料股份有限公司历史沿革及改制等有关事项合规性的函》（苏政办函〔2013〕118 号）确认：晨化股份历史沿革及改制等事项履行了相关程序，并经主管部门批准，符合国家法律法规和政策规定。

4. 中共宝应县委组织部于 2016 年 6 月出具情况说明，确认于子洲同志于 20 世纪 80 年代开始经组织批准先后担任宝应县曹甸镇人民政府下属集体企业宝应县晨光化工厂厂长、扬州晨化集团有限公司总经理、董事长，扬州晨化集团有限公司经宝应县人民政府批准根据国家及宝应县集体企业改制有关文件精神进行改制，于子洲同志成为扬州晨化集团有限公司股东并继续担任其董事长、总经理，符合《关于鼓励机关干部从事经济工作的意见》（宝委发〔1998〕50 号）等地方性及国家有关政策文件规定，于子洲同志已经退休，不属于在职干部，其担任扬州晨化集团有限公司股东、董事长、总经理是因历史原因形成，不违反国家相关法规的要求。

5. 中共宝应县委于 2016 年 11 月出具《关于于子洲公务员身份获得的情况说明》，发行人所在地宝应县地处江苏省腹部，紧邻淮安、盐城，经济发展一直相对滞后，属于农业大县，自 20 世纪 90 年代开始，宝应县委县政府采取各种措施支持当地企业发展，力图做大做强县域经济。但当时宝应县的工业基础薄弱，绝大多数工业企业属于小加工、小维修、小三产等传统行业，科技含量少，竞争力差，尤其是缺少一批高素质的带头人，无法起到带头作用并促进当地产业集群的发展。从当时宝应县工业企业现状出发，为培育能带动当地国民经济和社会发展的产业集群，宝应县委县政府采取了多种措施支持当地优势企业率先发展壮大的措施，其中，由于当时的时代背景以及各项法律法规不健全，宝应县委县政府对于经营业绩较好、纳税额较多、安置就业人员较多、个人素质较高的企业，采取了从政治上给予关心的方法，即给予这些当地优势企业的董事长、总经理、法定代表人以一定的"政治待遇"，以提高他们推动当地产业集群发展的积极性。在这一时代背景下，自 20 世纪 90 年代初开始，宝应县当地一大批企业家相继获得了"政治待遇"，并获得了公务员身份。这些企业家的精力和工作内容依然是在各自负责的企业，不参与乡镇政府或乡镇党委的分工和考核，只考核企业的经营业绩。综上所述，鉴于于子洲当时任晨光化工厂法定代表人、厂长，担任发行人及其前身的董事长兼总经理，其获得公务员身份是当时历史条件下的"时代产物"，具有一定的特殊性。其公务员身份只是当时历史条件下当地地方政府为促进经济发展而给予其的一种"政治待遇"。

6. 中共宝应县委上级单位中共扬州市委员会于 2016 年 11 月再次出具情况说明，确认于子洲等同志改制后继续担任改制企业的股东、董事长、总经理、法定代表人系历史原因造成，符合当时的时代背景，不违反地方及国家相关法规的要求。

7. 2016 年 12 月，扬州市公务员局出具《关于我市企业家 90 年代公务员身份获得的情况说明》。

● 相关规定

1.《公务员法》第一百零一条规定："对有下列违反本法规定情形的，由县级以上领导机关或者公务员主管部门按照管理权限，区别不同情况，分别予以责令纠正或者宣布无效"。

2.《中国共产党党员领导干部廉洁从政若干准则（试行）》（1997）、《中国共产党党员领导干部廉洁从政若干准则》（2010）"则适用于党的机关、人大机关、行政机关、政协机关、审判机关、检察机关中县（处）级以上党员领导干部"。

3. 中共中央、国务院 1984 年 12 月 3 日颁布的《关于严禁党政机关和党政干部经商、办企业的决定》规定："选聘的乡镇干部，除了其中担任乡镇党委正副书记、正副乡镇长、正副乡经管会主任的以外，在做好本职工作的前提下，可以利用业余时间兴办企业和参与有关企业的经营活动，但不得经营与本人分管工作业务有直接联系的工商企业。他们所经营的个体或集体企业，应按照国家工商行政管理部门的规定，申报批准，依法经营。"

综上所述，发行人律师认为，于子洲同志 2013 年 12 月退休之前担任发行人董事长、实际经营发行人业务并经宝应县人民政府批准成为改制后发行人前身扬州晨化集团有限公司的股东。鉴于于子洲同志退休前曾任公务员、同时又为中共党员干部的双重身份，在宝应县人民政府已书面确认发行人历次改制履行了相关合法程序，并经相关主管部门批准，符合当时的法律法规及地方有关企业改制政策的规定并报上级单位扬州市人民政府、江苏省人民政府批准确认后，由中共宝应县委组织部、中共宝应县委、中共扬州市委员会、扬州市公务员局均书面确认于子洲同志未违反地方及国家相关法规，系分别由有权的公务员和中共党员干部的县级及县级以上领导机关依据各自权限，对于子洲是否违反《公务员法》等国家相关法规，《党员领导干部廉洁从政若干准则》《关于严禁党政机关和党政干部经商、办企业的决定》等党的规章所作出的确认。

● 上述情形不影响发行人股权结构稳定性、上述情形符合发行条件的说明

综上所述，发行人律师认为，江苏省人民政府下发《关于确认扬州晨化新材料股份有限公司历史沿革及改制等有关事项合规性的函》（苏政办函［2013］118号）确认，晨化股份历史沿革及改制等事项履行了相关程序，并经主管部门批准，符合国家法律法规和政策规定；中共宝应县委组织部、中共宝应县委、中共扬州市委员会、扬州市公务员局均已确认于子洲同志一直在企业从事具体经营工作，并担任企业法定代表人、董事长、总经理等职务，因而改制后继续担任改制企业的股东、董事长、总经理、法定代表人，该情况系历史原因形成，符合当时的时代背景，不违反地方及国家相关法规的要求。故上述情形不会对发行人股权结构稳定性产生影响，符合《首次公开发行股票并在创业板上市管理办法》等规定的发行条件。

本案例中发行人的实际控制人在2013年12月公务员身份退休前担任发行人董事长、实际经营发行人业务并经宝应县人民政府批准成为改制后发行人前身晨化有限的股东事实上已经违反了《公务员法》等相关法律法规，对于一般的对公司影响较小的股东一般是作退出处理，但是本案例中该特殊身份主体为当时公司的实际控制人，若予以退出既不能完成上市，也违背了发行人管理层上市的目的。本案例特殊之处在于，于子洲担任当地公务员及党政干部为当地政府鼓励经济发展而给予企业家的一种"政治待遇"，其并不实际参与政府工作，故对于发行人本身而言若要因为当地政府层面的原因导致不能上市的结果却有不妥。晨化股份在上市过程中得到的各级政府的支持从侧面也说明了这一点。当然，若有拟上市公司存在类似的情况，其工作重点之一应是评估当地政府的支持力度，否则极有可能前功尽弃。

案例二　久远银海（002777），券商直投公司入股

四川久远银海软件股份有限公司（以下简称久远银海）成立于 2008 年 11 月 24 日，于 2015 年 12 月 31 日上市，主营业务为以人力资源和社会保障为核心的民生信息化领域软件产品、运维服务和系统集成，服务于"城乡一体化社会保障体系""城乡一体化就业服务体系"和"城乡一体化人力资源体系"三大民生体系的构建，业务与产品覆盖养老保险、医疗保险、失业保险、工伤保险、生育保险、人力资源等。该公司为券商直投公司，对此，证监会在反馈意见中要求保荐机构及发行人律师就广发信德入股发行人是否符合中国证监会、中国证券业协会关于券商直投公司入股的相关管理规定出具明确意见。

● 广发信德入股发行人是否符合中国证监会关于券商直投公司入股的相关管理规定

1. 中国证监会于 2011 年 7 月发布的《证券公司直接投资业务监管指引》（以下简称《指引》）中第三条规定，"证券公司设立直投子公司应当符合下列要求：……（九）担任拟上市企业的辅导机构、财务顾问、保荐机构或者主承销商的，自签订有关协议或者实质开展相关业务之日起，公司的直投子公司、直投基金、产业基金及基金管理机构不得再对该拟上市企业进行投资。"

经发行人律师核查广发信德入股发行人的《投资协议》并对发行人董事长访谈，广发信德于 2010 年 7 月 28 日与发行人等签署《投资协议》，2010 年 10 月 25 日，发行人办理了上述增资扩股的工商变更登记手续。鉴于广发信德入股发行人之事宜发生在上述两项《指引》发布之前，因此，发行人律师认为，广发信德不适用前述《指引》条款规定的情形。

2.《证券发行上市保荐业务管理办法》第四十三条规定，"保荐机构及其控股股东、实际控制人、重要关联方持有发行人的股份合计超过 7%，或者发行人持有、控制保荐机构的股份超过 7% 的，保荐机构在推荐发行人证券发行上市时，应联合 1 家无关联保荐机构共同履行保荐职责，且该无关联保荐机构为第一保荐机构。"

经发行人律师核查，广发信德目前持有发行人 390 万股股份，持股比例为 6.5%，因此不具备适用该规定的情形。

● **广发信德入股发行人是否符合中国证券业协会关于券商直投公司入股的相关管理规定**

中国证券业协会于 2011 年 11 月发布的《关于落实〈证券公司直接投资业务监管指引〉有关要求的通知》（以下简称《通知》）第四条规定，"证券公司直投子公司以自有资金或持有权益比例超过 30% 的直投基金、产业基金投资拟上市企业后，证券公司担任该企业保荐机构的，在严格执行现有股份锁定期期限要求基础上，直投子公司应承诺主动再延长股份锁定期不少于六个月。"

经发行人律师核查，广发信德已按《通知》的要求作出书面承诺，承诺在现有股份锁定期期限要求的基础上又延长了六个月的锁定期，符合相关规定。

综上所述，发行人律师认为，广发信德入股发行人事宜不存在违反中国证监会、中国证券业协会关于证券公司直接投资业务相关规定的情形。

本案例发行人股东涉及中介机构证券公司，在与发行人形成合作关系其直投公司又投资入股的行为违反现行有效法律但不违反行为发生当时有效法律，此类解释较为典型且常用。但需要明确的是，并非所有的行为只要不违反行为发生当时的法律即可免予相关的义务，中介机构应当根据行为的性质、后果、法律法规的溯及性等因素综合考虑。

本节小结

大部分股东适格性的问题其实并没有太大的弹性空间，因此对于明显违反法律法规规定的股东，中介机构往往会建议退出。但是特殊情况永远存在，若不符合现行有效法律的股东的特殊身份的形成有其特殊的历史原因，且该原因能得到主管机关或政府部门的认可，在法律上又存在解释的余地，该身份的存在不会影响发行人股权架构的稳定性，则中介机构在综合判断可行性之后可以考虑寻求支持及合理解释，这考验中介机构的专业性及发行人本身的某些要素，否则都将前功尽弃。

第三章 实际控制人、董监高

第一节 一般实际控制人的判断标准

《首发办法》要求发行人最近三年内实际控制人没有发生变更（创业板两年），旨在以公司控制权的稳定为标准，判断公司是否具有持续发展、持续盈利的能力，以便投资者在对公司的持续发展和盈利能力拥有较为明确预期的情况下作出投资决策。由于公司控制权往往能够决定和实质影响公司的经营方针、决策和经营管理层的任免，一旦公司控制权发生变化，公司的经营方针和决策、组织机构运作及业务运营等都可能发生重大变化，给发行人的持续发展和持续盈利能力带来重大不确定性。因此，拟上市公司的实际控制人的判断尤为重要。

对于实际控制人的定义，《公司法》（2013年修订）及证监会的相关规定都有不同层面的阐述。《公司法》第二百一十六条对于实际控制人的定义为"虽不是公司的股东，但通过投资关系、协议或者其他安排，能够实际支配公司行为的人"。上交所在其《上海证券交易所股票上市规则》（2014年修订）中秉持了与《公司法》同样的定义。

证监会发布的《上市公司收购管理办法》（2014年修订）对于控制权的

定义为下列情形之一：（一）投资者为上市公司持股50%以上的控股股东；（二）投资者可以实际支配上市公司股份表决权超过30%；（三）投资者通过实际支配上市公司股份表决权能够决定公司董事会半数以上成员选任；（四）投资者依其可实际支配的上市公司股份表决权足以对公司股东大会的决议产生重大影响；（五）中国证监会认定的其他情形。深交所发布的《深圳证券交易所股票上市规则》（2014年修订）对控制权的定义与《上市公司收购管理办法》一致，并对实际控制人进一步定义为通过投资关系、协议或者其他安排，能够支配、实际支配公司行为的自然人、法人或者其他组织。

对于以上法律及相关规定的定义，虽然文义上《公司法》及《上海证券交易所股票上市规则》认定实际控制人"不是公司股东"，但实践中一直都是秉持着实质重于形式的原则对发行人的实际控制人进行判断，公司控制权是能够对股东大会的决议产生重大影响或者能够实际支配公司行为的权力，其渊源是对公司的直接或者间接的股权投资关系。因此，股东身份和实际控制人身份并不必然冲突，而且很多情况下控股股东就是实际控制人，《公司法》及《上海证券交易所股票上市规则》对实际控制人的定义涉及立法技术上的问题，此处不作更深的讨论。因此在实践中，中介机构在对"实际控制人"进行判断时，既需要审查相应的股权投资关系，也需要根据个案的实际情况，综合对发行人股东大会、董事会决议的实质影响、对董事和高级管理人员的提名及任免所起的作用等因素进行分析判断。

根据《公开发行证券的公司信息披露内容与格式准则第1号——招股说明书》，实际控制人应当披露到最终的国有控股主体或自然人为止。对于此处的国有控股主体应当做广义的理解，实践中实际控制人的特别类型包括国资委、国家其他各部委、地方各级政府（部门）、村民委员会、集体企业等类型。

案例一　运达科技（300440），申报过程中对实际控制人的认定发生变化

成都运达科技股份有限公司（以下简称运达科技）成立于2006年

3月10日，于2015年4月23日上市，主营业务为运用信息技术提供轨道交通机务运用安全相关的技术和解决方案，为轨道交通提供更安全、更高效的营运保障。该公司在2014年进行的预披露中认为公司股权结构较为分散，并无单独持股比例超过30%的股东，且基于以下理由认为发行人无实际控制人：①无股东能对运达创新（发行人控股股东，持发行人68.49%的股份）股东会决议产生重大影响；②无股东对运达创新董事会形成控制。基于以上判断，根据《证券期货法律适用第1号》，发行人律师从以下几个方面判断发行人最近三年公司控制权未发生变更：①最近三年发行人及运达创新的股权结构未发生重大变化；②最近三年发行人的经营管理层人员未发生重大变动；③最近三年发行人主营业务没有发生重大变化；④发行人及运达创新的股权控制结构不影响发行人公司治理的有效性。

然而，本案例在最终的披露文件中对实际控制人的认定有所变动，由认定无实际控制人变更为认定自然人何鸿云为实际控制人。对此，证监会在反馈意见中要求：在预披露稿中，发行人认为其不存在实际控制人。保荐人、发行人律师对相关实施及适用法律法规进行梳理和学习后，遵循"实质重于形式"的原则，认为发行人实际控制人应为何鸿云，并对招股说明书及其他申请文件中有关实际控制人认定的内容进行了相应的修正。请发行人，保荐机构及律师进一步说明以上信息披露变更事项的依据及理由是否充分。对此，中介机构进行了详细的解释。

自2011年1月开始对发行人进行尽职调查和上市辅导工作以来，发行人及相关中介机构对发行人实际控制人认定的几种可能性（包括无实际控制人、认定何鸿云为实际控制人、认定西南交通大学为实际控制人）均进行了反复论证、比较。在对发行人实际控制人认定的几种可能性进行反复论证、比较的过程中，一方面，项目中介机构通过更广泛的实地走访、现场访谈、查找资料等方式不断寻求更多的证据，进一步挖掘更多的事实基础；另一方面，通过查找案例、逻辑分析、征询专家意见等方式加强业务学习。对相关事实及适用法律法规进一步梳理后，遵循"实质重于形式"的原则，深刻理解"实际控制"是指"能够实际支配公司行为的权力"后，重点从发行人日常经营管理、董事会和股东大会运作，以及控股股东运达创新董事会、股东会各个

层面,是否存在能实际支配发行人行为的主体来考察,认定发行人实际控制人应为何鸿云,其依据及理由如下:

● **从股东大会(股东会)层面,何鸿云(及其亲属)对运达创新和发行人的重大事项决策及表决具有重大影响力**

1. 何鸿云对运达创新股东会的重大事项决策具有重大影响

发行人控股股东运达创新的股权较分散,报告期内,何鸿云及其亲属(包括其配偶王玮、其弟弟何鸿度)直接和间接持有运达创新31.88%的股权,是运达创新股东会层面最具影响力的股东;运达创新其他股东持有的股权比例较小,均独立行使表决权,不存在一致行动安排,因此,何鸿云对运达创新股东会的重大事项决策(如重大对外投资、选举董事会等重大事项方面)具有重大影响。

2. 何鸿云能够通过对运达创新股东会的重大影响力来对发行人的重大决策施加重大影响

在发行人股东大会层面,报告期内运达创新一直持有发行人68.49%的股权,为发行人的控股股东,因此,运达创新对发行人的重大决策具有绝对控制力。在具体行使股东权利方面,运达创新建立有《对外投资管理制度》,明确规定,对于包括发行人在内的运达创新的控股子公司,在被投资公司召开股东大会(或股东会)前,就其决策和意见表达,分两个层次提前开展讨论和准备工作:对于拟提交被投资公司股东大会(或股东会)普通决议审议事项,由运达创新董事会提前审议,给予意见;对于拟提交被投资公司股东大会(或股东会)特别决议审议事项,由运达创新股东会提前审议,给予意见。上述意见作出后,由运达创新法定代表人代表公司出席子公司的股东大会(或股东会),并行使股东投票权。因此,何鸿云能够通过对运达创新股东会的重大影响力来对发行人的重大决策施加重大影响。

● **何鸿云对发行人和运达创新历史上的日常经营管理、决策和公司治理具有重大影响**

1. 何鸿云对公司日常经营管理以及管理层的选聘具有重大影响力

在日常经营管理层面,发行人建立了以总经理为核心、副总经理、财务负责人和董事会秘书为主要团队的经营管理层。根据发行人的公司治理文件,公司总经理由董事会聘任,副总经理和其他高级管理人员由总经理提名、董事会聘任。报告期内，何鸿云一直担任发行人董事长、总经理，同时也是董事会提名委员会成员，因此，何鸿云对公司日常经营管理以及管理层的选聘具有重大影响力。

2. 自运达创新和运达有限及发行人设立以来，何鸿云在运达创新、运达有限及发行人一直担任重要职务，对日常经营决策事项有重大影响力

自运达创新 2001 年 3 月设立至今，何鸿云一直担任该公司董事长职务；2001 年 3 月至 2010 年 8 月，何鸿云还担任其总经理职务。自发行人前身运达有限 2006 年 3 月设立至今，何鸿云一直担任公司执行董事或董事长职务；自 2008 年 11 月起何鸿云开始履行公司总经理职责，自 2010 年 8 月至今一直担任总经理职务。根据运达有限、发行人及运达创新各自的公司章程及内部管理制度，何鸿云对运达有限、发行人及运达创新设立以来的日常经营管理和董事会拥有重大影响力，对日常经营决策事项有重大影响力。

● **从发行人及运达创新的成立背景及日后持续经营层面，何鸿云具有不可替代、不可或缺的作用**

1. 何鸿云既是发行人及运达创新的创始人，也是创始人团队当中的牵头人。当年设立运达创新，就是在何鸿云的号召下，与其他创始人一起努力的结果。

2. 何鸿云控股的四川天鸿、其配偶王玮、其弟何鸿度控股的鸿日东方合计持有运达创新 31.88% 的股权，是运达创新股东会层面最具影响力的股东构成，何鸿云对该部分股东表决权具有重大影响力。

3. 何鸿云自发行人及运达创新设立起，一直为核心技术人员及关键技术掌握人，对发行人的技术研发和产业化有着重大贡献，进而对发行人主营业务形成及发展具有重大影响。

4. 何鸿云是运达创新创立初期的主要销售人员，是后来销售团队的组建者。创始团队人员构成中，其他团队成员偏向技术研发方向，市场营销的意识和能力不强，而何鸿云既是技术研发人员，也是销售人员，也是日后销售团队的牵头组建者。

5. 自运达有限及发行人设立以来，何鸿云作为公司董事长、总经理、核心技术人员及关键技术掌握人，是运达创新及发行人的核心经营者，

是发行人经营发展过程中决策动议的最初主要提出者，一直以来保持了良好的经营实效，成绩突出，在运达创新、运达有限及发行人内部威望最高，其他董事及高管对其始终高度认可。

● 维持控制权稳定性的措施

何鸿云及其他相关方作出的以下安排有利于维护何鸿云控制权的稳定性：

1. 何鸿云、其配偶王玮、鸿日东方已就股份锁定及未来减持事宜按照或比照实际控制人的要求作出承诺，符合《首发管理办法》《深圳证券交易所创业板股票上市规则》等文件规定及中国证监会的有关要求。

2. 运达创新于2015年1月19日召开股东会，经全体股东一致同意，删除了章程中"公司董事人选由成都西南交通大学产业（集团）有限公司提名并由公司股东会选举产生，公司董事具有西南交通大学职工身份"的条款。

3. 何鸿云、王玮、何鸿度、四川天鸿及鸿日东方于2015年1月30日签署《一致行动协议》，一致同意：对决定和实质影响运达创新及发行人的经营方针、决策和经营管理层的任免等需经股东大会（股东会）、董事会决议批准的重大事项上与何鸿云保持一致行动。

● 结论

综上所述，从报告期内从股东大会（股东会）层面，何鸿云对运达创新和发行人的重大事项决策及表决具有重大影响力；从两公司日常经营管理、决策的层面，何鸿云一直担任运达创新和发行人最核心的职位，从而对两公司的日常经营管理和决策具有重大影响力；从发行人及运达创新的成立背景及日后持续经营层面，何鸿云具有不可替代、不可或缺的作用和影响力。何鸿云及其他相关方已作出切实有效的安排，有利于维持何鸿云控制权的稳定性，何鸿云对发行人的实际控制权在报告期及未来可预期期限内是稳定、有效存在的。因此，发行人律师认为，认定何鸿云是发行人的实际控制人的依据和理由充分。

本案例从预披露到最终申报材料中对实际控制人认定发生变化的情况较为少见，而其变化的结果极好地说明了实际控制人认定中实质重于形式的原则。但就运达科技本身的股权结构而言，各股东实际持有公司股份远达不到

30% 的认定标准而且较为分散,故形式上较易认定为无实际控制人。然而,项目中介机构通过不同途径寻找更多的事实基础,从发行人发展历史、日常经营管理、董事会和股东大会运作,以及控股股东运达创新董事会、股东会各个层面综合分析,得出何鸿云拥有"实际支配公司的权力",为公司的实际控制人,很好地体现了在判断实际控制人的过程中应当秉持的实质重于形式的原则。当然,不可否认的是公司的股权结构较为分散,为稳定公司的日常经营,避免公司在经营方针等方面发生重大变更,何鸿云及其他相关方还做出了稳定其实际控制权的措施,这也是此类案例排除因实际控制权变更导致持续经营存疑的必要举措。

案例二 富瀚微(300613),未将第一大股东认定为实际控制人

上海富瀚微电子股份有限公司(以下简称富瀚微)成立于 2004 年 4 月 16 日,于 2017 年 2 月 20 日上市,主营业务为数字信号处理芯片的研发和销售,并提供专业技术服务。在本案例中,证监会在反馈意见中直接问到未将第一大股东杰智控股认定为控股股东、实际控制人的原因及是否存在回避认定为实际控制人的情形。发行人律师从股东大会层面、董事会层面、日常经营管理层面及杰智控股的纯财务投资项目的几个方面予以核查论述。

1. 股东大会层面

2013 年 1 月至今,杰智控股持股情况及发行人实际控制人杨小奇可支配股权情况如表 3-1 所示。

表 3-1 杨小奇可支配股权情况

单位:%

时间	杨小奇				杰智控股
	直接控制的股份比例	通过上海朗瀚控制的股份比例	通过上海腾瀚控制的股份比例	合计控制股份比例	
2013.1—2014.10	11.33	21.95	—	33.28	33.21
2014.10 至今	10.20	21.68	8.07	39.95	29.89

据表 3-1 可知，杰智控股持有公司股份比例使其在发行人股东大会的表决中拥有重要影响。

经核查，杰智控股在富瀚有限及发行人持股期间，未主动向富瀚有限股东会或发行人股东大会提出任何提案，也未对其他股东或公司董事会、监事会提出的提案投反对票。

2. 董事会层面

2013 年 1 月至今，杰智控股委派或提名担任富瀚有限或发行人董事的人数情况如表 3-2 所示。

表 3-2　杰智控股委派或提名担任富瀚有限或发行人董事的人数

时间	富瀚有限或发行人董事会成员人数	杰智控股委派或提名担任富瀚有限或发行人董事的人数
2013.1—2013.4	3	1
2013.4—2015.1	5	2
2015.1 至今	7	1

公司于 2014 年 1 月整体变更为股份有限公司。2013 年 1 月至公司整体变更为股份有限公司前，董事会为公司最高权力机构。据表 3-2 所知，杰智控股委派或提名的董事在富瀚有限或发行人董事会中无法决定董事会表决结果。

经核查，杰智控股委派或提名的董事未主动向富瀚有限董事会或发行人董事会提出任何提案，也未对其他董事或公司总经理提出的提案投反对票。

3. 经营管理层面

根据杰智控股出具的《承诺函》并经本所核查，2013 年 1 月至今，杰智控股未向发行人委派或提名高级管理人员，也不参与发行人的日常经营管理。

4. 杰智控股已书面确认未曾且将不谋求对公司的控制

杰智控股已出具承诺函，主要内容如下：（1）其主营业务为作为财务投资人进行股权投资而并非从事实业经营，其对发行人的投资以实现投资收益为目的，2013 年 1 月至今从未谋求对发行人的控制权；（2）其未向发行人派驻管理人员，也不参与发行人的日常经营；

（3）其充分认可杨小奇及其经营团队的经营理念，在发行人所有重大决策上均尊重杨小奇及其管理团队的经营管理决策意见；（4）在持有发行人股份期间，不通过任何方式谋求对发行人的控制，不与发行人其他任何股东采取一致行动，不通过协议、其他安排与发行人其他股东共同扩大其能够支配的发行人股份表决权。

综上所述，发行人律师认为，杰智控股虽然为公司第一大股东，但其从未以谋求控制为目的而主动行使其作为股东（包括通过其提名的董事）的表决权，而是属于财务投资人。结合公司所从事的集成电路设计行业的特点及对公司管理团队、技术人员的依赖，杰智控股不具备控制发行人决策或经营的能力，将其认定为公司控股股东和实际控制人不符合公司实际情况，其已承诺所持有的发行人股份在发行上市之日起锁定36个月，不存在规避认定为实际控制人的情形。

其实在大多数的案例中，第一大股东常常被认定为实际控制人，这点也好理解，但是其为实际控制人的原因绝非因为其为第一大股东，而同样需要经过理论结合事实上的论证证明其拥有"实际支配公司的权力"。因此，在实践中同样存在不少如富瀚微这样的案例，即虽然其为第一大股东，但是因为事实上并非其实际支配公司从而不被认定为实际控制人，这同样很好地体现了实质重于形式的原则。当然，对于此类相对异常的情况，证监会一般都会予以关注。中介机构的解释思路一般如同本案例，从股东大会决议、董事会任命及决议、日常经营管理、特殊协议安排等方面予以分析论证，最终能使证监会充分相信非第一大股东可实际支配公司，且其实际控制权得以稳定即可。

本节小结

实际控制人的判断是首发上市过程中很多重要问题的基础，如合法合规、同业竞争、关联关系、持续经营等方面，因此，中介机构在判断实际控制人时务必慎之又慎。

实际控制人的判断应当秉承实质重于形式的原则，以事实为基础，从发行人股权结构出发，结合公司发展历史、日常经营管理、董事会组成和决议及股东大会决议、各利益相关方特殊协议安排等各个层面综合分析，最终判断拥有"实际支配公司的权力"者可认定为公司的实际控制人。很多情况下，公司第一大股东即为公司实际控制人，但是该判断的原因并非仅仅是其第一大股东的身份，若其虽为第一大股东，但是仅为财务投资者或者实际不参与公司的经营，在股东大会或者董事会中均无重大影响，则不宜认定其为实际控制人。此外，在部分案例中，形式上股权比较分散，很难从持股比例出发认定实际控制人，此时应当发掘事实并多方论证，从事实角度判断究竟是否存在实际控制人。

第二节 共同实际控制人

在一些案例中，发行人的股权结构相对分散或者较多主体在公司的经营决策中可产生重大影响，中介机构及发行人根据本章前一节的相关原则，从股权结构、股东会决议、董事会成员任命及决议、实际的经营运作等方面综合分析很难判断其中某单一主体可以实际支配公司。此时，若满足一定条件，发行人及中介机构可主张多人共同实际控制。根据《证券期货法律适用意见第1号》第三条的规定，发行人及其保荐人和律师主张多人共同拥有公司控制权的，应当符合以下条件：

一是每人都必须直接持有公司股份和/或者间接支配公司股份的表决权。

二是发行人公司治理结构健全、运行良好，多人共同拥有公司控制权的情况不影响发行人的规范运作。

三是多人共同拥有公司控制权的情况，一般应当通过公司章程、协议或者其他安排予以明确，有关章程、协议及安排必须合法有效、权利义务清晰、责任明确，该情况在最近3年内且在首发后的可预期期限内是稳定、有效存在的，共同拥有公司控制权的多人没有出现重大变更。

四是发行审核部门根据发行人的具体情况认为发行人应该符合的其他条件。

发行人及其保荐人和律师应当提供充分的事实和证据证明多人共同拥有

公司控制权的真实性、合理性和稳定性，没有充分、有说服力的事实和证据证明的，其主张不予认可。相关股东采取股份锁定等有利于公司控制权稳定措施的，发行审核部门可将该情形作为判断构成多人共同拥有公司控制权的重要因素。

作为监管层一直沿用至今的对于共同实际控制的指导文件，以上条款是在发行人及中介机构认定共同实际控制时不可逾越的条件，中介机构在处理相关问题时也总结出了比较成熟的经验，除非特别明显的共同实际控制，一般中介机构都需要结合发行人实际情况根据以上条件进行一一论证。

第一条较好理解，即通过公司的股权结构判断是否都直接或间接持有公司股份。对于本条需要注意的是，实践中已经出现了并非所有共同实际控制人都直接或间接持有公司股份的情况（东杰智能：300486），但鉴于未直接或间接持有公司股份者对于公司的经营管理和重大决策而被认定为共同实际控制人。

第二条主要是通过论述公司已经建立了完善的公司治理结构，"三会"运行规范且良好，是否建立独立董事制度及战略、提名、薪酬、考核、审计等方面的专业委员会及其运行情况，公司的业务情况等证明共同实际控制并未对公司的规范运作产生不良影响。

第三条是本节的重点。其中"章程、协议或安排"在实务中一般体现为一致行动人协议。但需要明确的是，一致行动人协议并非共同实际控制的必要条件。首先，实践中已有案例从事实上论证共同控制关系而并未签署一致行动人协议；其次，部分案例中的投资者签署一致行动人协议的目的并不在于成为共同实际控制人，而是在于稳定实际控制人的控制权；再次，《上市公司收购管理办法》中规定了法定的一致行动人，对于该类投资者之间的一致行动，一致行动人协议仅为巩固论证之用；最后，中介机构务必注意，一致行动人协议的角色更多在于巩固共同控制论证的书面上的安排，更有效地避免共同控制的事实发生变更，且监管层很容易怀疑协议是否存在倒签的可能。因此，中介机构与发行人在确认共同实际控制时应当更注重事实论证。

《上市公司收购管理办法》（2014年修订）第八十三条规定，一致行动是指投资者通过协议、其他安排，与其他投资者共同扩大其所能够支配的一个上市公司股份表决权数量的行为或者事实。在上市公司的收购及相关股份权益变动活动中有一致行动情形的投资者，互为一致行动人。如无相反证据，投资者有下列情形之一的，为一致行动人：

（一）投资者之间有股权控制关系；

（二）投资者受同一主体控制；

（三）投资者的董事、监事或者高级管理人员中的主要成员，同时在另一个投资者担任董事、监事或者高级管理人员；

（四）投资者参股另一投资者，可以对参股公司的重大决策产生重大影响；

（五）银行以外的其他法人、其他组织和自然人为投资者取得相关股份提供融资安排；

（六）投资者之间存在合伙、合作、联营等其他经济利益关系；

（七）持有投资者30%以上股份的自然人，与投资者持有同一上市公司股份；

（八）在投资者任职的董事、监事及高级管理人员，与投资者持有同一上市公司股份；

（九）持有投资者30%以上股份的自然人和在投资者任职的董事、监事及高级管理人员，其父母、配偶、子女及其配偶、配偶的父母、兄弟姐妹及其配偶、配偶的兄弟姐妹及其配偶等亲属，与投资者持有同一上市公司股份；

（十）在上市公司任职的董事、监事、高级管理人员及其前项所述亲属同时持有本公司股份的，或者与其自己或者其前项所述亲属直接或者间接控制的企业同时持有本公司股份；

（十一）上市公司董事、监事、高级管理人员和员工与其所控制或者委托的法人或者其他组织持有本公司股份；

（十二）投资者之间具有其他关联关系。

即存在以上关系的，若无相反证据，则被默认为一致行动人，但实践中未巩固共同实际控制的论述，相关的投资者之间也可以签署一致行动人协议。

案例一 太辰实业（300570），第一、第二大股东不参与公司日常经营，认定 10 名自然人为共同实际控制人

深圳太辰光通信股份有限公司（以下简称太辰实业）成立于 2000 年 12 月 12 日，于 2016 年 12 月 6 日上市，公司产品主要包括陶瓷插芯、光纤连接器、光分路器、光纤传感产品等，以陶瓷插芯、光纤连接器为主。发行人认定张致民等 10 名自然人为实际控制人，该 10 名自然人为一致行动人，且一直担任发行人董事、高管以及重要部门负责人职务。发行人第一、第二大股东不参与公司的日常经营管理。对此，证监会在反馈意见中要求说明实际控制人认定的适当性。

1. 就股权关系的共同控制方面而言，十位一致行动人控制的发行人的股份比例超过 30% 且超过发行人第一大股东神州通投资集团的持股比例，能对发行人股东大会的决议产生重大影响。

2009 年 9 月 25 日（十位一致行动人首次签署一致行动协议之日）至 2011 年 3 月 17 日，十位一致行动人合计持有的太辰实业的股权均超过 50%，且太辰实业持有公司的股权比例为 59%，十位一致行动人可通过持有太辰实业的控股权进而间接在股权关系上控制公司；自 2011 年 3 月 17 日至今，十位一致行动人合计直接持有公司超过 30% 的股权，超过发行人第一大股东神州通投资集团，处于控股地位，能对发行人的股东大会的决议产生重大影响。具体股权控制情况如表 3-3 所示。

表 3-3 太辰实业股权控制情况

时间	股权控制情况
2009.9.25—2010.8.5	太辰实业在公司持股 59%，十位一致行动人合计持有太辰实业 59.82% 的股权，通过对太辰实业的控制进而控制公司
2010.8.5—2011.3.17	太辰实业在公司持股 59%，十位一致行动人合计持有太辰实业 60.15% 的股权，通过对太辰实业的控制进而控制公司
2011.3.17—2011.6.21	十位一致行动人合计直接持有公司 35.47% 的股权，超过第一大股东神州通投资集团，处于控股地位
2011.6.21 至今	十位一致行动人合计直接持有公司 39.73% 的股权，超过第一大股东神州通投资集团，处于控股地位

2.十位一致行动人一直占据公司董事会多数席位、担任高级管理人员以及重要职能部门负责人,能够对董事会的决策和公司经营活动产生重大影响

(1)2011年至今,十位一致行动人一直占据发行人董事会多数席位,对公司董事会决议能产生重大影响,具体情况如表3-4所示。

表3-4 太辰实业董事会组成情况

时间	董事会人数	十位一致行动人占据的席位	其他董事人数
2011.1—2011.9	7	4	3
2011.9至今	9	4	5(其中3名独立董事)

(2)十位一致行动人一直担任公司高级管理人员及其他关键岗位,能够对公司经营活动产生重大影响

自公司设立至今,十位一致行动人一直担任公司董事、高级管理人员以及公司重要部门生产部、技术品质部、设备部、市场部、财务部的负责人的职务,能够对公司经营管理产生重大影响;而公司的第一大股东神州通投资集团、第二大股东华旸进出口自公司设立至今均未直接参与公司的日常经营管理。

自公司设立至今,十位一致行动人在公司的具体任职情况如表3-5所示。

表3-5 十位一致行动人具体任职情况

序号	姓名	职位	任职时间
1	张致民	董事长	2000年12月至今
2	张艺明	董事、总经理、财务总监	2000年12月任总经理至今
3	张映华	董事	2004年6月至今
4	姜丽娟	市场营运总监	2001年3月至2014年11月,市场部经理;2014年11月至今,市场营运总监
5	蔡波	董事会秘书、副总经理	2000年12月入职,2011年9月任董事会秘书至今
6	肖湘杰	董事、副总经理、技术总监、设备部经理	2001年11月任设备部经理至今,2011年9月任副总经理至今

（续表）

序号	姓名	职位	任职时间
7	蔡乐	生产部经理	2000年12月至今
8	郑余滨	总经理助理、生产部副经理	2001年2月起任生产部副经理至今，2011年3月起任总经理助理至今
9	黄伟新	财务部经理	2001年6月至今
10	林升德	技术品质部经理	2000年12月至今

3. 第一大股东、第二大股东均为财务投资者，不参与公司具体生产经营，也无意对公司进行控制，其他股东之间均不存在一致行动关系

根据发行人律师的核查，公司第一大股东神州通投资集团、第二大股东华旸进出口自对公司投资至今，未直接参与公司的生产经营活动，报告期内，两家股东均分别向公司提名了1名董事，未对公司董事会及股东大会形成控制。神州通投资集团及华旸进出口已分别承诺其持有公司股权不以控制公司为目的，彼此不存在一致行动关系，且承诺将独立行使股东权利并承担相应的义务，不与发行人其他股东签订一致行动协议。

公司其他36位自然人股东合计持股比例为25.43%，股权较为分散，单一持股比例较低，不足以控制公司，且该36位股东之间不存在一致行动关系，并承诺独立行使股东权利并承担相应的义务，不与公司其他股东签订一致行动协议。

4. 公司具有完善的法人治理结构，十位一致行动人作为实际控制人控制公司，不存在影响公司规范运作的情形

经发行人律师核查，公司已依法建立健全股东大会、董事会、监事会、独立董事、董事会秘书、董事会专门委员会制度，并根据生产经营需要设置了相关职能部门，相关机构和人员能够依法履行职责；十位一致行动人均系依照相关法律法规及公司章程在公司股东（大）会、董事会行使表决权；公司治理结构健全，运行良好，十位一致行动人共同拥有公司控制权的情况不影响公司的规范运作。

5. 十位一致行动人的控制权具有稳定性

（1）历史上的股权稳定情况

经发行人律师核查，自公司成立以来，十位一致行动人从未发生

减少出资或向他人转让股份的情形,且自2009年9月至今始终保持控股地位,十位一致行动人的持股情况具有很高的稳定性。

(2)十位一致行动人已签署一致行动协议并在公司股东(大)会、董事会中的相关事项提案、表决中以实际行动明确了一致行动关系

十位一致行动人分别于2009年9月25日和2011年3月15日签署了一致行动协议。其中,十位一致行动人于2011年3月15日签署的《一致行动人协议书》已经广东省深圳市福田公证处(2011)深福证字第6276号《公证书》公证。根据发行人律师的核查,该等一致行动协议的有效期限至公司上市后五年,内容合法有效、权利义务清晰、责任明确。

根据发行人律师核查公司报告期内的历次股东大会、董事会文件,十位一致行动人均已在该等会议召开前签署了书面的《一致行动人表决意见》,各位一致行动人均对历次《一致行动人表决意见》项下的议案或者董事、高级管理人员的任免提议投了赞成票,且十位一致行动人或十位一致行动人中的董事人选均已按照该等一致意见在股东大会/董事会行使了股东/董事的表决权。

(3)上市后控制权仍具有稳定性

根据发行人的说明并经发行人律师核查,若发行人成功发行股份并上市后,公司总股本将增至不超过12777.60万股,十位一致行动人合计持股比例变为不低于29.80%,仍为公司控股股东,保持了对公司的控制权。同时,十位一致行动人均承诺自公司股票上市之日起36个月内,不转让或者委托他人管理持有的公司公开发行前已发行的股份,也不由公司回购该部分股份。上述自愿锁股承诺有利于在公司上市后的可预期的期限内,公司控制权继续保持稳定。

综上所述,发行人律师认为,认定十位一致行动人为公司的实际控制人符合相关法律法规的规定及发行人的实际经营情况,将十位一致行动人认定为公司的实际控制人具备适当性。

本案例中一致行动人所占股权比例均不高,股权较为分散,且所涉投资者有十位之多,在某种程度上增加了论证为共同实际控制人的难度。但是在掌握了认定共同实际控制人的主要原则和步骤之后,其实解决思路也比较清晰,只是在事实收集时需要整合十人的情况。也正因为如此,本案例论证共

同实际控制人的思路在书面上体现得较为完备和清晰，故值得读者参考。总之，在论证共同实际控制人时，既要注意"共同"的论证，也要同时进行"控制"的论证，既要注重通过对过去实际经营、股东会及董事会决议、董事任免等方面的论证说明公司运作的过程中已经存在了稳定的共同实际控制的事实，也需要通过安排一致行动人协议、锁股承诺、完善公司治理机制等方面使监管层相信在公司上市后，共同实际控制能保持稳定。

案例二　长缆科技（002879），证监会反馈未将法定的一致行动人（配偶）列为共同实际控制人的原因

长缆电工科技股份有限公司（以下简称长缆科技）成立于1997年12月23日，于2017年4月26日过会，该公司系专业从事电力电缆附件及配套产品的研发、生产、销售及服务的高新技术企业，拥有50多年电缆附件生产经验，具备500kV及以下各电压等级交直流全规格超高压、高压及中低压电缆附件及配套产品的生产能力。中介机构及发行人将俞正元认定为实际控制人，罗均荷为俞正元的配偶，持有发行人66万股股份，未被认定为共同实际控制人。对此，证监会要求发行人说明并披露未将罗均荷作为共同实际控制人的原因。

● 自1997年长缆科技改制设立至今，俞正元、罗均荷持有公司的股权情况

发行人前身长缆科技于1997年12月23日改制设立时，俞正元持有长缆有限41200股股份，占注册资本的比例为0.57%；长缆有限设立之后，俞正元根据股东代表大会通过的各项议案和相关职务风险股、期权奖励股、配购股等实施方案陆续获得股权，截至2011年12月19日，长缆有限整体变更为股份有限公司时，俞正元持有公司33945094股股份，持股比例为56.38%；申请上市时，俞正元持有发行人46860025股股份，持股比例为45.52%。

发行人前身长缆有限于1997年12月23日改制设立时，罗均荷持有长缆有限26400股股份，占注册资本的比例为0.37%；长缆有限设立之后，罗均荷根据股东代表大会通过的各项议案和相关职务风险股、期权奖励股、配购股等实施方案陆续取得股权，截至申报时，罗

均荷持有公司 659971 股股份，持股比例为 0.64%。

- **未将罗均荷认定为发行人的共同实际控制原因和依据**

发行人于 2011 年 12 月完成了整体变更为股份有限公司的工作，2015 年 9 月发行人向中国证监会首次递交了上市申请。2011 年长缆电工进行股份制改制时罗均荷已退休，退休前罗均荷未担任长缆有限董事、监事或高管职务。鉴于长缆有限由集体所有制企业改制设立的实际情况，且罗均荷持有公司股权比例较小，未参与公司的经营管理，故未将罗均荷认定为共同实际控制人。自发行人前身长缆有限设立之日起，俞正元即担任公司董事长、核心技术人员，同时自 2007 年底起持股比例一直维持在 38% 以上，为公司第一大股东，对发行人的董事会、股东大会的决策均具有重要影响力，具有独立控制公司的能力。

- **认定实际控制人的法律依据**

《公司法》第二百一十六条第（二）款规定："控股股东是指其出资额占有限责任公司资本总额百分之五十以上或者其持有的股份占股份有限公司股本总额百分之五十以上的股东；出资额或者持有股份的比例虽然不足百分之五十，但依其出资额或者持有的股份所享有的表决权已足以对股东会、股东大会的决议产生重大影响的股东"。

《证券期货法律适用意见第 1 号》第二条规定"公司控制权是能够对股东大会的决议产生重大影响或者能够实际支配公司行为的权力，其渊源是对公司的直接或者间接的股权投资关系"。

根据上述法律及规范性文件的规定，并综合考虑对发行人股东大会、董事会决议的实质影响、对董事和高级管理人员的提名及任免所起的作用等因素判断，俞正元已构成法律规定的控股股东及实际控制人，依其出资额或者持有的股份所享有的表决权已足以对股东会/股东大会的决议产生重大影响，没有必要也没有实际利用其亲属通过投资关系、协议或其他安排共同支配公司的行为。因此，认定俞正元为公司控股股东和实际控制人符合相关法律法规的规定以及发行人的实际情况。

本案例中由于罗均荷持有股份极少，且未在发行人中担任职务，对公司经营决策几乎没有影响，因此不宜认定为共同实际控制人。首先，对于共同实际控制人的认定，并非必须每个投资者之间持股比例相当方可，如果本案例中罗均荷持股比例不变，但是在公司中担任要职，如副董事长、副总经理等，对公司的实际经营决策可产生重要影响，则即使其持股比例很小，仍需认定其为共同实际控制人；其次，若俞正元持股比例本身已经超过50%，其持股比例足以对公司形成绝对支配，但罗均荷也可对公司对实际经营产生重大影响，此时也应当认定二者为共同实际控制人，切忌简单套用规则而不对实际情况进行分析；最后，本案例同时也说明，一致行动人并非一定是共同实际控制人，实际控制人的认定也并非以一致行动人协议为必要前提；当然，法定的一致行动人之间也可以签署一致行动人协议。

案例三 梦网荣信（原荣信股份，002123），基于事实认定为共同实际控制，未签署一致行动人协议

梦网荣信科技集团股份有限公司（以下简称梦网荣信）成立于1998年11月19日，于2007年3月28日上市。该公司是一家主要从事节能大功率电力电子设备的设计和制造业务的企业，公司的产品包括：高压动态无功补偿装置（SVC）、智能瓦斯排放装置（MABZ）、电力滤波装置（FC）和高压变频装置（HVC）。在补充法律意见书（二）中，发行人律师对公司实际控制人的认定由左强一人变更为左强和崔京涛、厉伟三人共同实际控制，其主要理由如下：

- **左强是股份公司的实际控制人之一**

左强是公司的主要创始人，主要技术带头人，一直担任公司董事、总经理，全面主持公司的经营管理工作，对公司其他股东、董事、高级管理人员具有重大影响力，并对公司董事会、股东大会作出决策产生重大影响，由此实际支配公司行为、控制公司。

- **崔京涛、厉伟也是股份公司的实际控制人**

崔京涛、厉伟自深圳延宁1994年成立以来，即为深圳延宁的实际控制人；并自2001年2月28日起，即直接持有或间接控制深港产学研60%以上的股权，为深港产学研的实际控制人。因此，自2001年2月以来，深港产学研和深圳延宁同为崔京涛、厉伟所控制。从2003年10月起，崔京涛、厉伟一直通过深港产学研、深圳延宁持有股份公司较高比例的股份。2003年10月股份公司增资扩股后，深港产学研持有股份公司25.55%的股份、深圳延宁持有股份公司5.26%的股份；2005年12月股份公司增资扩股后，深港产学研持有股份公司24.00%的股份、深圳延宁持有股份公司3.75%的股份。

● 左强、崔京涛、厉伟对股份公司的共同控制

由于深港产学研、深圳延宁都是风险投资公司，其目的并不在于控制公司，而是通过投资，从股份公司的高速成长中实现投资回报，同时，由于深港产学研、深圳延宁作为风险投资都是左强所引进，并且左强作为公司总经理兼技术带头人，对公司的迅速发展起到了至关重要的作用，由此得到了公司股东、董事及高管的高度信任，所以近三年来崔京涛、厉伟在公司的重大决策上一直与左强保持一致。

综上所述，发行人律师认为，自2003年10月以来，左强和崔京涛、厉伟所持有和控制的表决权已足以对股东大会的决议产生重大影响，成为股份公司的实际控制人，并一直未发生变化，符合有关法律、法规、规范性文件的规定，对本次发行上市不构成法律障碍。

本案例发行人律师在对共同实际控制人进行论述时分别列举事实论证了各投资者在发行人经营决策中的重要影响，然后说明共同实际控制的事实，但是相互之间并无一致行动人协议的安排。因此，一致行动人协议仅仅是对共同实际控制关系的巩固，对共同实际控制的论述证明更应根据事实情况进行。然而，该案例发行人上市时间较早，对于共同实际控制中的"共同"关系论证较少，仅简单说明深港产学研、深圳延宁都是风险投资公司，其目的并不在于控制公司，左强对公司的迅速发展起到了至关重要的作用，由此得到了公司股东、董事及高管的高度信任，所以近三年来崔京涛、厉伟在公司的重大决策上一直与左强保持一致。以上论证在现在看来是不充分的，且一致行动人协议的作用不仅仅在认定共同实际控制人上，也在于对共同实际控制稳定性的保障。故本书认为，除如夫妻、父母子女此类比较明显的法定的一致行动人外，对于事实上的共同实际控制，一致行动人协议也是较好的安排。

本节小结

共同实际控制的论证除了比较明显的情况外，往往都要进行详细的论证，以《证券期货法律适用意见第1号》为论证框架，结合公司

发展历史、历次股东会决议及董事会决议情况、历届董事会成员的任命情况、日常经营决策情况等事实同时论证"共同"及"控制"两方面要素。所谓"共同",是指投资人之间在历次决策及日常经营中是否保持一致;"控制"是指以上投资者是否拥有足以支配公司的权力。

一致行动人协议与共同实际控制之间既非充分也非必要条件关系。共同实际控制的论证以事实为主要前提,一致行动人协议的作用在于对共同实际控制关系的巩固以及对于未来共同实际控制关系的稳定。因此,除如夫妻、父母子女此类比较明显的法定的一致行动人外,对于事实上的共同实际控制,一致行动人协议也是较好的安排。

第三节 无实际控制人

在实务中,既无单个主体可以实际控制支配公司,也无法认定若干投资者之间存在一致行动从而被认定为共同实际控制,此种情况下,中介机构及发行人可以考虑从无实际控制人的角度进行论证。因为在已过会的案例中,已有超过百例的发行人认定为无实际控制人的情况。因此,无实际控制人的状态并不会构成上市的障碍,只是监管层对于无实际控制人的论证要求较为严格。

根据《上市公司收购管理办法》对于实际控制人的定义,我们可以从反面推导出无实际控制人需要论证的条件,即同时满足以下条件:(1)无持股50%以上的股东;(2)无可支配公司股份表决权超过30%的股东;(3)无可通过实际支配公司股份表决权从而能够决定公司董事会半数以上成员选任的股东;(4)无可依其实际支配的上市公司股份表决权足以对公司股东大会的决议产生重大影响。另外,除以上情况外,需论证投资者之间并不存在一致行动以排除共同实际控制的可能。最后,在日常运作经营中,也无单个或几个投资者可以对公司的重大财务和经营决策。同时满足以上条件后,中介机构及发行人可认定发行人不存在实际控制人。但是因为无实际控制人的情况较为特殊，极易导致股权结构、经营管理团队及理念、公司治理架构及框架发生变更，故监管层对无实际控制人的情况提出了更高的要求。

《证券期货法律适用意见第1号》发行人不存在拥有公司控制权的人或者公司控制权的归属难以判断的，如果符合以下情形，可视为公司控制权没有发生变更：

（一）发行人的股权及控制结构、经营管理层和主营业务在首发前三年内没有发生重大变化；

（二）发行人的股权及控制结构不影响公司治理有效性；

（三）发行人及其保荐人和律师能够提供证据充分证明。

相关股东采取股份锁定等有利于公司股权及控制结构稳定措施的，发行审核部门可将该等情形作为判断公司控制权没有发生变更的重要因素。

即认定为无实际控制人的发行人，其不仅需要依据事实情况，结合以上对于无实际控制人的判断标准判断无实际控制人，还需要用更多事实去论证公司控制权没有发生变更。

案例一 天源迪科（300047），申报期间实际控制人的认定存在多次变化，最终认定为无实际控制人

深圳天源迪科信息技术股份有限公司（以下简称天源迪科）成立于1993年1月18日，于2010年1月20日上市，主营业务为电信、公安及其他行业应用软件产品的开发、生产和销售，计算机软、硬件系统集成，技术支持与服务。发行人在2008年2月向证监会提交的主板首发申请文件中披露，公司股东陈友、陈鲁康、谢晓宾、李谦益为发行人的共同控制人。2008年5月17日，发行人认定公司的实际控制人为陈友。2008年6月12日，发行人重新认定其实际控制人为陈友、陈鲁康、谢晓宾、李谦益。2009年7月31日，发行人向证监会提交的首发申请文件披露，公司不存在实际控制人。对此，证监会在反馈意见中要求保荐机构、律师就2007年以来发行人实际控制人是否发生变更，是否构成发行上市障碍出具专项说明。

● **在发行人申报创业板申请文件前，对发行人实际控制人的认定前后不一致的原因**

1. 2008 年 2 月，认定发行人股东陈友、陈鲁康、谢晓宾、李谦益为发行人的共同控制人的背景

在 2008 年 2 月发行人向证监会提交主板首发申请文件时，对实际控制人的认定尚没有确定的标准，而发行人股权比较分散，由于陈友、陈鲁康、谢晓宾、李谦益四人均为公司的创始人，从 2001 年起上述四人均为公司的董事和高级管理人员，四人所持的股份共计超过了发行人股份总额的 50％，且四人在公司历次股东大会、董事会中的表决均保持一致，因此，我们在当时的主板首发申请文件中认定陈友、陈鲁康、谢晓宾、李谦益为发行人的共同控制人。

发行人在 2008 年 2 月向证监会提交主板首发申请文件后，证监会于 2008 年 3 月 5 日颁布《〈首次公开发行股票并上市管理办法〉第十二条"实际控制人没有发生变更"的理解和适用——证券期货法律适用意见第 1 号》（证监法律字［2007］15 号）文件（以下简称证监法律字［2007］15 号文），该文明确规定"发行人及其保荐人和律师主张多人共同拥有公司控制权的，应当符合以下条件：……（三）多人共同拥有公司控制权的情况，一般应当通过公司章程、协议或者其他安排予以明确，有关章程、协议及安排必须合法有效、权利义务清晰、责任明确，该情况在最近 3 年内且在首发后的可预期期限内是稳定、有效存在的，共同拥有公司控制权的多人没有出现重大变更"。

由于发行人并未在公司章程、协议或者其他安排中约定或明确共同控制，因此，将陈友、陈鲁康、谢晓宾、李谦益认定为公司共同控制人的理由并不充分，不符合证监法律字［2007］15 号文的规定，该认定并未得到证监会发行部的认可。

2. 2008 年 5 月 17 日，认定陈友为公司实际控制人的背景

由于共同控制的认定未能得到证监会发行部的认可，结合公司本身的情况，考虑到陈友一直为公司的主要股东，且自 2001 年以来一直担任公司的董事长兼总经理，并在公司具有较大的影响力，发行人向证监会发行部提出希望认定陈友为公司的实际控制人。

虽然陈友为公司第一大股东，但是其持股比例仅为 19.82％，且各

股东之间的持股比例相差不大,根据《公司法》及公司章程的规定,陈友所持有的股份难以实际控制股东大会和董事会。因此,发行人认定陈友为公司实际控制人的理由并不充分,该认定也未得到证监会发行部的认可。

3. 2008年6月12日,重新认定陈友、陈鲁康、谢晓宾、李谦益为发行人共同控制人的背景

此次认定陈友、陈鲁康、谢晓宾、李谦益为发行人共同控制人,除2008年2月申报时的原因外,还补充了以下内容:

(1)吴志东、杨文庆自2001年成为发行人股东以来,一直未参与发行人的日常经营管理,在发行人股东会/股东大会及董事会的决议中均与陈友、陈鲁康、谢晓宾、李谦益四人的意见一致,也不存在谋求发行人控制权的目的和安排,故并未对发行人形成实际控制或共同实际控制。

(2)陈友、陈鲁康、谢晓宾、李谦益曾通过金迪科计算机间接持有发行人股权,且自2001年4月30日至今,陈友、陈鲁康、谢晓宾、李谦益四人通过金迪科计算机或者直接持股比例合计一直超过50%。

(3)2008年3月,中国证监会发布了证监法律字[2007]15号文,发行人报送首次公开发行股票申请材料的日期为2008年2月,使得对发行人实际控制人的理解有所差异,请中国证监会给予充分的理解和支持。

此次报送的材料中,还另附了对吴志东、杨文庆的访谈笔录,吴志东、杨文庆在访谈笔录中对其当初购买发行人股权的背景,参与股东会/股东大会、董事会的具体情况,是否实际参与公司经营管理等进行了详细的说明。

考虑到对发行人共同控制的认定仍然缺乏充分的事实和证据,特别是四人并未在公司章程、协议或者其他安排中约定或明确共同控制,导致与证监法律字[2007]15号文的规定不相符,因此,最终证监会发行部仍然没有认可对发行人共同控制的认定。

- 认定公司不存在实际控制人的原因

1. 发行人申报前两年内不存在实际控制人

(1)发行人股权结构分散

申报前两年内，发行人股权结构未发生任何变化，股权结构一直维持比较分散的状态。自 2007 年 5 月 21 日发行人完成最后一次增资以来，发行人股权至今未发生任何变化，具体情况如下：

股东	股权比例（%）	股权性质
陈友	19.82	自然人股
吴志东	15.68	自然人股
陈鲁康	13.50	自然人股
天泽投资	12.86	企业法人股
谢晓宾	10.45	自然人股
李谦益	10.45	自然人股
李堃	6.44	自然人股
王怀东	6.44	自然人股
杨文庆	4.36	自然人股

（2）发行人单一股东无法控制股东大会

根据《公司法》及公司章程的规定：股东大会作出决议，须经出席会议的股东所持表决权过半数通过，特殊事项须经出席会议的股东所持表决权的三分之二以上通过。发行人任何单一股东所持有的公司股份均未超过公司总股本的 20%，因此，发行人任何单一股东均无法控制股东大会或对股东大会决议产生决定性影响。

（3）发行人单一股东无法控制董事会

发行人自然人股东陈友、吴志东、陈鲁康、李谦益、谢晓宾、杨文庆在公司董事会中担任董事，上述股东在董事会席位上的分配比较均衡。

根据公司章程的规定，董事会成员和监事会成员的任免由股东大会以普通决议通过。发行人董事均由其股东大会选举产生，且各股东均按照各自的表决权参与了董事选举的投票表决。因此，发行人任何单一股东均没有能力决定半数以上董事会成员的选任。

根据《公司法》及公司章程的规定：董事会会议应有过半数的董事出席方可举行。董事会作出决议，必须经全体董事的过半数通过。董事会决议的表决，实行一人一票。发行人任何担任董事的自然人股东均无法控制董事会或对董事会决议产生决定性影响。

经发行人律师核查,发行人全体董事均参加了历次董事会并进行了相应的表决,且该等董事均依据自己的意愿对会议议案进行表决。不存在任何单一股东单独控制董事会的情形。

(4)发行人的股东间无一致行动

经发行人律师核查发行人历次股东大会的决议及相关文件,发行人股东在历次股东大会进行表决前均没有一致行动的协议或意向,或其表决权受到其他股东控制或影响的情形。

经发行人律师核查发行人历次董事会的决议及相关文件,发行人董事在历次董事会进行表决前均没有一致行动的协议或意向,或其表决权受到其他方控制或影响的情形。

发行人的股东陈友、吴志东、陈鲁康、天泽投资、谢晓宾、李谦益、李堃、王怀东、杨文庆于2009年7月20日出具《声明》:各股东之间未签订任何一致行动协议或实施其他任何可能约束数名股东共同行使股东权利而实际控制发行人的行为。

综上所述,发行人律师认为,发行人申报前两年内,股权结构未发生任何变化,股权结构一直较为分散,不存在实际控制人,也不存在多人共同拥有公司控制权的情形。

2. 发行人申报前两年的控制权没有发生变更

(1)发行人股权结构最近两年未发生重大变化

自2007年5月21日发行人完成最后一次增资以来,发行人股权至今未发生任何变化,具体情况如下:

股东	股权比例(%)	股权性质
陈友	19.82	自然人股
吴志东	15.68	自然人股
陈鲁康	13.50	自然人股
天泽投资	12.86	企业法人股
谢晓宾	10.45	自然人股
李谦益	10.45	自然人股
李堃	6.44	自然人股
王怀东	6.44	自然人股
杨文庆	4.36	自然人股
合计	100	

（2）发行人最近两年董事没有发生重大变化

陈友、吴志东、陈鲁康、谢晓宾、李谦益、杨文庆、魏丽自2001年5月29日至今一直担任发行人及前身天源迪科有限公司的董事。2007年8月12日，发行人召开2007年第二次临时股东大会增选戴昌久、邓爱国、李毅、周俊祥四人为公司独立董事。自2007年8月12日至今，公司董事会未发生任何变更。

（3）发行人最近两年高级管理人员没有发生重大变化

最近两年内，除2009年4月7日发行人第一届董事会第七次会议决议增聘梁林志为副总经理外，发行人的高级管理人员没有发生变化。

（4）发行人最近两年内主营业务没有发生变化

最近两年内，发行人主要经营电信、公安及其他行业应用软件产品的开发、生产和销售，计算机软、硬件系统集成，技术支持与服务，主营业务没有发生变化。

（5）发行人最近两年来经营业绩稳定

2007年至今，发行人持续盈利，发行人2007年度、2008年度归属于母公司所有者的净利润分别为3859.07万元、4388.60万元，保持持续增长；发行人2007年、2008年连续两年被评定为国家规划布局内重点软件企业。公司在股权较为分散、没有实际控制人的情形下，仍能保持发行人经营决策的有效性和经营业绩的稳定。

（6）发行人的股权结构不影响公司治理的有效性

2007年8月12日，发行人2007年第二次临时股东大会通过了《股东大会议事规则》《董事会议事规则》《监事会议事规则》《累积投票制实施细则》《对外担保管理规定》《关联交易公允决策制度》等公司内部制度。

发行人历次股东大会、董事会、监事会均按照《公司法》和公司章程规定的职权履行职责，该等股东大会、董事会、监事会会议议案均是由全体股东、董事、监事一致表决通过。发行人无对外担保，最近三年及一期内除部分股东无偿为公司提供担保外，无其他关联交易，目前，该部分股东为公司提供的担保均已到期或解除。发行人律师认为，虽然发行人的股权结构较为分散，但是发行人严格按照《公司法》、公司章程及公司内部制度对公司进行管理，发行人的股权结构不影响公司治理的有效性。

（7）发行人股东承诺上市后锁定股份

发行人股东陈友、吴志东、陈鲁康、谢晓宾、李谦益、天泽投资、杨文庆、李堃、王怀东于2009年7月20日均签署了《关于本次发行前股东所持股份的流通限制和自愿锁定股份的承诺函》，其中，陈友、吴志东、陈鲁康、天泽投资、谢晓宾、李谦益、杨文庆承诺其所持有的股份自公司本次发行的股票上市之日起锁定期为36个月；李堃、王怀东承诺其所持有的股份自公司本次发行的股票上市之日起锁定期为12个月。发行人股东均作出了自愿锁定股份的承诺，该等承诺有利于发行人本次发行上市后的股权结构稳定。

综上所述，发行人在股权分散、没有实际控制人的情况下，最近两年内股权结构、董事会、经营管理层和主营业务均未发生重大变化，发行人在现有的股权结构下经营稳定，分散的股权结构并未对发行人的治理有效性产生不良影响，且发行人股东均承诺锁定股份。结合证监法律字［2007］15号文第四条的规定，本所律师认为，发行人无实际控制人，最近两年内发行人不存在控制权发生变更的情形，不会对发行人本次发行与上市构成实质性障碍。

3. 发行人律师认为，发行人无实际控制人的情形不会影响到公司的经营稳定性，原因如下：

（1）发行人股东承诺上市后锁定股份

根据发行人律师的核查，发行人的股权结构最近两年内未发生重大变化，股权结构稳定。发行人股东陈友、吴志东、陈鲁康、天泽投资、谢晓宾、李谦益、杨文庆、李堃、王怀东于2009年7月20日均签署了《关于本次发行前股东所持股份的流通限制和自愿锁定股份的承诺函》，其中，陈友、吴志东、陈鲁康、天泽投资、谢晓宾、李谦益、杨文庆承诺其所持有的股份自公司本次发行的股票上市之日起锁定期为36个月；李堃、王怀东承诺其所持有的股份自公司本次发行的股票上市之日起锁定期为12个月。

（2）发行人无实际控制人的情形不影响公司治理的有效性

发行人依法制定了健全的《股东大会议事规则》《董事会议事规则》《监事会议事规则》《对外担保管理规定》《关联交易公允决策制度》

等公司内部管理制度。发行人设置了独立董事,强化对董事会及经理层的约束和监督,更好地维护了公司及中小股东利益,避免内部人控制。根据发行人的《公司章程》及《累积投票制实施细则》的规定,发行人董事、监事选任实施累积投票制。根据《累积投票制实施细则》的规定,发行人任何股东单独均不能通过实际支配公司股份表决权决定公司董事会半数以上成员选任。

发行人无对外担保,最近三年及一期内发行人除部分股东无偿为公司提供担保外,无其他关联交易,目前该部分股东为公司提供的担保均已到期或解除。公司的重大事项的决策和实施均有相应的制度进行约束,根据发行人律师对发行人及其前身天源迪科有限公司历次股东大会、董事会、监事会的核查,上述股东大会、董事会、监事会均按照《公司法》和公司章程规定的职权履行职责。

发行人律师认为,发行人无实际控制人的情形不影响发行人公司治理有效性。

(3)发行人无实际控制人的情形不影响发行人内部控制的有效性

①发行人制定了《对外担保管理规定》《关联交易公允决策制度》《投资管理制度》,对对外担保、关联交易、对外投资的决策机构、决策权限及决策程序、监督程序均做出了详细的规定,从而避免因可能的内部人控制而损害股东利益;同时,发行人还制定了《投资者关系管理制度》《信息披露管理制度》,确保发行人上市后公众股东能及时、准确地获取发行人对外披露的信息,从而保障公众股东的利益。

②发行人根据《公司法》《证券法》《上市公司治理准则》等法律法规制定了一套包括组织架构、治理结构、管理制度、财务制度等在内的较为健全有效的内部控制体系,以确保公司的各项生产、经营活动都能有章可循,同发行人设立了内部审计制度,监督、控制各项工作的执行。

③发行人股东均出具了《避免同业竞争承诺函》,内容如下:"截至本承诺函出具之日,本人(本公司)未以任何方式直接或间接从事与公司相竞争的业务,未拥有与公司存在同业竞争企业的股份、股权或任何其他权益;本人(本公司)承诺在持有公司股份期间,不会以任何形式从事对公司的生产经营构成或可能构成同业竞争的业务和经

营活动,也不会以任何方式为公司的竞争企业提供任何资金、业务及技术等方面的帮助"。

④深圳南方民和会计师事务所有限责任公司已向发行人出具深南专审报字〔2009〕第ZA165号《关于深圳天源迪科信息技术股份有限公司内部控制鉴证报告》,证明发行人的内部控制制度健全且被有效执行,能够合理保证财务报告的可靠性、生产经营的合法性以及营运的效率与效果。

综上所述,发行人股权分散、无实际控制人的状况,并未影响发行人经营业绩的稳定和公司治理的有效性,发行人已采取了有效措施确保发行人股权结构的稳定性、经营决策的稳定性和避免内部人控制。发行人律师认为,发行人无实际控制人和控股股东。发行人股东通过股东大会、董事会,按照公司章程及公司有关制度的规定对公司进行治理。发行人经营管理层和经营业绩稳定,发行人不存在实际控制人和控股股东的状况未对发行人经营稳定性造成重大不利影响,对本次发行上市也不构成实质性障碍。

本案例的上市时间较早,但申报时间也比较特殊,其申报期间证监会出台了《证券期货法律适用意见第1号》,因此可以通过本案例窥见证监会对于共同实际控制人和无实际控制人如何适用该意见的态度,同时该案例最终对于无实际控制人判断的思路及采取的如稳定股权结构、建立有效的经营决策机制等方面的解释也非常典型和充分,因此该案例具有较综合的借鉴意义。

本案例其实充分说明了无实际控制人与存在共同实际控制人的论证在实践中往往就是一纸协议之隔。虽然股权较为分散,无个人可控制股东会、董事会决议,无个人可支配公司实际经营决策,但若投资者之间并无一致行动的章程上的、协议上的或者其他的安排,仅靠事实进行论证难度很大。故虽然本书在前一节中列举了通过事实论证且无一致行动安排判断共同实际控制的情况,但是本案例告诉我们这样的论证将会很难。从另一方面看,要论证无实际控制人,无一致行动的事实和安排是不可或缺的条件。

本节小结

当发行人股权结构分散且无单独一个个体拥有可以实际支配公司的权力，也没有若干投资者之间因为法定的或者章程的、协议的或者其他安排达成一致行动从而形成对公司的共同控制时，中介机构及发行人可以考虑论证发行人并不存在实际控制人。

对于无实际控制人的论证，中介机构及发行人应当结合《上市公司收购管理办法》的规定，结合发行人的股权结构、决策经营等事实说明发行人不存在《上市公司收购管理办法》中的任何一种情况，也无不同投资者之间一致行动的事实或安排，无单独个人或几个人可决定公司重要的财务和经营决策。唯有同时满足以上条件，方可认定不存在实际控制人。

同样重要的是，因为无实际控制人的状态极易导致股权及控制结构、经营管理层和主营业务的变更，故监管层对于无实际控制人状态下的发行人公司治理及经营的稳定性有着更为严格的要求。中介机构及发行人在认定无实际控制人状态后，应当结合事实及公司内部的制度安排等说明发行人无实际控制人的情形不会影响到公司的经营稳定性、公司治理及内控的有效性。

第四节　一般董监高的任职资格

董事、监事及高级管理人员负责公司日常的经营决策，是公司正常运作的实际操盘人，其个人的工作能力、从业经验、职业道德、诚信记录、违法违规情况、独立性等都将直接影响到拟上市公司的经营。故《公司法》及证监会、交易所的相关规定对公司尤其是拟上市公司的董监高都提出了任职资格要求。另外，对于公务员、党政领导干部等一些特殊的群体，考虑到其职业的特殊性，往往也不能担任拟上市公司的董监高。董监高任职资格要求涉及的法律法规在本节中已详细列举，若拟上市公司中存在不符合以下任职资格要求的，则应当予以更换。

一、《公司法》

第一百四十六条 有下列情形之一的,不得担任公司的董事、监事、高级管理人员:

1. 无民事行为能力或者限制民事行为能力;

2. 因贪污、贿赂、侵占财产、挪用财产或者破坏社会主义市场经济秩序,被判处刑罚,执行期满未逾五年,或者因犯罪被剥夺政治权利,执行期满未逾五年;

3. 担任破产清算的公司、企业的董事或者厂长、经理,对该公司、企业的破产负有个人责任的,自该公司、企业破产清算完结之日起未逾三年;

4. 担任因违法被吊销营业执照、责令关闭的公司、企业的法定代表人,并负有个人责任的,自该公司、企业被吊销营业执照之日起未逾三年;

5. 个人所负数额较大的债务到期未清偿。

二、《首次公开发行股票并上市管理办法》

第十六条 发行人的董事、监事和高级管理人员符合法律、行政法规和规章规定的任职资格,且不得有下列情形:

(一)被中国证监会采取证券市场禁入措施尚在禁入期的;

(二)最近 36 个月内受到中国证监会行政处罚,或者最近 12 个月内受到证券交易所公开谴责;

(三)因涉嫌犯罪被司法机关立案侦查或者涉嫌违法违规被中国证监会立案调查,尚未有明确结论意见。

三、《深交所主板上市规范运作指引》

3.2.2 董事会秘书在董事会审议其受聘议案前,应当取得本所颁发的董事会秘书资格证书;独立董事在被提名前,应当取得中国证监会认可的独立董事资格证书。

3.2.3 董事、监事和高级管理人员候选人存在下列情形之一的，不得被提名担任上市公司董事、监事和高级管理人员：

（一）《公司法》第一百四十六条规定的情形之一；

（二）被中国证监会采取证券市场禁入措施，期限尚未届满；

（三）被证券交易所公开认定为不适合担任上市公司董事、监事和高级管理人员，期限尚未届满；

（四）本所规定的其他情形。

董事、监事和高级管理人员候选人存在下列情形之一的，上市公司应当披露该候选人具体情形、拟聘请该候选人的原因以及是否影响上市公司规范运作：

（一）最近三年内受到中国证监会行政处罚；

（二）最近三年内受到证券交易所公开谴责或者三次以上通报批评；

（三）因涉嫌犯罪被司法机关立案侦查或者涉嫌违法违规被中国证监会立案调查，尚未有明确结论意见。

上述期间，应当以公司董事会、股东大会等有权机构审议董事、监事和高级管理人员候选人聘任议案的日期为截止日。

3.2.4 上市公司董事会中兼任公司高级管理人员以及由职工代表担任的董事人数总计不得超过公司董事总数的二分之一。

公司董事、高级管理人员及其配偶和直系亲属在公司董事、高级管理人员任职期间不得担任公司监事。

四、《深交所中小板上市规范运作指引》

3.2.2 董事会秘书在董事会审议其受聘议案前，应当取得本所颁发的董事会秘书资格证书；独立董事在被提名前，应当取得中国证监会认可的独立董事资格证书。

3.2.3 董事、监事和高级管理人员候选人存在下列情形之一的，不得被提名担任上市公司董事、监事和高级管理人员。

（一）《公司法》第一百四十六条规定的情形之一；

（二）被中国证监会采取证券市场禁入措施，期限尚未届满；

（三）被证券交易所公开认定为不适合担任上市公司董事、监事和高级管理人员，期限尚未届满；

（四）本所规定的其他情形。

董事、监事和高级管理人员候选人存在下列情形之一的，公司应当披露该候选人具体情形、拟聘请相关候选人的原因以及是否影响公司规范运作：

（一）最近三年内受到中国证监会行政处罚；

（二）最近三年内受到证券交易所公开谴责或者三次以上通报批评；

（三）因涉嫌犯罪被司法机关立案侦查或者涉嫌违法违规被中国证监会立案调查，尚未有明确结论意见。以上期间，应当以公司董事会、股东大会等有权机构审议董事、监事和高级管理人员候选人聘任议案的日期为截止日。

3.2.4　上市公司董事会中兼任公司高级管理人员以及由职工代表担任的董事人数总计不得超过公司董事总数的二分之一。最近二年内曾担任过公司董事或者高级管理人员的监事人数不得超过公司监事总数的二分之一。单一股东提名的监事不得超过公司监事总数的二分之一。公司董事、高级管理人员及其配偶和直系亲属在公司董事、高级管理人员任职期间不得担任公司监事。

3.2.6　董事会秘书应当由上市公司董事、副总经理、财务负责人或者公司章程规定的其他高级管理人员担任。

五、《深圳证券交易所创业板上市规范指引》

3.1.3　董事、监事和高级管理人员应当忠实、勤勉地为上市公司和全体股东利益行使职权，避免与公司和全体股东发生利益冲突，在发生利益冲突时应当将公司和全体股东利益置于自身利益之上。

3.1.4　董事、监事和高级管理人员不得利用其在上市公司的职权牟取个人利益，不得因其作为董事、监事和高级管理人员身份从第三方获取不当利益。

3.1.6 董事、监事和高级管理人员与上市公司订立合同或者进行交易的，应当根据《股票上市规则》和公司章程的规定提交公司董事会或者股东大会审议通过，并严格遵守公平性原则。

3.1.7 董事、监事和高级管理人员不得利用职务便利为自己或者他人牟取属于上市公司的商业机会，不得自营或者为他人经营与公司相同或者类似的业务。

六、《上海证券交易所股票上市规则》《深圳证券交易所股票上市规则》《深圳证券交易所创业板股票上市规则》

3.2.4 董事会秘书应当具备履行职责所必需的财务、管理、法律等专业知识，具有良好的职业道德和个人品质，并取得本所颁发的董事会秘书培训合格证书。具有下列情形之一的人士不得担任董事会秘书：

（一）《公司法》第一百四十七条规定的任何一种情形；
（二）最近三年受到过中国证监会的行政处罚；
（三）最近三年受到过证券交易所公开谴责或者三次以上通报批评；
（四）本公司现任监事；
（五）本所认定不适合担任董事会秘书的其他情形。

七、《上海证券交易所上市公司董事的选任与行为指引》

第八条 上市公司确定公司董事会的人员构成及其具体人选时，应全面考虑公司业务经营、财务管理、人力资源和其他规范运作等方面的需要，保证公司董事会能有效实现对公司的管理，稳定有序地提高公司治理水平。

第九条 董事候选人的任职资格应符合《公司法》等法律法规的相关规定。

八、《深圳证券交易所上市公司董事会秘书及证券事务代表资格管理办法》

第六条　董事会秘书和证券事务代表应当通过本所组织的董事会秘书资格考试，并取得本所颁发的董事会秘书资格证书。

九、《上海证券交易所上市公司董事会秘书管理办法》

第七条：具有下列情形之一的人士不得担任上市公司董事会秘书：
（一）《公司法》第一百四十七条规定的任何一种情形；
（二）最近三年曾受中国证监会行政处罚；
（三）曾被证券交易所公开认定为不适合担任上市公司董事会秘书；
（四）最近三年曾受证券交易所公开谴责或者三次以上通报批评；
（五）本公司现任监事；
（六）本所认定不适合担任董事会秘书的其他情形。

十、《公务员法》

第四十二条　相关规定公务员因工作需要在机关外兼职，应当经有关机关批准，并不得领取兼职报酬。

第五十三条　公务员必须遵守纪律，不得从事或者参与营利性活动，在企业或者其他营利性组织中兼任职务。

第一百零二条　公务员辞去公职或者退休的，原是领导成员的公务员在离职三年内，其他公务员在离职两年内，不得到与原工作业务直接相关的企业或者其他营利性组织任职，不得从事与原工作业务直接相关的营利性活动。

十一、《企业国有资产法》

第二十五条　未经履行出资人职责的机构同意，国有独资企业、国有独资公司的董事、高级管理人员不得在其他企业兼职。未经股东会、股东大会同意，国有资本控股公司、国有资本参股公司的董事、高级管理人员不得在经营同类业务的其他企业兼职。

未经履行出资人职责的机构同意，国有独资公司的董事长不得兼任经理。未经股东会、股东大会同意，国有资本控股公司的董事长不得兼任经理。

董事、高级管理人员不得兼任监事。

十二、《中国共产党党员领导干部廉洁从政若干准则》

第二条 禁止私自从事营利性活动。不准有下列行为：
（一）个人或者借他人名义经商、办企业；
（二）违反规定拥有非上市公司（企业）的股份或者证券；
（三）违反规定买卖股票或者进行其他证券投资；
（四）个人在国（境）外注册公司或者投资入股；
（五）违反规定在经济实体、社会团体等单位中兼职或者兼职取酬，以及从事有偿中介活动；
（六）离职或者退休后三年内，接受原任职务管辖的地区和业务范围内的民营企业、外商投资企业和中介机构的聘任，或者个人从事与原任职务管辖业务相关的营利性活动。

十三、《直属高校党员领导干部廉洁自律"十不准"》

第五条 不准违反规定在校内外经济实体中兼职或兼职取酬，以及从事有偿中介活动。

十四、《关于加强高等学校反腐倡廉建设的意见》

学校党政领导班子成员应集中精力做好本职工作，除因工作需要、经批准在学校设立的高校资产管理公司兼职外，一律不得在校内外其他经济实体中兼职。确需在高校资产管理公司兼职的，须经党委（常委）会集体研究决定，并报学校上级主管部门批准和上级纪检监察部门备案，兼职不得领取报酬。学校党政领导班子成员不得在院系等所属单位违规领取奖金、津贴等；除作为技术完成人，不得通过奖励性渠道持有高校企业的股份。

十五、《国有企业领导人员廉洁从业若干规定》

第五条　国有企业领导人员应当忠实履行职责。不得有利用职权谋取私利以及损害本企业利益的下列行为：

（一）个人从事营利性经营活动和有偿中介活动，或者在本企业的同类经营企业、关联企业和与本企业有业务关系的企业投资入股；

（二）在职或者离职后接受、索取本企业的关联企业、与本企业有业务关系的企业，以及管理和服务对象提供的物质性利益；

（三）以明显低于市场的价格向请托人购买或者以明显高于市场的价格向请托人出售房屋、汽车等物品，以及以其他交易形式非法收受请托人财物；

（四）委托他人投资证券、期货或者以其他委托理财名义，未实际出资而获取收益，或者虽然实际出资，但获取收益明显高于出资应得收益；

（五）利用企业上市或者上市公司并购、重组、定向增发等过程中的内幕消息、商业秘密以及企业的知识产权、业务渠道等无形资产或者资源，为本人或者配偶、子女及其他特定关系人谋取利益；

（六）未经批准兼任本企业所出资企业或者其他企业、事业单位、社会团体、中介机构的领导职务，或者经批准兼职的，擅自领取薪酬及其他收入；

（七）将企业经济往来中的折扣费、中介费、佣金、礼金，以及因企业行为受到有关部门和单位奖励的财物等据为己有或者私分；

（八）其他利用职权谋取私利以及损害本企业利益的行为。

十六、《中国人民解放军内务条令》

第一百二十七条　军人不得经商，不得从事本职以外的其他职业和传销、有偿中介活动，不得参与以盈利为目的的文艺演出、商业广告、企业形象代言和教学活动，不得利用工作时间和办公设备从事证券交易、购买彩票，不得擅自提供军人肖像用于制作商品。

案例一　中设股份（002883），董事为国企党政领导干部

江苏中设集团股份有限公司（以下简称中设股份）成立于1987年8月20日，于2017年6月20日上市，其董事夏斌、监事刘建春是国有企业党政领导干部，证监会要求发行人核查其董监高是否符合党政人员管理的相关规定。

发行人独立董事陈艾荣、高凛在其任职高校均未担任党政领导职位，不属于党政领导干部，并不违反《关于进一步规范党政领导干部在企业兼职（任职）问题的意见》（中组发〔2013〕18号）及《中共教育部党组关于印发〈高等学校深化落实中央八项规定精神的若干规定〉的通知》（教党〔2016〕39号）等相关党政人员管理的规定。

发行人董事夏斌、监事刘建春系国有企业无锡交通集团党政领导干部，其担任职务均为副处级，根据无锡交通集团于2015年3月11日出具的《关于向江苏中设集团股份有限公司推荐第一届董事会董事和监事会监事候选人的通知》（锡交集人发〔2015〕1号）显示，无锡交通集团已批准两人担任发行人董事、监事，且根据发行人出具的书面说明，两人并未在发行人处领取任何薪酬或其他收入，符合《中共中央办公厅、国务院办公厅关于印发〈国有企业领导人员廉洁从业若干规定〉的通知》（中办发〔2009〕26号）的相关规定。

综上所述，发行人董监高任职符合党政人员管理的相关规定。

本案例中，虽然发行人两位独立董事在高校任职，但是因为并非该高校党政领导干部，故不属于党政领导干部在企业兼职相关规定规范的对象。发行人两位董事虽然为国有企业党政领导干部，但是其任职行为符合相关法律法规的规定。因此，在遇到党政领导干部、公务员、高校、国企等领导或职

工在拟上市公司任职的情况时，并不是要一味否定，而应该认真研读相关法律法规，对限制从业条款作全面深入的理解，以上对象既有可能不在规范范围之内，也有可能虽然身份特殊但因符合其他特殊条件而成为董监高的适格对象。

案例二 福安药业（300194），事业单位领导、高校党政领导担任董事或独立董事，上市前已辞职

福安药业（集团）股份有限公司成立于 2004 年 2 月 25 日，于 2011 年 3 月 22 日上市，公司是一家主要从事单环 β-内酰胺类、青霉素类、头孢类抗生素原料药及制剂的研发、生产和销售企业。公司主要产品包括氨曲南原料药及制剂，替卡西林钠、磺苄西林钠原料药，头孢硫脒、头孢唑肟钠制剂，其中氨曲南原料药及制剂为公司主导产品。该公司上市前董事之一马劲任中国药房杂志社社长、党支部书记，独立董事董志任重庆医科大学副校长。证监会在反馈意见中要求发行人说明并披露发行人董事马劲、独立董事董志的任职是否符合国资管理和教育部的相关规定，并请保荐机构和律师核查并发表意见。

（一）马劲的董事任职资格

经核查，马劲现任中国药房杂志社社长、党支部书记。中国药房杂志社是事业单位法人。中共中央纪委第四次全会提出关于国有企业领导人员廉洁自律的五不准规定，其中第五项规定"不准擅自兼任下属企业或其他企业的领导职务，经批准兼职的不得领取工资或其他报酬。"中共中央纪委、监察部于 2000 年 11 月 30 日下发《关于中央纪委第四次全会重申和提出的国有企业领导人员廉洁自律有关规定的解释》（中纪发〔2000〕12 号），根据该解释，"未依照公务员制度管理的事业单位的领导人员以及未承担行政职能的事业单位的领导人员参照执行。"据此，马劲作为事业单位的领导人员同时担任发行人董事与前述规定相抵触。马劲于 2010 年 6 月 28 日向公司董事会提交辞职报告，辞去公司董事职务。

（二）董志的独立董事任职资格

经核查，董志现任重庆医科大学副校长。中共中央纪委、教育部、监察部于 2008 年 9 月 3 日下发《关于加强高等学校反腐倡廉建设的意

见》（教监〔2008〕15号），根据该意见，"学校党政领导班子成员应集中精力做好本职工作，除因工作需要、经批准在学校设立的高校资产管理公司兼职外，一律不得在校内外其他经济实体中兼职。"据此，董志作为高校党政领导班子成员同时担任发行人独立董事与前述规定相抵触。董志于2010年6月28日向公司董事会提交辞职报告，辞去公司独立董事职务。

（三）董事和独立董事的补选

公司于2010年7月18日召开2010年第一次临时股东大会，审议通过关于补选公司董事和独立董事的相关议案，选举周中生担任公司董事，王娅兰担任公司独立董事。

（四）新任董事和新任独立董事简历

……

律师核查过程和意见：

本所律师审查了重庆市卫生局关于马劲的任职决定、马劲填写的调查问卷等文件资料；审查了重庆医科大学关于董志的任职决定、董志填写的调查问卷等文件资料；查阅了法律、行政法规和其他规范性法律文件关于董事任职资格的相关规定；审查了周中生的退休证、户口簿、周中生填写的调查问卷等文件资料，并与周中生进行了访谈；审查了王娅兰的任职证书、户口簿、王娅兰填写的调查问卷等文件资料，并与王娅兰进行了访谈；审查了提名、选举周中生、王娅兰担任公司董事、独立董事相关的董事会和股东大会决议、文件、记录等相关资料。

经核查，本所律师认为：马劲作为事业单位的领导同时担任公司董事，董志作为高校领导班子成员同时担任公司独立董事，不符合国资管理和教育部的相关规定。公司已经召开股东大会重新补选了董事/独立董事，马劲不再担任公司董事，董志不再担任公司独立董事；新任董事/独立董事具备法律、法规和规范性文件规定的董事/独立董事任职资格。马劲和董志任职资格存在的法律瑕疵已经消除，不会对公司本次发行构成实质性障碍。补选董事和独立董事依法进行，不构成发行人董事、监事和高级管理人员的重大变化。

本案例中发行人所涉董事及独立董事均不符合相关法律法规规定，故辞职是解决此类任职资格瑕疵的唯一途径。本书此处重点推荐发行人律师对于新任董事及独立董事的调查方法和过程，因此也将其摘录于上。对于董监高任职资格的尽职调查途径多种多样，对于中介机构而言应当穷尽一切合理的途径，对于发行人及其董监高本身而言，对于中介机构的核查则应当毫无隐瞒，发现问题总会有解决对策，但是隐瞒问题的后果则是中介机构从业人员和发行人及相关人员难以承受的。

本节小结

1. 中介机构对于董监高任职资格的相关法律条文应当有全面的理解和掌握，并非所有的党政人员、高校教授、公务员、国有企业管理层均不可担任拟上市公司的董监高职务，相关条文规范的对象往往是其中符合某些特定条件的人员；即使是党政领导干部等重点规范对象，如其满足相关条件，也并非绝对不可能在拟上市公司中担任董监高。

2. 若某董监高确属不符合任职要求，则辞职更换新的符合要求的董监高是解决此类问题唯一的途径。

3. 很多时候，如果发行人及董监高对于自身的其他身份有所隐瞒，则哪怕中介机构的尽职调查做得如何称职，也不可能知根知底。因此需掌握中介机构应当掌握的常用的调查途径和技巧：（1）公开信息途径：中国证监会官网、上交所及深交所官网、被执行人信息查询平台、裁判文书网、征信记录及其他可能出现被调查对象信息的网站等；（2）多方问询访谈，某单一个体需要隐瞒其信息相对较易，但其难以要求其他个体均按照其本人的口径予以统一，实践中很多信息均是通过与多方交流获得并求证的；（3）从相关政府部门求证，故中介机构均会要求公司主要股东和董监高取得其所在地公安机关出具的无犯罪记录证明；（4）作为兜底，由被调查对象出具承诺及声明。

第五节　独立董事任职资格

根据《关于上市公司建立独立董事制度的指导意见》，独立董事是指不在公司担任除董事外的其他职务，并与其所受聘的上市公司及其主要股东不存在可能妨碍其进行独立客观判断的关系的董事。根据该定义，独立董事应独立于公司股东且不在公司中内部任职，并与公司或公司经营管理者没有重要的业务联系或专业联系，并对公司事务作出独立判断的董事。由此可知，独立董事的特点在于其独立性和专业性，对于其任职的要求主要围绕独立性和专业性展开。

除应当满足上节提到的对于上市公司董监高的任职资格要求外，证监会及交易所由于独立董事之"独立性"和"专业性"而对于独立董事提出了更多的要求，其主要体现在《关于在上市公司建立独立董事制度的指导意见》《深圳证券交易所独立董事备案办法》《上海证券交易所上市公司独立董事备案及培训工作指示》等规定中。对于报告期内存在不符合相关法律法规规定任职要求的独立董事的，应当予以解聘和更换，几乎没有讨论的空间。

一、《关于在上市公司建立独立董事制度的指导意见》

（一）上市公司应当建立独立董事制度

……

2. 独立董事对上市公司及全体股东负有诚信与勤勉义务。独立董事应当按照相关法律法规、本指导意见和公司章程的要求，认真履行职责，维护公司整体利益，尤其要关注中小股东的合法权益不受损害。独立董事应当独立履行职责，不受上市公司主要股东、实际控制人，或者其他与上市公司存在利害关系的单位或个人的影响。独立董事原则上最多在5家上市公司兼任独立董事，并确保有足够的时间和精力有效地履行独立董事的职责。

3. 各境内上市公司应当按照本指导意见的要求修改公司章程，聘任适当人员担任独立董事，其中至少包括一名会计专业人士（会计专业人士是指具有高级职称或注册会计师资格的人士）。在2002年6月30日前，董事会成员中应当至少包括2名独立董事；在2003年6月30日前，上市公司董事会成员中应当至少包括三分之一独立董事。

4. 独立董事出现不符合独立性条件或其他不适宜履行独立董事职责的情

形,由此造成上市公司独立董事达不到本《指导意见》要求的人数时,上市公司应按规定补足独立董事人数。

5.独立董事及拟担任独立董事的人士应当按照中国证监会的要求,参加中国证监会及其授权机构所组织的培训。

(二)独立董事应当具备与其行使职权相适应的任职条件

担任独立董事应当符合下列基本条件:

1.根据法律、行政法规及其他有关规定,具备担任上市公司董事的资格;

2.具有本《指导意见》所要求的独立性;

3.具备上市公司运作的基本知识,熟悉相关法律、行政法规、规章及规则;

4.具有五年以上法律、经济或者其他履行独立董事职责所必需的工作经验;

5.公司章程规定的其他条件。

(三)独立董事必须具有独立性

下列人员不得担任独立董事:

1.在上市公司或者其附属企业任职的人员及其直系亲属、主要社会关系(直系亲属是指配偶、父母、子女等;主要社会关系是指兄弟姐妹、岳父母、儿媳女婿、兄弟姐妹的配偶、配偶的兄弟姐妹等);

2.直接或间接持有上市公司已发行股份1%以上或者是上市公司前十名股东中的自然人股东及其直系亲属;

3.在直接或间接持有上市公司已发行股份5%以上的股东单位或者在上市公司前五名股东单位任职的人员及其直系亲属;

4.最近一年内曾经具有前三项所列举情形的人员;

5.为上市公司或者其附属企业提供财务、法律、咨询等服务的人员;

6.公司章程规定的其他人员;

7.中国证监会认定的其他人员。

二、《深圳证券交易所独立董事备案办法》相关条文

第四条 独立董事候选人应当符合下列法律、行政法规、部门规章、规范性文件和本所业务规则有关独立董事任职资格、条件和要求的相关规定：

（一）《公司法》有关董事任职资格的规定；

（二）《中华人民共和国公务员法》的相关规定（如适用）；

（三）《指导意见》的相关规定；

（四）中共中央纪委《关于规范中管干部辞去公职或者退（离）休后担任上市公司、基金管理公司独立董事、独立监事的通知》的相关规定（如适用）；

（五）中共中央组织部《关于进一步规范党政领导干部在企业兼职（任职）问题的意见》的相关规定（如适用）；

（六）中共中央纪委、教育部、监察部《关于加强高等学校反腐倡廉建设的意见》的相关规定（如适用）；

（七）中国人民银行《股份制商业银行独立董事和外部监事制度指引》等的相关规定（如适用）；

（八）中国证监会《证券公司董事、监事和高级管理人员任职资格监管办法》等的相关规定（如适用）；

（九）中国银监会《银行业金融机构董事（理事）和高级管理人员任职资格管理办法》《融资性担保公司董事、监事、高级管理人员任职资格管理暂行办法》等的相关规定（如适用）；

（十）中国保监会《保险公司董事、监事和高级管理人员任职资格管理规定》《保险公司独立董事管理暂行办法》等的相关规定（如适用）；

（十一）本所主板、中小企业板及创业板《上市公司规范运作指引》等业务规则的相关规定；

（十二）其他法律、行政法规、部门规章和规范性文件等有关独立董事任职资格、条件和要求的规定。

第五条 独立董事候选人应当具备上市公司运作相关的基本知识，熟悉相关法律、行政法规、部门规章、规范性文件及本所业务规则，具有五年以上

法律、经济、管理、会计、财务或者其他履行独立董事职责所必需的工作经验。

第六条 独立董事及拟担任独立董事的人士应当按照《指导意见》的要求，参加相关培训并根据《培训工作指引》及相关规定取得本所认可的独立董事资格证书。

独立董事候选人在上市公司发布召开关于选举独立董事的股东大会通知公告时尚未取得独立董事资格证书的，应当书面承诺参加最近一次独立董事培训并取得本所认可的独立董事资格证书，并予以公告。

第七条 独立董事候选人应当具有独立性，下列人员不得担任独立董事：

（一）在上市公司或者其附属企业任职的人员及其直系亲属和主要社会关系；

（二）直接或间接持有上市公司已发行股份1%以上或者是上市公司前十名股东中的自然人股东及其直系亲属；

（三）在直接或间接持有上市公司已发行股份5%以上的股东单位或者在上市公司前五名股东单位任职的人员及其直系亲属；

（四）在上市公司控股股东、实际控制人及其附属企业任职的人员及其直系亲属；

（五）为上市公司及其控股股东、实际控制人或者其各自附属企业提供财务、法律、咨询等服务的人员，包括但不限于提供服务的中介机构的项目组全体人员、各级复核人员、在报告上签字的人员、合伙人及主要负责人；

（六）在与上市公司及其控股股东、实际控制人或者其各自的附属企业有重大业务往来的单位任职的人员，或者在有重大业务往来单位的控股股东单位任职的人员；

（七）最近十二个月内曾经具有前六项所列情形之一的人员；

（八）最近十二个月内，独立董事候选人、其任职及曾任职的单位存在其他影响其独立性情形的人员；

（九）本所认定不具有独立性的其他人员。

前款第（四）项、第（五）项及第（六）项中的上市公司控股股东、实际控制人的附属企业，不包括根据《股票上市规则》《创业板股票上市规则》

第 10.1.4 条规定，与上市公司不构成关联关系的附属企业。

三、《上海证券交易所上市公司独立董事备案及培训工作指示》

第十三条独立董事候选人应无下列不良记录：

（一）近三年曾被中国证监会行政处罚；

（二）处于被证券交易所公开认定为不适合担任上市公司董事的期间；

（三）近三年曾被证券交易所公开谴责或两次以上通报批评；

（四）曾任职独立董事期间，连续两次未出席董事会会议，或者未亲自出席董事会会议的次数占当年董事会会议次数三分之一以上；

（五）曾任职独立董事期间，发表的独立意见明显与事实不符。

第十四条已在五家境内上市公司担任独立董事的，不得再被提名为其他上市公司独立董事候选人。

案例一 **海波重科（300517），发行人独立董事为中铁四院副总工程师，但未被认定为领导干部，故资格适格**

海波重型工程科技股份有限公司成立于 1997 年 4 月 11 日，于 2016 年 7 月 19 日上市，主营业务为桥梁钢结构工程业务，业务范围主要包括桥梁钢结构的制作和安装，以及相应的技术研发、工艺设计及技术服务。该公司独立董事现任中铁第四勘察设计院集团有限公司副总工程师。对此，证监会在反馈意见中要求补充说明罗世东担任发行人独立董事是否符合《关于进一步规范党政领导干部在企业兼职（任职）问题的意见》及其他有关规定，是否取得其所在单位的同意。中介机构及发行人根据相关法律法规，结合实际情况认为罗世东并不属于领导干部，故可以担任独立董事，主要思路如下：

- **党政领导干部的范围**

2013 年 10 月 19 日，中共中央组织部印发了《关于进一步规范党政领导干部在企业兼职（任职）问题的意见》（以下简称《意见》），对党政领导干部在企业兼职（任职）问题提出了相关意见。根据该《意见》第八条规定，参照《公务员法》管理的人民团体和群众团体、事业单位领导干部，按照该意见执行；其他领导干部，参照该意见执行。但该《意见》未明确"领导干部"的范围。根据该《意见》所依据的《中国共产党党员领导干部廉洁从政若干准则》（以下简称《准则》），该《准则》适用于党的机关、人大机关、行政机关、政协机关、审判机关、检察机关中县（处）级以上党员领导干部；人民团体、事业单位中相当于县（处）级以上党员领导干部。国有和国有控股企业（含国有和国有控股金融企业）及其分支机构领导人员中的党员；县（市、区、旗）直属机关、审判机关、检察机关的科级党员负责人，乡镇（街道）党员负责人，基层站所的党员负责人参照执行该准则。

- 罗世东不属于《意见》的适用对象

根据罗世东提供的劳动合同、中铁第四勘察设计院集团有限公司（以下简称中铁四院）《关于公布集团公司领导班子成员及有关领导工作分工的通知》并经发行人律师在中铁四院网站（http://www.crfsdi.com.cn/Default.aspx）的查询，罗世东未被其所在单位明确认定为领导班子成员。

根据罗世东本人的说明，其担任副总工程师职务，但并非党政领导干部，也非中铁四院的领导人员，其担任发行人独立董事未报告并征求中铁四院意见。

罗世东本人已出具承诺，如被有权部门认定为党政领导干部或国有企业领导人员，其将辞去独立董事职务。

基于上述，罗世东不属于《意见》规定的国有企业领导人员；如罗世东最终被其所在单位或有权部门认定为领导人员，则其将辞去独立董事职务。

对于疑似党政领导干部及公务员担任拟上市公司独立董事的情形，其解释思路无非两种途径，其一通过对相关规定的解释，认定所涉人员不属于以上规定的规范对象，或是其二虽然所涉人员是该规定的规范对象，但是该对象的行为符合该规定或其他特殊规定的要求，因此也不违法违纪。

案例二 **坚瑞沃能（300116），独立董事因为国企管理人员而被解聘**

陕西坚瑞沃能股份有限公司成立于 2005 年 4 月 30 日，于 2009 年 9 月 2 日上市，主营业务为 S 形气溶胶灭火系统的研发、生产、销售和服务。

发行人独立董事李月瑾现任中国信达资产管理公司西安办事处主任，为国有企业管理人员，根据《国有企业领导人员廉洁从业若干规定》《中共中央纪律检查委员会、监察部关于中央纪委第四次全会重申和提出的国有企业领导人员廉洁自律有关规定的解释》《关于规范国有企业职工持股投资的意见》（国资发改革〔2008〕139 号）等相关规定，李月瑾提出辞去发行人独立董事职务；发行人于 2010 年 5 月 6 日召开临时股东大会批准了李月瑾的辞职申请并补充选举常云昆为独立董事。

就发行人本次独立董事变更事宜，信达律师核查如下：

- **发行人更换独立董事的内部审议程序**

2010 年 4 月 20 日，发行人召开第一届董事会第十二次会议，审议通过了《关于同意独立董事李月瑾先生离职的议案》，同意李月瑾辞去公司独立董事职务以及在公司董事会专业委员会中的相应职务，在公司股东大会审议通过新任独立董事之前，李月瑾仍履行公司独立董事职责；审议通过了《关于提名独立董事候选人的议案》，提名常云昆为公司独立董事候选人；决定于 2010 年 5 月 6 日召开 2010 年第一次临时股东大会审议上述更换独立董事事项。

2010 年 5 月 6 日，发行人召开 2010 年第一次临时股东大会，同意李月瑾辞去公司独立董事职务；审议通过了《关于选举独立董事的议案》，选举常云昆为公司新任独立董事，任职期限自股东大会审议通过之日起至第一届董事会任期届满之日止。

2010 年 5 月 6 日，发行人召开第一届董事会第十三次会议，审议通过了《关于补选第一届董事会审计委员会委员的议案》补选常云昆为发行人第一届董事会审计委员会委员。

经核查，信达律师认为，发行人此次变更独立董事履行了必要的内部审议程序，符合相关法律、法规和规范性文件以及发行人《公司章程》的有关规定，变更行为合法、有效。

● 发行人新任独立董事的任职资格

常云昆,男,中国国籍,1951年8月出生,现任西北大学经济管理学院教授、博士生导师,中德企业管理研究所所长,陕西省政府决策咨询委员会委员,陕西省经济学会副会长,陕西省外国经济学说研究会副会长。

根据常云昆的简介及其出具的《声明函》并经信达律师核查,常云昆不存在《公司法》第一百四十七条所列示的情形,不存在兼任发行人监事以及影响其独立性的其他情形,其任职独立董事的上市公司未超过5家,符合《公司法》《关于在上市公司建立独立董事制度的指导意见》等法律、法规和规范性文件以及发行人《公司章程》的有关规定,常云昆具备发行人独立董事的任职资格。

本案例为2009年上市公司案例,但是本案例涉及的规范条文并未改变,且该案例的处理思路是对于不适格独立董事一般的处理思路,程序上应当经董事会、股东会分别通过原独立董事离职、提名或选举新独立董事等议案,且应注意核对新独立董事的任职资格。一般情况下,只要董监高或独立董事的任职资格问题在报告期内予以解决,且不会导致公司董监高的重大变化,该问题一般不会成为公司上市的实质性障碍。

本节小结

独立董事的特点在于其独立性和专业性,如相关法律法规对于独立董事任职资格的要求一般围绕以上两个特点展开。对于独立董事的任职资格的具体规定在本节中已有详述,对于不符合法定任职条件的,唯一的选择即予以解聘并履行相关的程序。而对于适格的解释,一般可以从两方面考虑:其一,通过对相关规定的解释,认定所涉人员不属于以上规定的规范对象;其二,虽然所涉人员是该规定的规范对象,但是该对象的行为符合该规定或其他特殊规定的要求,从而达到适格的条件。

第六节 竞业禁止

竞业禁止制度是市场竞争的产物,由于承载公司重要商业信息的人员可能滥用商业秘密从而损害公司的利益和竞争地位,因此,根据法律规定或双方约定,在劳动关系存续期间或劳动关系结束后的一定时期内,限制并禁止特殊主体从事相同或相似的竞争业务。

我国目前没有一部法律规定完整的竞业禁止制度,由于该制度涉及保密协议、知识产权保护、劳动合同和公司治理等诸多方面的问题,相关的规定散见于《公司法》《劳动合同法》等多部法律以及行政规章和地方性法规之中。《公司法》与《劳动合同法》中均含有竞业禁止的内容,实践中需要结合两部法律以及相关地区的地方法规,根据案件的具体情况作出具体的安排。《公司法》第一百四十八条第五款规定,"董事、高级管理人员不得未经股东会或者股东大会同意,利用职务便利为自己或者他人谋取属于公司的商业机会,自营或者为他人经营与所任职公司同类的业务。"《劳动合同法》对竞业禁止问题做了详细的规定,第二十三条规定,"用人单位与劳动者可以在劳动合同中约定保守用人单位的商业秘密和与知识产权相关的保密事项。对负有保密义务的劳动者,用人单位可以在劳动合同或者保密协议中与劳动者约定竞业限制条款,并约定在解除或终止劳动合同后,在竞业限制期限内按月给予劳动者经济补偿。劳动者违反竞业限制约定的,应当按照约定向用人单位支付违约金。"《劳动合同法》第二十四条规定,"竞业限制的人员限于用人单位的高级管理人员、高级技术人员和其他负有保密义务的人员。竞业限制的范围、地域、期限由用人单位与劳动者约定。在解除或终止劳动合同后前款规定的人员到与本单位生产或者经营同类产品、从事同类业务的竞争关系的其他用人单位,或者自己开业生产或者经营同类产品、从事同类业务的竞业限制期限,不得超过二年。"

基于以上法律规定,对于竞业禁止,在实践中应该注意以下方面。

一、对竞业禁止义务的抗辩

为了避免纠纷，拟上市公司首先应该关注公司有关人员，特别是董事和高级管理人员，是否存在因违反对其他公司的竞业禁止义务从而引起纠纷的可能性。面对这种情况，竞业禁止义务人首先可以通过质疑合同的有效性向监管机关作出解释，包括没有签署过竞业禁止协议或条款、协议没有生效或无效、协议已经履行完毕、协议因原公司没有按约定支付补偿金而被解除、协议已经履行完毕或双方同意终止协议等。此外，对于竞业禁止义务人还可以通过取得原任职单位的证明文件，以证明本人在拟上市公司处任职不违反竞业禁止义务。如果无法取得原任职单位的证明文件，也可以以行业竞争的减弱等理由向监管机关合理解释将来不会导致纠纷的发生。

此外，拟上市公司还应该注意与竞业禁止义务人相关的公司关键知识产权及资产是否存在权属纠纷。公司可以采取的解释方式是证明争议知识产权的自主研发性或争取得到相关机构的授权等。

二、用竞业禁止制度保护公司利益

竞业禁止的主要目的是保护公司的商业秘密从而保护公司的合法利益。拟上市公司在经营管理上可以通过利用竞业禁止制度保护公司利益降低经营风险。

竞业禁止的对象。《公司法》将竞业禁止作为董事和高级管理人员的忠实义务重要内容加以规制，并没有对普通员工的竞业禁止作出规定。如果该员工属于公司技术人员、财务人员等对公司商业秘密负有保密义务的人员，则需由公司根据《劳动合同法》与该员工签订竞业限制协议或在劳动合同中增加竞业禁止条款，约定离职后竞业禁止的具体期限、范围、地域及补偿条款等内容。

竞业禁止协议的签订。竞业禁止义务人通常会以竞业禁止协议没有签署过、已经履行完毕或者签署了没有生效等理由予以抗辩，因此就竞业禁止协议或条款的具体内容而言，公司应当注意：（1）选择约定方式，根据《劳动合同法》，企业员工既可以在劳动合同中约定竞业限制条款，也可以单独签订保密协议和竞业禁止协议，也可以在劳动合同中将竞业限制条款和保密条款一同约定，这些约定方法均有效。（2）细化竞业范围，依据《劳动合同法》规定，竞业范围既包括与本单位有竞争关系的其他用工单位，也包括义务人自己生产经营。竞业禁止协议或者竞业禁止条款中应该尽可能明确能够预计到的经营范围和地域，以增强法院对该内容有效性的认可。此外，竞业限制协议中约定的公司和员工的权利义务关系是对等的，公司需要在解除或终止劳动合同后，在员工履行竞业禁止义务期间按月支付补偿金。此时，公司应注意支付补偿金的起始时间，即解除或终止劳动合同后；支付的方式为按月支付。为了避免日后产生纠纷，公司在支付补偿金后应该保留支付凭证或得到员工的确认。（3）明确法律责任。根据《劳动合同法》规定，竞业禁止义务人员工如果违反竞业限制约定的，应当按照协议的约定向公司支付违约金，因此，竞业禁止协议和条款应该拟定违约条款，特别是对于违约金的数额应该予以明确规定。法律对违反竞业限制的违约金上限没有规定，但违约金的具体数额应在公平合理的基础上由公司和竞业禁止义务人共同协商。同时，如果员工违反劳动合同中的竞业禁止义务，给企业造成损失的，还应承担赔偿责任。

竞业禁止的期限。尽管法律没有明确的规定，在实践中，从该员工任职的全部期间以及离职后的法定期限或约定期限内都应该履行竞业禁止的义务，不能从事与原公司相同或相似的竞争业务。值得注意的是，竞业禁止义务约定期限不能超过解除或终止劳动合同后两年。

案例一　合众科技（300477），发行人多名董监高存在竞业禁止义务

北京合众科技股份有限公司成立于1997年4月15日，于2015年6月10日上市，主营业务为面向国内电网、市政建设、铁路、城市轨道交通等诸多领域，生产和销售户外中高压配电和控制设备。北京科锐为发行人的主要竞争对手之一。发行人实际控制人刘泽刚曾在北京科锐从事销售工作，主要股东韦强、张仁增、何昀以及董事高星、

核心技术人员刘元东均曾在北京科锐任职。对此，证监会要求发行人：补充披露主要股东、董事、监事、高管人员、核心技术人员在北京科锐的任职时间及从事的具体工作，上述人员与北京科锐（或其他曾任职单位）是否存在竞业禁止或保密协议，是否存在违反该等协议的情形，是否存在纠纷或潜在纠纷。

● **发行人律师的核查过程**

发行人律师对发行人实际控制人刘泽刚、主要股东韦强、张仁增、何昀以及董事高星、核心技术人员刘元东进行了访谈，了解了他们在北京科锐的工作时间及具体工作内容。同时，发行人律师也查阅了刘泽刚、韦强、张仁增、刘元东、高星、何昀与北京科锐签署的《劳动合同》及刘元东与北京科锐签署的《知识产权保护协议》，并取得了上述相关人员的书面声明。

● **竞业禁止的具体情况**

发行人律师首先利用表格的形式详细列举了相关人员在北京科锐工作的时间及内容、所负竞业禁止义务、保密义务、接触到的技术情况以及与北京科锐发生的纠纷情况，然后对以上相关人员的竞业禁止义务、履行情况、义务存续情况进行了详细的分析。

1. 关于竞业禁止情况

上述人员中刘泽刚、韦强、刘元东对北京科锐负有两年的竞业禁止义务；张仁增、何昀、高星按约定在离开北京科锐五年之内不得利用在北京科锐工作期间了解到的北京科锐的生产和经营渠道，以及技术秘密和经营秘密，从事对北京科锐构成竞争的任何活动。

该等人员所负竞业禁止义务的具体内容及实际履行情况如下：

（1）关于刘泽刚、韦强的竞业禁止义务

刘泽刚、韦强与北京科锐分别签署了《劳动合同》。根据《劳动合同》的约定，刘泽刚、韦强在离开北京科锐之后两年内不得参与任何与北京科锐有竞争或有可能损害北京科锐利益的活动。1997年4月，刘泽刚、韦强等人出资设立了原有限公司，原有限公司成立初期两年内从事扩频通信设备和配电综合检测表计的代理销售，与北京科锐当时从事的电力产品在产品类别、性能以及客户对象方面均完全不相同，不存在竞争关系。

（2）关于张仁增、高星、何昀的竞业禁止义务

张仁增、高星、何昀分别与北京科锐签署了《劳动合同》。根据《劳动合同》的约定，张仁增、高星、何昀在离开北京科锐五年之内不得利用在北京科锐工作期间了解到的北京科锐的生产和经营渠道，以及技术秘密和经营秘密，从事对北京科锐构成竞争的任何活动。张仁增、高星、何昀分别出具了《声明》，确认其履行了与北京科锐的前述约定。

（3）关于刘元东的竞业禁止义务

刘元东1999年12月离职时与北京科锐签署的《知识产权保护协议书》约定，刘元东离职后两年内不到与北京科锐有竞争业务关系的单位从事同原单位相同或类似的工作。经核查，刘元东在离开北京科锐七年后进入发行人处工作，已经过了《知识产权保护协议书》约定的两年竞业禁止期限。

2. 关于保守商业秘密的义务

上述人员中，刘泽刚、韦强、张仁增、高星、何昀、刘元东对北京科锐负有保守商业秘密的义务；其中，根据《劳动合同》的约定，张仁增、高星、何昀对北京科锐所负保守商业秘密的义务期限为五年。

刘泽刚出具了《声明》，确认其履行了对北京科锐所负保守商业秘密的义务，未直接或间接利用北京科锐的商业秘密，未向任何第三者转让、出卖或者泄露北京科锐的知识产权及商业秘密。截至声明出具之日止与北京科锐不存在任何纠纷，也不存在任何潜在纠纷。

张仁增、高星、何昀、韦强分别出具《声明》，确认其履行了对北京科锐所负保守商业秘密的义务，未披露、使用或允许他人使用在北京科锐工作期间掌握或了解到的知识产权及商业秘密（包括但不限于技术秘密、生产秘密、经营秘密）；未向他人转让、出卖或者泄露北京科锐的知识产权及商业秘密。截至声明出具之日止与北京科锐不存在任何纠纷，也不存在任何潜在纠纷。

刘元东出具《声明》，确认从离开北京科锐至今一直遵守《知识产权保护协议书》的约定履行了对北京科锐的保密义务，未自己使用或以任何方式向第三者转让、出卖或者泄露北京科锐的知识产权及商业秘密，截至声明出具之日止与北京科锐不存在任何纠纷，也不存在任何潜在纠纷。

根据劳动部劳部发〔1996〕355号《关于企业职工流动若干问题的通知》第二条的规定，用人单位与掌握商业秘密的职工在劳动合同中约定保守商业秘密有关事项时，可以约定在劳动合同终止前或该职工提出解除劳动合同后的一定时间内（不超过六个月），调整其工作岗位，变更劳动合同中相关内容；用人单位也可规定掌握商业秘密的职工在终止或解除劳动合同后的一定期限内（不超过三年），不得到生产同类产品或经营同类业务且有竞争关系的其他用人单位任职，也不得自己生产与原单位有竞争关系的同类产品或经营同类业务，但用人单位应当给予该职工一定数额的经济补偿。根据刘泽刚、韦强、张仁增、何昀、高星及刘元东出具的《声明》，北京科锐与该等人员约定的竞业禁止、保密义务均未支付经济补偿。

3. 关于张仁增1998年与北京科锐产生纠纷的情况

上述人员中，1998年张仁增与北京科锐产生过经济纠纷。根据其书面说明，张仁增1997年12月离开北京科锐，1998年曾与北京科锐产生经济纠纷。北京科锐诉张仁增借北京科锐的5000元借款未归还，张仁增诉北京科锐在其离职时未支付部分合同业务奖金，该纠纷最终协商解决。截至本补充法律意见书出具之日止，除该等纠纷外，张仁增与北京科锐之间不存在其他任何纠纷。

经核查，发行人在2007年9月13日公告的《股份报价转让说明书》中已经披露了刘泽刚、韦强、张仁增、何晋章、高星、何昀对发行人的出资及其在发行人处的任职情况；在2010年4月6日公告的《2009年年度报告》中公告了刘元东在发行人处的任职情况，上述文件公告至今，发行人及相关自然人均未收到来自任何主体对该等人员在发行人处的任职行为提出任何形式的权利主张。

4. 关于刘泽刚、韦强、张仁增、何昀、高星及刘元东与其他曾任职单位是否存在竞业禁止或保密义务的情况

根据上述人员出具的《声明》，刘泽刚、韦强、张仁增、何昀、高星从北京科锐离职后即进入发行人处工作，并未在其他任职单位；刘元东在从北京科锐离职后至进入发行人处工作前曾先后在北京金电联电力技术有限公司、北京北方众为科技有限公司任职。根据刘元东出具的《声明》，其与北京金电联电力技术有限公司、北京北方众为

科技有限公司之间,未约定相关保密义务及竞业禁止义务,不存在纠纷或潜在纠纷。

综上所述,发行人律师认为:

1. 上述人员中,刘泽刚、韦强、刘元东在离开北京科锐后两年内不得从事与北京科锐有竞争关系的活动;张仁增、高星、何昀在离开北京科锐五年之内不得利用北京科锐的生产经营渠道,技术秘密和经营秘密,从事对北京科锐构成竞争的任何活动。经核查,刘泽刚、韦强、张仁增、高星、何昀的竞业禁止义务已经履行完毕;刘元东在离开北京科锐七年后才到发行人处工作,因此该义务对刘元东在发行人处的工作不会造成影响。

2. 上述人员中,刘泽刚、韦强、刘元东、张仁增、高星、何昀对北京科锐负有保守商业秘密的义务,其中张仁增、高星、何昀对北京科锐所负保守商业秘密的义务期限为五年。根据其书面声明,该等人员均已按约定履行了对北京科锐的保密义务。

3. 上述人员中,张仁增1998年与北京科锐产生过纠纷,该等纠纷均已协商解决,不会对本次发行上市构成障碍。

4. 除本补充法律意见书已披露纠纷外,上述人员与北京科锐之间不存在其他纠纷。

本案例是竞业禁止情况较为突出的案例之一,发行人属于在另一公司从业的几个人从该公司辞职后另成立的一个与该公司存在竞争关系的公司,这种情况极易引起监管层的注意,因为发行人的成立肯定与以上人员在以前从事的单位中积累的经验和资源分不开,与此相关的即为以上人员的竞业禁止义务、保守商业秘密、知识产权及其他核心技术的义务。本案例中发行人多位董监高均来自于北京科锐,发行人与北京科锐自然脱不了干系,故中介需要用大量篇幅从法律和事实的角度去证明以上人员并不存在违反以上义务的违约行为,而且也不存在侵犯商业秘密的侵权行为等。

本节小结

发行人董监高及核心技术人员的竞业禁止义务是必须予以认真核查的项目,因为该义务直接关系到发行人的主要管理人员或者技术人员是否被限制从事目前相关的行业。如本节案例中的合众科技，其明显是由在另一公司从业的几个人从该公司辞职后另成立的一个与该公司存在竞争关系的公司，非要完全拒绝承认与以前公司的关系自然不能让人信服，故保荐人及发行人律师应当从法律和事实的角度去论证发行人的董监高及核心技术人员并不存在违反以上义务的违约行为以及侵犯商业秘密的侵权行为等。

论证的角度可有多种，但是必须建立在事实的基础上，不可为了符合条件而故意捏造或篡改事实。通常的解释方法有：（1）相关人员与原单位并未签署过竞业禁止协议或条款；（2）竞业禁止条款因原单位未履行其经济补偿等原因而自动解除；（3）竞业禁止义务的期限已届满，相关人员已实际履行，届满后已不负有该义务；（4）双方已另行签订协议终止以上义务且并未发生任何纠纷；（5）说明相关人员现从事的工作与原单位不同，不存在侵犯原单位利益的可能；（6）如果可能，由原单位出具不存在纠纷的说明；（7）相关人员出具承诺，自愿承担若因其违反竞业禁止相关义务可能导致的公司损失等。

第四章 股权合法清晰稳定

第一节 出资瑕疵

IPO 实务中,出资瑕疵不仅是一个常见的问题,也是在审核中非常值得监管部门关注的问题。资产(法律定义)是由股东出资形成的,它不仅是一个企业得以正常运行的根基(如果企业出资被披露存在问题,那么很难取得第三方对发行人的认可和信任从而不能正常开展业务),同时由于资产关系重大,在某些具体事项上的不合法操作,极有可能被认定为重大违法违规行为或被监管层质疑因其曾受到过情节严重的行政处罚。由于考虑到特殊主体出资问题,比如,国有企业出资、外商企业出资等,又有其另外需要特别考虑的审核标准与红线,从而使问题深度和难度都增大很多。正是如以上种种所表明的,其可牵连的问题甚广且多重大,因而本节所述出资关涉事项与问题欲涵盖全部实际情况,笔者显得笔力不足,碍于篇幅与论述效果,也没有其必要。不过好在发行人出资问题,监管层在过往案例中所提的反馈意见指向比较集中,而且出资关涉的其他内容在相关章节有详尽展开,读者可以翻阅加以综合,以期整体把握。

一般来说,出资瑕疵包括出资不实和出资程序瑕疵。有不少同行和法律界同仁将出资瑕疵与出资不实严格区分，但是鉴于出资瑕疵从语意上包含更巨，更具有概括性，能提高行文效率，因此本文将出资不实归纳在出资瑕疵中。此外，由于出资不实与出资程序瑕疵各自具体涉及的需要注意的事项和问题都较多，尽管出资不实与出资程序瑕疵两者是紧密结合的，有时难以分开，但鉴于两者还是有很大不同，各自侧重点不一样，因此本文倾向于予以分别说明。结合相关法律法规指导精神以及从事合规工作同行意见的综合把握，两者的定义笔者认为如下总结得较为恰当：

出资不实是指股东并未或者并未完全履行公司章程约定的出资义务，导致实际缴纳的出资和认缴的出资在金额与权利上有差异的情形。

出资瑕疵是指股东在出资过程中没有严格履行公司法、公司章程或者工商登记管理条例规定的程序和要求的情形，具体包括无评估报告、无验资报告以及出具报告的中介机构没有相应资质等。

关于出资瑕疵，总的来说问题比较多，我们可以先看看法条，以明确总的要求与核查原则：

《首次公开发行股票并上市管理办法》第十条规定，发行人的注册资本已足额缴纳，发起人或者股东用作出资的资产的财产权转移手续已办理完毕，发行人的主要资产不存在重大权属纠纷。

《首次公开发行股票并在创业板上市管理办法》第十二条规定，发行人的注册资本已足额缴纳，发起人或者股东用作出资的资产的财产权转移手续已办理完毕。发行人的主要资产不存在重大权属纠纷。

我们可以通过上述两部法规关于出资的主要条款是完全相同的，其明确了出资瑕疵核查的重点，即注册资本需足额缴纳和所出资资产无重大权属瑕疵。粗略来说，其部分属于资产完整的内容，只是更侧重出资资产金额、权属与程序的完备。按照出资目的划分，出资包括设立时出资和之后的增资两种情形，有同行和学者认为，减资也属于出资的内容，因为其属于"负"增资，然而笔者觉得在出资不实的主题下，监管层对于减资提出问询较少，而在历史沿革与公司经营发展是否正常中多有反馈，因此不在本节讨论。

一、出资不实

出资不实根据时间段的划分可以有股改前和股改后、报告期外和报告期内两种分类。其实对于出资不实这种实质重于形式的审核要点来说，两者分类对于中介机构核查问题是一样的。最终核查出来的出资不实的具体情形并不会因为其归属于哪种分类而显著降低对发行人IPO的影响或者改变处理方式，该补足出资或者履行重要手续的还是要从实质上做全补实，而且很多情况下，这两种分类在时间上是重合的。

出资不实，粗略来讲分为出资不足、虚假出资、抽逃出资、出资未及时到位等几大类。实际中一般又可分为以下几种具体情形，当然实务中可能还有未总结出来的其他"手法"，这里只是简单列举，但是"精髓"是不变的，即股东通过各种手段，规避或者减少出资。

实践中常见的出资不实的具体情形有：

（1）实际出资金额小于验资报告及协议、章程。

（2）出资资产（金额）来自于公司自身的资产（金额）。

（3）以非可转增注册资本的资本公积增资。

（4）以应付福利费增资。

（5）以资产的评估增值额增资。

（6）股东以同一资产重复出资。

（7）股东从中介机构借款出资后，又通过公司归还中介机构。

（8）出资资产以与公司主营业务无关的有形无形资产出资。

（9）出资资产评估基准日之后出现明显价值减损。

（10）股改时特殊资产折股：包括结余的安全费用或净资产中某些公允价值变动频繁或者难以取到公允价值的资产折股出资等。

（11）利用股东地位、特别是控股关系，强行从公司账上划走资金或长期占用公司资金。

（12）股东利用亲属或自己控制的其他经济主体，实施关联交易，转移资金或利润。

我们可以看到，以上规避或减少出资的方法是多种多样的。有较浅显比较容易发现的，也有通过复杂的财务操作手段钻会计准则漏洞的，不一而足。下面着重从两个不同的维度谈出资不实中的难点及常见问题。

（一）非货币出资相关问题

非货币包括但不限于，实物（动产、不动产）、知识产权（专利权、著作权、商标权、非专利技术）、土地使用权、其他无形资产、股权、债权等。非货币出资主要应检查是否满足四个要求，合法性、无瑕疵、有手续和已评估。尽管现行的《公司法》对于非货币财产在出资时没有强制要求评估，但考虑到IPO的严谨性，应对其进行补评，以表明非货币资产作价符合公允性原则。另外，实物出资要考虑评估作价与财产权利转移手续问题，且资产必须确实由公司占有并使用；无形资产出资要考虑评估价值是否公允以及权属必须明确，包括拥有权属的时长以及以何种形式占有使用，比如为独占使用还是普通许可使用；土地使用权出资首要关注土地评估增资率的大小以及非货币出资的个人所得税；股权出资，其实可看成股权转让，需要注意的是其不得用做出资的几种法定情形，如权属不清、权利受限以及法律规定的其他情形；债权出资也就是债转股，应注意债权形成的真实性及合法性，以及满足《公司注册资本登记管理规定》的有关债转股的规定。

（二）国有资产出资的相关问题

这个问题在本书国企改制一节中已做了较详细的说明，其主要指导原则是国有资产不得减损，而且必须遵照法律规定予以评估作价转让。在程序上要注意不同环节取得不同上级主管部门的审批核准，以及保证国有资产不会流失且能被合法合理使用。

1. 出资迟延

无论是货币出资还是非货币出资，因时间是有成本的，出资迟延都会造成实际出资价值低于应出资价值，故而其也是出资瑕疵应有的内容。实践中拖欠出资一般不会有很长时间，极短的时间去追究也没什么意义，麻烦的情形在于以非货币出资拖欠一个月到半年之间这样不长不短的时间的情形；若是非货币资产评估价按照各种财务增值模型计算终值，显得有点小题大做，但若当做什么事也没发生，直接按照原值履行，又显得不太公平。从谨慎性考虑，中介机构应设定一个标准，对注册资本影响非常小的迟延支付可以不再追究，比如 0.1% 或 1%，视公司的体量而定。与此需一并核查的还有评估基准日至产权交易日期间的出资资产盈亏归属问题，其一般情况下属于出资人，当然出资人也可与公司自由约定。

2. 虚假出资、抽逃出资

虚假出资、抽逃出资属于性质严重的出资不实，应慎重对待。实践中虚假以及抽逃出资的"套路"很多，比如用公司资金出资、利用关联关系转移资金出资等。这类恶性行为的存在，会直接导致监管层对发行人的内部控制产生高度怀疑，以此对发行人的业绩、持续能力等事项全盘否定，更不用说其还会导致监管层对发行人是否受到主管部门重大行政处罚以及是否存在重大违法违规的问询等。因此，惮于其性质恶劣，即使虚假出资、抽逃出资金额很小，中介机构也要结合实际造成的影响，审慎判断其是否构成实质性障碍。

针对出资不实，中介机构的一般处理思路：

首先考虑股东补足出资，这是最直接且有效的方式。实践中一般不会存在拟上市公司部分股东出资不实时，该股东为了避免履行出资义务而减少自己股份的情形，其这样会导致股本减少、公司资产规模下降，可能对公司的盈利能力产生影响，当然中介机构也极少建议这种会引来证监会一大堆质疑的做法。具体来说，当欠缴股东欠缴时间较长时，还应承担欠缴金额产生的利息费用，以及如果对公司的生产经营造成了损失、对其他股东利益造成损害的，还应承担赔偿责任。一般来讲，企业初始股权对应的出资金额在当下都进行了放大，则该欠缴股东应当以放大后的金额补缴，如此才谓公平且合乎法理。在 IPO 申报中，如果欠缴金额不大，且在报告期外事项已经解决，如实披露即可，但若进入了报告期，中介机构还是应坚持以评估机构认定的价值计算，如此才妥当。

随着《公司法》的修改带来的出资认定相关问题有所改变，监管层一般不会对历史沿革中出资是否符合当时的《公司法》太过苛责，只要审核结果表明报告期内的出资是真实充足的，且不存在影响股权稳定或公司独立性的事项，一般不会构成发行的实质性障碍。实践中关于出资不实另一个常提及的问题是未履行出资义务的股东是否可以取得分红，如果公司章程对此有例外约定，未履行出资义务股东取得分红是可以的。如果没有例外约定，股东有义务退回已经取得的分红。

二、出资程序瑕疵

程序瑕疵一般是指出资过程欠缺完备的法律程序，或者履行法律程序不符合规范，其主要是指没有评估报告、欠缺验资程序或者出具报告的中介机构没有相应资质等问题。尽管从实质重于形式的角度看，出资人只要事实上将钱款资产注入公司，似乎就不会成为实质性障碍，但当某些重大的增资或者股权转让的事项没有履行完备的法律程序时是极容易产生纠纷、引发诉讼的，严重地，还会使得公司的控制权发生变更。这对公司的影响非常巨大，监管层绝不会允许发行人带着如此大的风险过会。

实践中常见的出资程序瑕疵的具体情形有：出资方式不符合规定、出资手续不完备、以未经批准的划拨土地出资、实物等非货币性资产未经过评估、出资未经过验资、评估或者验资机构没有资质。

上述程序瑕疵问题及解决办法其实可以总结为以下三点：

（一）评估报告缺失

非货币性资产出资是必须有相应资质的评估机构出具评估报告的，在实践中，出资股东或管理层或为避免手续上的麻烦或为了节省资金，大多是没有做资产评估的，而是以各股东间的协商结果作价，这是必须予以规范的。中介机构对此常用的解决办法是让该股东提供非货币资产作价的依据，并由评估机构评估其当时的作价是否公允，也即补评。如果该非货币资产的出资方为国有企业，需要取得主管部门的审批文件，以避免存在致使国有资产流失的嫌疑。除此之外，还可以取得其他股东对该股东非货币出资作价无异议的声明予以佐证出资公允。

（二）验资程序瑕疵

企业历史沿革中常会有多次股本演变，历次股本演变均需进行验资才符合监管层的要求。验资程序瑕疵包括未验资和验资不规范以及虚假验资。前两者如果所涉金额不大，对企业 IPO 影响不重，可以补充验资并由中介机构出具相关意见。而后者即使涉金额较小，但因其性质严重，可能涉及是否为重大违法违规行为的认定以及是否遭到重大行政处罚的核查的怀疑，故需审慎核查对企业内部控制与持续盈利的影响。

（三）评估与验资机构资质缺失

出具评估报告与验资报告的机构必须具备相应资质，否则可能因小失大。近期曝出的某借壳上市案例就因审计师缺乏证券从业资格而被否决，这种纯粹因中介机构问题所导致的前功尽弃是很让人遗憾的，不得不谨慎对待。由此同样需要注意的是，对于之前的评估报告或者验资报告由非相应资质的机构出具的，需要由有相应资质的机构出具复核意见。

中介机构对出资瑕疵总的处置原则：

对于出资瑕疵来说，分析发生的时间节点比较重要。因此中介机构首先需要分析不实出资与程序瑕疵的出资发生在企业历史沿革的哪个阶段，如果出资瑕疵在报告期外，且解决在报告期外，那么只要相关金额未达到引发监管层认定为重大违法违规或者受到行政处罚，一般问题不大。但若发生在报告期内，一般即使拖欠金额较小，也需要推迟报告期。当如果是较小的程序性问题，则可以通过补全程序，由中介机构出具意见，表示不存在潜在纠纷即可以解决。

> **被否案例** **广东日丰电缆股份有限公司 2017 年 1 月创业板首发**
>
> 广东日丰电缆股份有限公司（以下简称日丰电缆）招股说明书中披露 2011 年发行人引入李某、罗某、孟某等 6 名自然人股东，2013 年发行人引入机构投资者中科白云、中山鸿业。请保荐机构、发行人律师核查其原因；增资价格确定的依据；增资过程是否履行了相应的股东大会程序；资金具体来源及其合法性；各新股东与发行人之间是否存在对赌协议等特殊协议或安排。请保荐机构、发行人律师说明上述问题的核查方式方法、核查过程、核查范围和所取得的证据等。
>
> ● 详细说明历次增资的合规程序事项，并就实质重于形式说明增资是否存在重大违法违规的情形

本案例发行人历史沿革中存在多次增资以及股权转让情形，资产收购和重组也同时存在。根据监管层提出的问题，中介机构在招股说明书中补充披露了 2011 年与 2013 年公司增资的情况：2011 年为自然人出资，日丰电缆为此召开 2011 年第二次临时股东大会并通过此次增资事项，原因为本次增资股东均系为公司服务多年或有一定贡献的核心管理人员或技术人员。本次增资过程及本次增资价格已经广东新祥和会计师事务所有限公司审计。同时说明了本次增资的 6 名新股东与公司、公司控股股东及实际控制人之间不存在以公司股份或现金补偿为对价的对赌协议或安排。以上用明确清晰的事实回答了监管层提出的问题，针对监管层提出的关于 2013 年引入机构投资者事项问题，中介机构也做了同样程式的解释。可以说，这样的解释进路是比较完备的。总体来看，只要企业在历史沿革中关于股权与增资事项的操作有迹可查，且资金瑕疵并不大的话，中介机构上述做法足以让监管层打消疑虑。当然，如果在实质上确实有重大违法违规嫌疑又对发行人持续运营产生影响，那就只能推迟 IPO，再运行一定的报告年度。

● 列示中介机构尽调清单和底稿，并就同行过会相关案例比较说明核查范围的适当性

本案例中介机构在补充的招股说明书申报稿，也即最后一期申报稿中并未专门说明监管层反馈意见中提及的核查方法、范围以及证据事项，只是在对增资合规性问题的说明中不时提及，这显然没有达到监管层的要求。由于发行人历史上增资与股权转让事项较多，核查起来有一定的苦难，监管层对中介机构核查能力产生怀疑实属正常，同时也不免担忧中介机构会有为减少核查负担，采取投机取巧方式或者干脆放过核查重点事项来消极地履行其职责的情形。因此中介机构在处理这部分问题时，最好在每个法律意见结尾顺带提及自己的核查过程及方法，也可以在适当部分提炼尽职调查清单和底稿，说明自己的工作轨迹，这种主动的说明是比较能让监管层放心的。

案例 **三维股份（603033）**

浙江三维橡胶制品股份有限公司（以下简称三维股份）于 2016 年

12月上市，主营业务为橡胶输送带、V带的生产和销售。1997年有限公司成立时，仅对部分实物出资资产进行了评估，2013年坤元资产评估有限公司对三维有限设立时的全部实物出资资产进行复评，并出具了评估报告，评估值高于原验资报告验资额。请保荐机构、发行人律师说明有限公司成立及历次增资、股权转让时股东用作出资的资产的来源及合法性，实物资产是否依法办理了产权转移手续，结合实物出资的具体内容及对应金额说明资产复评时，评估价值高于原验资报告验证金额的原因及合理性，并对公司资本的真实性、充实性、出资资产的合法性发表明确意见。

- **从实质与程序的角度分别说明产权转移以及评估的合理性合法性**

在最新披露的招股说明书中，中介机构披露了历次增资的法律程序以及其他合规事项。在谈到评估价值高于原验资报告验证金额的缘由时，中介机构在其中也给出了合理的解释。从实质的角度说明产权转移的合理性，需要分析产业环境、公司运营情况以及当时的财务数据，以此综合阐述才能达到效果。而从程序的角度，更侧重合法性，就是历次转移的手续，包括主管部门批准、中介机构验资、中介机构评估以及相关的资质是否缺失、遗漏等。中介机构一般遵循先实质再程序的论述方式，内容与形式结合，如此才能完备妥当。

- **补充说明律师核查意见形成的工作程序，并可要求发行人实际控制人就相关问题出具承诺函**

由于本案例中涉及增资、股权转让事项较多，且部分资产由于评估程序瑕疵而导致复评，但复评之后的结果是资产金额上调，由于有虚增资产的嫌疑，监管层特地对该事项进行了问询，且一并对公司资产相关事项发表明确法律意见。中介机构主要是律师，其不得不对资产历史演变做详细的梳理，并结合财务资料做判断，还需对自身工作流程做总结披露以表明核查方面不存在问题。同时，由于发行人毕竟在资产及股权方面存在并不算小的瑕疵，监管层还是会担忧存在未调查清楚及中介机构不尽责的情形，因此中介机构在遇到类似问题时，也可就这一事项让发行人实际控制人、股东出具兜底风险赔偿责任的承诺，以减少发行被否风险。

本节小结

　　本节包含具体内容较多，由于资金的成本问题以及出于调动资金便利程度的考虑，股东总是想尽办法拖缴、欠缴出资（包括缴纳后再转出），其具体形式层出不穷，不仅包括较直接的方式，还包括以不履行完备法律程序的形式间接欠缴。这就决定了出资瑕疵在全行业各公司中是普遍存在的，而且有一定的隐蔽性。中介机构在面对各式各样的拖欠案例时，会根据拖欠时间的长短、金额的大小、所造成影响的轻重来判断是否造成 IPO 实质性障碍。当然，即使资产瑕疵未造成实质性障碍，中介机构应收集证据材料，包括对历史单据的核查、访谈股东董监高，以及对公司历年发展状况进行综合分析，以求得出一份令监管层和社会投资者满意的说明。

　　在让拖欠出资的股东以及出资程序瑕疵的股东履行"弥补"义务时，要综合公司财务历史情况与现状，分析出金额差异来计算当下需弥补的金额或资产的大小，以及对发行人 IPO 的影响程度。这需要律师结合会计师的工作综合得出结论。此外，对于一些有特殊规定但并不少见的情形，中介机构需要特别注意核查合规事项，比如，土地使用权出资、股权出资、债权出资等。有些时候，这些不同类型的出资是混杂在一起的，而且伴随着未履行完出资就转让的情形，这是容易导致权利义务混淆不清、比较让中介机构头疼的情形，需要画图推导关系。尽管现在监管层认可这种未履行完出资就转让的处置权，但实践中还是有其复杂性，需要注意的点较多。当然，还有其他未列举的特殊情形，所述种种，中介机构最好查找类似过会案例进行梳理分析，以降低过会风险。

　　综合出资不实与出资程序瑕疵的问题与对策，中介机构应对出资瑕疵的一般处理方针为：

　　1. 出资不实股东及时补足出资。

　　2. 出资不实股东返还其无权取得的对应红利。

　　3. 必须取得验资（评估）报告或复核验资（评估）报告。出具报告中介机构必须有相应资质。

　　4. 特殊出资主体、特殊出资标的以及特殊发行人主体，应仔细检查是否符合特定的要求。

　　5. 出资不实补救措施取得注册地工商行政管理部门的备案、认可。

综合出资不实所占注册资本比例、出资程序瑕疵是否存在重大违法违规以及这些事项发生在报告期内或外,判断是否应延期申请上市发行。

6. 由控股股东或实际控制人兜底出资瑕疵与股权纠纷风险。

正如开篇所述,出资瑕疵是伴随着股权问题而生的,而股权问题是 IPO 合规问题中最常见、最大,也是最难的问题之一,考虑到其所包含的范围较广,而且随着过会与被否案例的继续披露,这方面的有关具体问题与监管要求,有不断"推陈出新"的态势,因此本文难免挂一漏万,读者可根据股权相关章节和实际控制人相关章节综合研读本节内容,以期能收到较好的阅读体验和效果。

第二节 增 资

公司增资是指公司为扩大经营规模、拓宽业务、提高公司的资信程度而依法增加注册资本金的行为。增资的方式主要有增加票面价值、增加出资、发行新股或者债转股。增资涉及发行人股权结构的变动,可能存在利益输送、委托持股、信托持股等问题,因此监管机关核查和要求发行人披露的内容主要包括以下方面。

(一) 增资的原因

发行人增资可能是出于扩大公司资本规模、优化股权结构、引入战略投资者、股权激励等目的。监管机关可能会要求发行人对公司增资的目的进行披露,说明在公开发行之际增资的必要性、是否存在影响股权稳定的协议安排以及增资是否损害发行人及其他股东利益等。

(二) 增资的定价

增资的定价一般可以通过净资产法、价值评估法、市盈率法、协商作价法等予以确定。但是,发行人仍然需要特别关注增资定价的依据与合理性进行披露和说明,否则将引起监管机关对是否存在利益输送等违法行为的质疑。

《公司法》第一百二十六条规定，股份公司股份的发行，实行公平、公正的原则，同种类的每一股份应当具有同等权利。因此，同次发行的同种类型的股票，每股发行条件和价格应该相同。如果两次增资时间间隔较短，但是定价差距较大，发行人应该合理解释原因，如定价依据不同、股权激励等。

（三）信息披露

在增资过程中，监管部门通常会要求发行人披露相关股东会决议、董事会决议、自然人增资方的履历和资金来源、法人增资方的信息；各新增股东及其对外投资控制的企业与各中介机构及其签字人员、发行人、控制股东、实际控制人、发行人董监高，以及发行人控股企业的关联关系，以全面核查发行人的关联方。另外需要强调的是，前述增资方的资金来源是中介机构或者发行人在前期尽调或辅导的时候需要格外注意的事项，不得存在资金来源不能合理解释或者虽能合理解释但可能导致纠纷的资金。

（四）增资的程序

增资的程序包括召开股东会、签署增资协议、资产评估、验资和出具增资验资报告并提交工商登记部门办理工商变更登记等。另外需要注意的是，如果涉及国有股权的投资，还需取得国有投资方主管部门对于投资方案的批准或批复。

> **案例一** 高澜股份（300499），解释价格差异大的原因及历次增资的背景原因、定价依据及资金来源

广州高澜节能技术股份有限公司（以下简称高澜股份）成立于2001年6月29日，于2016年2月2日上市，主营业务为大功率电力电子装置用纯水冷却设备及控制系统的研发、设计、生产和销售。2010年6月，高荣荣出资1500万元认缴高澜股份新增注册资本503.36万元，增资价格为2.98元/注册资本。2010年8月，梁清利、柯加良分别出资144万元、72万元，认缴高澜股份新增注册资本80

万元和 40 万元，增资价格为 1.8 元 / 注册资本。梁清利于 2011 年 4 月起担任发行人财务总监。梁清利曾任大唐国际发电股份有限公司广东分公司财务部主任。证监会在其反馈意见中要求发行人披露 2010 年 6 月、8 月两次增资中交易价格差距较大的原因，公司历次自然人增资的背景和原因，交易价格确定依据，增资股东资金来源，是否存在发行人承担或代垫交易资金的情形，说明梁清利加入发行人原因。

- 2010 年 6 月、8 月两次增资中交易价格差距较大的原因

根据与发行人实际控制人及高荣荣、柯加良、梁清利的访谈，并经发行人律师核查，2010 年 6 月、8 月两次增资中交易价格差距较大是因增资对象身份及增资的背景与原因不同所致，具体如下：

2010 年 6 月，发行人基于通过引进财务投资者扩大生产经营的考虑，同意高荣荣出资人民币 1500 万元认缴高澜股份新增注册资本 503.36 万元，其定价依据是参考 2009 年 6 月引入海汇投资等 5 名财务投资者入股价格（8.45 元 / 注册资本）并经 2010 年 3 月资本公积转增股本摊薄调整后的价格（2.88 元 / 注册资本），经新老股东协商一致，确定高荣荣的入股价格为 2.98 元 / 注册资本。

柯加良于 2010 年 1 月加入发行人担任董事会秘书职务，梁清利于 2011 年 4 月加入发行人担任财务总监职务，公司出于高管激励、引进高级人才、入股价格不低于 2010 年底公司经审计每股净资产 1.58 元等因素考虑，经新老股东协商一致，确定柯加良、梁清利的入股价格为 1.80 元 / 注册资本。公司已就此次股权激励在申报会计报表中对股份支付进行会计处理。

- 公司历次自然人增资的背景和原因，交易价格确定依据，增资股东资金来源，是否存在发行人承担或代垫交易资金的情形

根据发行人于 2014 年 12 月 25 日出具的《关于历次增资原因的说明》，并经发行人律师核查，公司历史上曾发生过五次涉及自然人增资的情形，其增资的背景和原因、交易价格确定依据、增资股东资金来源等情况具体如下。

增资时间	增资方	资金来源	原因	价格及定价依据
2006年7月	李琦、吴文伟、唐洪	自有资金	为扩大生产经营规模，解决资金短缺的问题	经全体股东协商一致同意以1元/注册资本作为增资价格
2009年6月	海汇成长、科创、海汇投资、姜文、柯加良	自有资金	通过引入外部财务投资者，扩大公司生产经营规模	增资价格是参考经评估的单位注册资本价值8.48元/注册资本，经协商一致后确定价格为8.45元/注册资本
2010年3月	李琦等8名原股东	资本公积转增股本		
2010年7月	高荣荣	自有资金	通过引入外部财务投资者，扩大公司生产经营规模	参考2009年6月引入海汇投资等5名财务投资者入股价格（8.45元/注册资本）并经2010年3月资本公积转增股本摊薄调整后的价格（2.88元/注册资本），经新老股东协商一致，确定高荣荣入股价格为2.98元/注册资本
2010年8月	梁清利、柯加良	自有资金	高管股权激励及引入高级人才	出于高管激励、引进高级人才，入股价格不低于2010年底公司经审计每股净资产1.58元等因素考虑，经新老股东协商一致，确定柯加良、梁清利的入股价格为1.80元/注册资本

由本案例可以看出，增资价格的确定其实并没有严格的要求，只要能合理说明即可。如公司成立初期或者财务状况较差时，可以以1元/股甚至更低的价格进行增资；公司快速发展或前景较好时，可以以高于每股净资产的价格进行增资等。合理价格的参考标准为公允价格，而公允价格的主要确定方式有每股净资产及如较短时间段内存在投资者的投资价格，中介机构应当尤其关注低于以上价格的原因，排除利益输送的嫌疑。如本例所示，高管股

第四章 股权合法清晰稳定

权激励及引进高级人才均可以成为低于公允价格的理由，但在财务处理时需做股份支付处理。

案例二 万孚生物（300482），涉及国有投资主体投资

广州万孚生物技术股份有限公司（以下简称万孚生物）成立于1992年12月13日，于2015年6月30日上市，主营业务为快速诊断试剂、快速检测仪器等POCT相关产品的研发、生产与销售。在重点反馈问题中，证监会要求补充披露发行人历次增资的背景和原因，增资定价依据，2000年、2001年广州风投、广州工程中心增资的具体情况，其余股东是否参与增资，若不参与，广州风投、广州工程中心有关增资行为及增资价格是否获得国有资产管理部门的批复及相应履行的批准程序，实际控制人出资及历次增资的资金来源。

对于该反馈，律师核查了发行人历次增资的工商档案资料，国有股东增资时国有资产管理部门的审批文件、广东省财政厅出具的发行人国有股管理方案批复，取得了发行人股东对历次增资情况的说明或确认。

● **历次增资的背景和原因、增资定价依据**

发行人从成立至申报期间前后共进行了六次增资，除首次增资价格由全体股东一致同意，确定价格为1元/注册资本外，第二次增资起均引入了国有股权投资机构，增资及其他股权变动程序较为规范，故后续每次增资的依据均为会计师事务所出具的资产评估报告书，以评估价值为依据确定万孚生物的估值。第三次生物中心增资因与上一次广州风投的增资时间较为接近，故未另行评估。

● **2000年、2001年广州风投、生物中心对万孚生物的增资具体情况**

2000年10月30日，万孚生物股东会作出决议，万孚生物注册资本增加至1000万元；广州风投835万元认缴注册资本300万元；广州风投后，万孚生物的股权结构为李文美占比35%，王继华占比21%，华工大集团占比14%，广州风投占比30%。根据广州市人民政府办公厅2000年10月17日［2000］24号《市长办公会议纪要》，

广州风投当时的主管部门即广州市人民政府同意广州风投对万孚生物的投资方案。

2001年1月8日，万孚生物股东会作出决议，同意万孚生物的注册资本增加至1200万元；生物中心投资200万元认缴注册资本80.4万元；生物中心投资后，万孚生物的股权结构变更为李文美占比32.7%，王继华占比19.6%，华工大集团占比13%，广州风投占比28%，生物中心占比6.7%。经核查，生物中心对万孚生物的本次投资取得了主管部门广州市科学技术委员会的同意：该委员会于2000年12月21日出具穗科函字［2000］292号《关于广州生物工程中心变更投资项目的批复》，同意生物中心对万孚生物的投资方案。

经核查，2012年11月14日，广东省财政厅出具粤财工［2012］513号《关于广州万孚生物技术股份有限公司国有股权管理方案的批复》，同意万孚生物整体变更为股份有限公司，确认广州风投、华工大集团、生物中心所持发行人股份性质为国有法人股及股份数量。

● 实际控制人出资及历次增资资金来源

根据发行人律师对实际控制人李文美、王继华的访谈，实际控制人对发行人历次出资资金来源为个人积累和筹集，来源合法，不存在股权代持的情形。

本案例涉及国有股权投资机构的投资，为避免国有资产的流失，对于涉及国有股权投资机构的案例，该投资机构对于被投资对象的规范性有更高要求，对于投资事项需要履行的程序要求也应更严格。故本案例可作为需要履行除正常的评估、股东大会、协议签订、工商变更等程序外，需另行履行其他特殊程序的参考。中介机构应关注发行人中存在的特殊主体或事项，重点检索并核查需要履行的特殊程序，避免因程序瑕疵而导致发行障碍。

本节小结

因均与股权的清晰及稳定性、关联方核查息息相关，增资与股权转让存在较多的共同之处，证监会对于发行人历次的股权转让或增资往往要求一起核查，且几乎成为反馈意见中必答的组合题，故中介机构在核查历史沿革时务必细致，且对必然需要核查的事项需事无巨细，对于涉及的特殊问题更应重点对待。

与股权转让类似，增资时必然需要核查的事项包括增资的背景及原因、增资的定价依据、资金来源、增资程序、增资方与中介机构及发行人及其董监高是否存在关联关系等。对于以上问题的核查或解释以合理性为宗旨，如增资的定价依据应参照公允价值，公允价值一般以市场价或每股净资产为标准，对于低于公允价值的增资应有合理的理由，如引进人才、高管激励等；资金来源也是证监会关注的重点之一，股东用于投资的出资应当有合理合法且不影响股权清晰性的来源，例如，如何合理解释一个以往仅在行政系统任职的人员在发行人中的大额投资，如果为举债投资，则是否存在不能偿债从而影响股权稳定性的风险；增资程序除应当核查所有增资程序均应履行的程序外，还应特别关注涉及如国有资产等特殊主体或事项时应当履行的特殊程序；增资方是否与发行人存在关联关系的核查主要是为了全面核查关联方，避免非正常关联交易或其他利益输送安排等。

第三节 股权转让

《首发办法》第十三条明确要求发行人的股权清晰，控股股东、实际控制人支配的股东所持发行人的股份不存在重大权属纠纷。发行人股权变动应当合法、合规、真实、有效，并严格依照法律规定的程序进行，避免发生股权纠纷，防止出现因发行人的股权存在纠纷而影响发行上市的情形。

监管机关对公司历史沿革、股权变动问题向来都是高度关注的，股权转让涉及的问题几乎成了每一个拟上市公司的必答题，特别是股权转让过程中存在的一些非典型情形，如股权赠予、低价转让等情况。股权转让的目的、定价、合同的签订与履行、税收、特殊主体的股权转让等事项的不规范操作有可能导致发行人股权结构不清晰和不稳定等，并为日后的股权纠纷埋下伏笔。因此，监管机关通过询问股权转让的定价依据、资金来源合法性、新股东与发行人之间是否存在对赌协议等特殊协议或安排等内容以判断发行人的股权转让是否真实、是否存在纠纷及股权结构的稳定性。

关于股权转让，发行人程序上应该重点关注以下方面。

（一）股权转让的目的

通常情况下，股权转让既可能是出于股东的自身原因，也可能是公司出于经营的实际需要，例如，为了解决历史上存在的股权代持或信托持股问题、优化股权结构、引入战略投资者、股权激励等目的。但是，股权转让不能存在利益输送等违法目的而损害公司的利益。对于可能不符合公司利益的股权转让，证监会可能会进一步要求拟上市公司披露和解释该项转让的合理性，例如，以较高的价格受让尚处于亏损状态企业的股权的原因。

（二）股权转让的定价

理论上如果不涉及国资资产和集体资产，双方当事人可以自由约定股权转让的价格。但是，发行人仍然需要特别关注股权转让定价的合理性，因为不合理的定价无形会加大日后产生纠纷的可能性，也可能引起监管机关的质疑。股权定价合理性的判断应该根据个案具体分析。时间上，发行人应特别关注短期内（如6个月内），前后股权转让价格差异的合理性。具体定价上，发行人需要给出合理的理由和定价依据。例如，发行人可以合理解释公司创始人向公司高管、功勋员工或者员工持股计划无偿转让股份的行为，但是如果没有特殊理由对外仍然低价或无偿转让，则很难自圆其说。也可以由转让方出具承诺，承诺承担发行人因该事项将来可能发生的任何损失。

监管机关通过审慎判断股权转让价格及其定价依据的合理性判断发行人股权转让是否存在利益输送、故意逃避税收等违法行为。如果发行人被认定通过股权转让逃避税收，可能会被税务机关按照每股净资产或自然人股东享有的股权比例对应的净资产份额进行核定征收。如果被监管机关认定发行人存在利益输送等行为，将对IPO程序产生负面影响。

股权转让的价格一般可以通过出资额法、净资产法、价值评估法、市盈率法、协商作价法等予以确定。

（三）股权转让资金来源的合法性

资金来源一般为自由资金、借款、家庭积累等。此处主要关注是否存在委托持股、是否存在巨额借款、是否为公司自身的资产及是否存在通过非法途径取得的资金等情况。

（四）新股东情况

发行人应该按要求披露新增股东与发行人及原股东的关系，包括公司（含控股子公司）、公司的关联人（特别是控股股东和企业董监高）和新曾股东或股权受让方的股东、董监高是否存在关联关系。

对于申报前 6 个月引进的新股东，还应该详细披露引进的原因、价格、资金来源、背景，与发行人的控股股东、实际控制人、董监高、中介人员之间是否存在关联关系。

对于战略投资者，发行人需要说明该投资者引进后对发行人经营发展、战略贡献的作用与意义。

如在申报前短期内发行人通过私募增资的，还应披露私募资金的使用情况以及是否还存在公开发行融资的必要性。

（五）股权转让的程序

包括签订股权转让协议、内部决策（股东会）、评估备案、招拍挂程序及办理工商登记备案手续等。

工商登记是监管部门认定股权转让是否完成的重要标准，因此在完成股权转让后，发行人应及时办理完成，以免引起监管机关对于交易真实性的质疑。

（六）股权转让所得纳税情况

股权出让方如果获得股权转让的溢价收入的，应该就其所得缴纳个人所得税，一般应当及时缴纳并取得完税凭证。对于不确定是否需要缴纳所得税的，应当由潜在的义务人出具承诺函，承诺若税务部门要求缴税甚至罚款，其将自行承担。

（七）涉及国有资产或集体资产的情况

涉及国有资产和集体资产的，需要符合国有股权管理的相关规定，履行内部决策、主管部门批准、资产评估、招拍挂等特定程序，程序存在瑕疵的，一般应取得省级任命政府的确认。

案例一　美力科技（300611），历史上存在多次增资及转让的情形

对于发行人历史上存在的多次增资及股权转让的情形，证监会在反馈意见中要求：（1）补充说明历次增资和股权转让的背景、定价依据及合理性，就同次股权转让定价存在较大差异的原因及合理性，说明后次股权转让价格低于前次股权转让价格的原因及合理性，是否存在纠纷及潜在纠纷，是否存在利益输送情形；（2）补充说明历次引入及退出的自然人股东的基本情况，引入或退出的原因，增资的资金来源，是否存在代持情形，报告期内存在的自然人股东是否与发行人及其关联方、发行人主要客户及供应商、本次发行的中介机构和签字人员及其关系密切家庭成员存在关联关系；（3）补充说明历次引入的法人股东的最终投资人是否存在代持情形，是否与发行人及其关联方、本次发行的中介机构及其负责人、签字人员及其关系密切家庭成员存在关联关系；（4）补充说明长江资本、长洪投资、力鼎恒益的重要对外投资情况，是否与发行人及其关联方、发行人的主要客户或供应商存在关联关系；（5）补充说明先后引入上述自然人或机构作为股东的目的，其对发行人业务、技术以及公司管理等方面发挥的作用及具体影响。

●**关于发行人历次增资和股权转让的背景、定价依据及合理性，同次股权转让定价存在较大差异的原因及合理性，后次股权转让价格低于前次股权转让价格的原因及合理性，是否存在纠纷及潜在纠纷及是否存在利益输送情形的说明**

历次增资的背景、定价依据及其合理性见下表：

时点	增资方	增资总金额（万元）	每股价格（元）	定价依据	背景
2009年5月第一次增资	章碧鸿	900.00	1.00	参考注册资本确定	发行人业务扩大而需增加注册资本，由两方增资方同比例增资
	章竹军	100.00	1.00		
2009年12月第二次增资	王光明等44名自然人	919.60	3.00	参考发行人2009年11月的净资产确定	发行人业务发展良好，新增自然人股东看好发行人发展前景，增资入股作为对员工的激励（其中王光明、张晓蕾为财务投资人）

（续表）

时点	增资方	增资总金额（万元）	每股价格(元)	定价依据	背景
2010年10月第三次增资	章碧鸿	500.00	9.92	参考发行人2010年盈利和2011年盈利预测	公司发展前景良好，规模化发展需进一步引进资金，增资入股作为对员工的激励（其中王光明为财务投资人）
	章竹军	211.00	9.92		
	王光明	1250.00	9.92		
	王永中	71.772	9.92		
	陈四红（新增）	80.00	9.92		
2011年12月整体变更为股份公司后第一次增资	张辉(新增)	50.00	5.00	以发行人2011年11月净资产确定	增资入股作为对员工的激励
	陈秀雅（新增）	130.00	5.00		
	李贞凤（新增）	50.00	5.00		
2014年4月整体变更为股份公司后第二次增资	长江资本（新增）	4800.00	6.94	按照公司2014年度预测的净利润为基础，投资后公司估值按照8倍市盈率确定投资估值	长江资本、长洪投资希望在汽车零部件行业配置资产，发行人符合长投资标准，发行人规模化发展也需进一步引进资金
	长洪投资（新增）	200.00	6.94		
2015年3月整体变更为股份公司后第三次增资	力鼎恒益（新增）	5000.00	9.54	按照公司2015年度预测的净利润为基础，投资后公司估值按照10倍市盈率确定投资估值	看好公司发展前景，发行人规模化发展也需进一步引进资金
	京新控股（新增）	2000.00	9.54		
	万丰锦源（新增）	1500.00	9.54		
	付文(新增)	500.00	9.54		

如上表内容所述，发行人引进员工增资入股作为对员工的激励，同时为发行人扩大业务规模的需要而引进其他财务投资人。历次增资的定价均由发行人与入股股东根据当时的净资产或市场估值协商确定，历次增资价格的确定具有合理性。

● 历次股权转让的背景、定价依据及合理性，同次股权转让定价存在较大差异的原因及合理性，后次股权转让价格低于前次股权转让价格的原因及合理性，是否存在纠纷及潜在纠纷及是否存在利益输送情形的说明

根据历次《股权转让协议》以及对退出股东（除熊旭锋、章浙峰、陆志新、杨铭霞未能取得联系外）和章碧鸿的访谈，并经发行人确认，发行人历次股权转让的定价情况如下：

时间	转让方	受让方	转让出资额（万元）	转让总价格（万元）	转让价格（元/股）
2010年6月第一次股权转让	熊旭锋	章碧鸿	12.00	39.60	3.30
	章浙峰	章碧鸿	2.00	6.60	3.30
2011年12月整体变更为股份公司后第一次股权转让	陈四红	章碧鸿	16.00	81.568	5.10
	陆志新	章碧鸿	39.69	75.15	1.89
	张苹（去世）	张文斌（继承）	—	—	—
2012年4月整体变更为股份公司后第二次股权转让	姜国焱	章碧鸿	3.97	8.6943	2.19
	杨铭霞	章碧鸿	3.97	8.84	2.23
	胡宪奎	章碧鸿	3.97	8.84	2.23
2013年6月整体变更为股份公司后第三次股权转让	陈秀雅	章碧鸿	26.00	137.118	5.27
	王美云	章碧鸿	7.94	19.8937	2.51
2014年6月整体变更为股份公司第四次股权转让	张辉	章碧鸿	10.00	59.1667	5.92

上述历次股权转让均系因员工离职导致的公司控股股东回购，员工股东离职时的股权转让总价款的确定依据为在每个自然人股东离职时所持股份比例对应的其入股时与离职时发行人净资产差额，加上其原始投资款的总和的基础上由双方协商确定（具体计算公式如下）：

$$Q = (PostN.A. - PerN.A.) \times P + C$$

Q：退出股东出售股权的总价款；

PostN.A.：退出股东离职前一个月时，发行人账面净资产值数；

PerN.A.：退出股东入股当月，发行人账面净资产值数；

P：退出股东离职时持有的发行人股权比例数；

C：退出股东入股时的投资成本。

根据上述公式以及发行人提供的退股离职员工入股和离职时对应的净资产情况，发行人律师对上述股东的退出价格进行了测算，测算结果与转让协议约定的价格基本吻合。

据此，发行人律师认为，发行人历史上虽然存在同次股权转让定价存在较大差异，后次股权转让价格低于前次股权转让价格的情况，但是历次转让的定价依据一致，转让价格差异主要是由于转让方持股时间长短导致，转让定价具有合理性，上述股权转让不存在纠纷及潜在纠纷以及利益输送的情形。

● **历次引入及退出的自然人股东的基本情况，引入或退出的原因，增资的资金来源，是否存在代持情形，报告期内存在的自然人股东是否与发行人及其关联方、发行人主要客户及供应商、本次发行的中介机构和签字人员及其关系密切家庭成员存在关联关系**

根据公司及相关股东的确认，公司历次引入及退出的自然人股东的基本情况及引入和/或退出原因如下（表格具体内容略）：

根据公司及相关股东的确认，历次引入自然人股东（除已退出股东熊旭锋、章浙峰、陆志新、杨铭霞未能取得联系无法确认外）用于增资的资金均为自有资金，其所持有的股权不存在代持的情形。

根据报告期内自然人股东的确认（除已退出股东陈秀雅、王美云、张辉未能取得联系无法确认外），除已经在招股说明书中披露的与发行人及其关联方的关联关系外，上述自然人股东与发行人主要客户及供应商、本次发行的中介机构和签字人员及其关系密切家庭成员不存在关联关系。

● **历次引入的法人股东的最终投资人是否存在代持情形，是否与发行人及其关联方、本次发行的中介机构及其负责人、签字人员及其关系密切家庭成员存在关联关系**

根据公司历次引入的法人股东的提供的资料，其最终投资人情况具体如下（各法人股东最终投资者表格略，中介机构及律师对法人股东均穿透审查至最终自然人或国资委等最终投资人，所涉法人机构中力鼎恒益往上追溯至第六层股东方穷尽最终投资人）。

根据上述法人股东最终投资人的确认，其所持有的投资企业的股份不存在代持情形，其与发行人及发行人关联方、本次发行的中介机构及其负责人、签字人员及其关系密切家庭成员不存在关联关系。

● 长江资本、长洪投资、力鼎恒益的重要对外投资情况，是否与发行人及其关联方、发行人的主要客户或供应商存在关联关系

中介机构通过表格的形式分别披露了长江资本、长洪投资、力鼎恒益三者对外投资企业的注册资本及其在被投资企业中所占的具体比例，具体表格内容略。

根据长江资本的说明，除发行人董事严靓任蜜儿乐儿乳业（上海）有限公司董事外，长江资本的重要对外投资与发行人及其关联方、发行人的主要客户或供应商不存在关联关系。

根据长洪投资的说明，除发行人董事严靓任蜜儿乐儿乳业（上海）有限公司董事外，长洪投资的重要对外投资与发行人及其关联方、发行人的主要客户或供应商不存在关联关系。

综上所述，发行人律师认为，除长江资本、长洪投资对外投资中的蜜儿乐儿乳业（上海）有限公司外，长江资本、长洪投资、力鼎恒益的重要对外投资与发行人及其关联方、发行人的主要客户或供应商不存在关联关系。

● 先后引入上述自然人或机构作为股东的目的，其对发行人业务、技术以及公司管理等方面发挥的作用及具体影响

先后引入上述自然人的目的详见前述关于"历次引入及退出的自然人股东的基本情况，引入或退出的原因"的论述；引入的上述自然人股东中，一部分为员工激励目的，有助于提高员工对公司忠诚度及工作积极性，使员工利益与公司利益更加紧密关联，有利于公司长期稳定发展；另外一部分为外部股东，均为公司的财务投资人，引入有助于完善公司治理，引进先进的管理理念，提升公司管理水平。

发行人历次引入的机构投资者包括长江资本、长洪投资、力鼎恒益、万丰锦源、京新控股，发行人引入的机构投资者均是出于扩大公司业务规模而进行的融资，上述机构均为公司的财务投资人，目前仍为公司股东。引入机构投资者有助于缓解公司现金需求压力、改善财务状况、提高抗风险能力、提升盈利水平。

此案例中证监会的反馈意见是证监会对于发行人历史上存在多次股权转让或增资时几乎都会提出的必答题，综合多个案例的反馈意见我们不难发现，反馈意见中的问题似乎已经成为证监会对股权转让及增资问题的"套路"，但是该套路涉及的问题确实可能触及发行人在从成立到发展过程中产生的各种问题，且均有可能成为拟上市公司成功上市的实质障碍。因此，对于任何一个拟上市公司，只要其历史沿革中的股权变更不是太过于简单，中介机构在核查时均应当对照本案例中的反馈意见予以核查。

案例二　胜宏科技（300476），以1元的价格转让全部股权的合理性

2010年12月24日，胜宏科技召开董事会并作出决议，同意股东香港胜宏将其持有胜宏科技41.965%的股权以1元的价格转让给深圳胜华；另17.985%的股权以1元的价格转让给博达兴。

本次股权转让的原因及定价依据为：为了将实际控制人的控股权转回境内，同时保持陈涛、何连琪间接持有胜宏科技的权益不发生变化，香港胜宏将其持有胜宏科技41.965%的股权以1元的价格转让给深圳胜华；将17.985%的股权以1元的价格转让给博达兴。本次股权转让系股东持股方式的调整，因转让前后陈涛、何连琪间接持有胜宏科技的权益基本未发生变化，故转让价格系名义价格为1元。

经核查，发行人律师认为，本次股权转让价格虽低于净资产，但发行人相关股东已按照公允价值履行了纳税义务，因此，前述情形不会对发行人造成任何不利影响。

本案例中对于股权作价1元转让的解释和处理值得借鉴，即对于1元转让主要关注：(1) 1元转让的真实原因，是否存在掩盖非法目的的情形。实践中，股东本身持股方式的调整是1元转让的重要原因之一；(2) 1元转让的涉税问题，1元的价格在大多数情况下肯定低于净资产，故应当按照公允价值履行相应的纳税义务。当然，不仅1元转让，所有的明显低于净资产的股权转让均需核查以上两个问题。

案例三　第一创业（002797），三次增资扩股，以及八次国有股权转让未履行或未完全履行国有资产评估、上级国资部门审批以及进场交易等程序

　　根据发行人提供的资料并经发行人律师核查，发行人自佛山证券有限责任公司改制设立后至今，存在国有股权变动未履行或未完全履行国有资产评估、上级国资部门审批以及进场交易等程序的情形，具体包括如下情况：2002 年佛山证券注册资本增至 747271098.44 元、2008 年第一创业注册资本增至 159000 万元、2011 年第一创业注册资本增至 197000 万元三次增资扩股，以及下述八次（17 笔）国有股权转让（表格略）。

　　经核查，上述国有股权形成与变动存在未履行或未完全履行国有股权变动审批、评估、进场交易等法律程序。发行人律师为此核查了以下情况：

　　第一创业整体改制设立为股份公司的过程中，中国证监会于 2012 年 2 月 24 日下发证监许可〔2012〕242 号《关于核准第一创业证券有限责任公司变更为股份有限公司的批复》，批准了发行人的股权设置和资本结构；北京市国资委于 2012 年 4 月 17 日下发京国资产权〔2012〕42 号《关于核准第一创业证券股份有限公司国有股权管理关问题的批复》，批复同意发行人的国有股权管理方案。

　　北京首创集团于 2013 年 1 月 11 日出具确认函（首创函〔2013〕1 号），确认发行人历史沿革中涉及首创集团所属企业的国有股权变动事项，尽管存在委托持股、缺少部分决策文件及协议变动事项未按规定履行国有资产评估程序委托持股等程序性瑕疵，但未造成国有资产流失股权变动合法效。

　　深圳市人民政府于 2013 年 5 月 29 日出具《深圳市人民政府关于对第一创业证券股份有限公司国有股权形成与变动情况的确认函》（深府〔2013〕106 号），向中国证监会函告确认：发行人自佛山证券公司改制为有限公司至今，存在三次增资扩股及八次（17 笔）国有股权转让未履行或未完全履行国有资产评估、上级国资部门审批以及进场交易等程序，存在程序瑕疵，但相关资料显示，发行人的国有股权形

成与变动情况事实真实,目前不存在法律纠纷和遗留问题,也未显示造成国有资产流失,国有股权形成与变动结果有效。

基于上述,发行人律师认为,上述国有股权形成与变动过程中存在的程序方面的瑕疵情形,未造成国有资产流失,结果有效,不存在本次发行、上市的实质性法律障碍。

本案例说明,股权转让的程序瑕疵并不必然构成行为的无效并最终构成拟上市公司上市的实质障碍,毕竟程序服务于实体。只要可以证明,虽然存在程序瑕疵,但是该程序保护的利益并未受损,且能得到利益主体的确认,则该瑕疵并不构成发行上市的法律障碍。本案例中,程序瑕疵为增资及国有股权转让未履行资产评估、审批及进场交易等程序,但是并未造成国有资产流失,而且已经得到了利益主体及深圳市政府的确认,故未影响发行人的上市。由此可推知,自然人之间存在的股权转让若未履行相关程序,若最终能证明并未损害第三方利益,是双方自愿,也得到了转让双方及其他利益相关方的确认,一般也不会构成实质性障碍。

本节小结

股权转让是拟上市公司从设立到发展的过程中必然会经历的变动,我们可以从每次股权转让的具体情况中对拟上市公司形成初步判断。股权转让的每个细节后面都有可能隐藏丰富的内涵,比如,股权转让的价格问题、为什么转让价格低于每股净资产、为什么同一时间进入的股东受让价格却不一样等,若没有合理的解释,证监会将怀疑其后是否存在不正当的利益安排。因此,虽然除了涉及国有股权转让的情形外,一般的股权转让高度尊重转让双方的意思自治,但是若希望通过股权转让的行为为自己攫取不正当利益,损害拟上市公司的利益,则证监会有理由怀疑当拟上市公司最终上市后,是否存在损害大众投资者利益的风险。

因此,在处理股权转让时,应当秉持的原则是避免股权纠纷、保证股权结构的清晰及稳定,坚决杜绝通过股权转让掩盖不正当目的。而核查股权转让的目的、定价合理性、资金来源、新引入股东的基本情况、股权转让程序等是实践以上原则最常用的途径。

第四节　股　权　代　持

股权代持，又名委托持股，是指实际出资人与他人约定，用他人名义代表实际出资人履行股权权利义务的一种股权或股份处置方式。其中，实际出资人即委托人为隐名股东，登记在股东名册及工商信息上的受托人为显名股东。股权代持作为直接持股的一种变通方式，因其隐秘性和灵活性常为投资者所使用。

一般而言，投资者选择股权代持的原因有以下几种：第一，因为身份不适合／不便做企业股东，所以选择通过代持的方法间接向企业投资；第二，为了规避法律的某些强制性规定，所以采取代持形式完成投资或交易；第三，为了相互担保银行融资，通过代持的方式设立多家非关联企业；第四，实际投资者人数太多，所以将大部分实际投资者的股权委托由少数显名股东持有，这样不仅可以规避《公司法》等相关法律法规对于有限公司或股份公司发起人或股东人数的限制，而且可以提高工商登记的效率，更便于股东会管理。此外，有些公司的控股股东或实际控制人为了提升员工工作积极性，在有条件赠予或低价转让部分股权给核心员工的同时由其控股股东或实际控制人自身对以上股权进行代持，以达到对核心员工进行激励目的的同时稳定核心员工。当然，在实务中，股权代持的案例不胜枚举，其发生原因往往都具有其特殊性，故股权代持的背景和原因是证监会对于股权代持问题的关注重点之一。

法律上，《公司法》及其配套司法解释、《合同法》等相关法律法规并未对其进行明文禁止的规定，故基于双方自愿，不损害第三人、不违反其他法律法规禁止性规定的股权代持关系应当认定有效，受到法律保护。最高人民法院在《关于适用〈中华人民共和国公司法〉若干问题的规定（三）》（以下简称《公司法规定（三）》）中规定：有限责任公司的实际出资人与名义出资人订立合同，约定由实际出资人出资并享有投资权益，以名义出资人为名义股东，实际出资人与名义股东对该合同效力发生争议的，如无《合同法》

第五十二条规定的情形，人民法院应当认定该合同有效。前款规定的实际出资人与名义股东因投资权益的归属发生争议，实际出资人以其实际履行了出资义务为由向名义股东主张权利的，人民法院应予支持。名义股东以公司股东名册记载、公司登记机关登记为由否认实际出资人权利的，人民法院不予支持。由此可见，法律理论及实务上，股权代持关系的合法性都得到了肯定，对协议双方具有约束力，但是不得对抗善意第三人。

然而，需要明确的是，股权代持关系合法并不等于可以在IPO中得到认可。

《首次公开发行股票并上市管理办法》第十三条规定："发行人的股权清晰，控股股东和受控股股东，实际控制人支配的股东持有的发行人股份不存在重大权属纠纷。"在现行审核政策下，股权代持因为其隐蔽性导致股权结构难以核查及代持关系可能存在的潜在纠纷带来的股权结构不稳定等原因而仍难以被监管层接受，故股权代持至今仍为企业IPO的红线之一，在申报前必须予以清除。

结合股权代持的特点，在历史上存在股权代持的发行人中，证监会主要关注点在于：（1）股权代持形成的背景和原因；（2）股权代持还原过程的真实性和公平性；（3）股权代持还原过程程序的合法性和完备性；（4）股权代持还原后是否存在潜在纠纷、是否存在其他可能影响发行人股权结构稳定性的因素。因此，中介机构及发行人在清理或还原股权代持关系时应注意以上几点，确保在申报前还原完毕，股权代持并不会构成企业IPO的实质性障碍。

案例一　江丰电子（300666），为扩大知名度及方便信息披露而代持

宁波江丰电子材料股份有限公司成立于2005年4月14日，于2017年6月15日上市，主营业务为高纯溅射靶材的研发、生产和销售。发行人历史上存在股权代持，姚力军委托刘庆为其代持斯巴特股权、赵永升为其他股东代持股权。对此证监会在反馈意见中要求发行人说明存在上述代持的原因、合法合规情况、发行人是否还存在其他股权

代持，并要求保荐机构、律师核查并发表明确意见。

- 刘庆代持斯巴特股份的情况

1. 股份代持的原因

根据尼克松·郑黄林律师行于2015年11月18日出具的《关于"斯巴特国际有限公司"的法律意见》，2010年6月7日，刘庆认购斯巴特新发行股份586股（每股面值1港元），占斯巴特已发行股份总数的2.84%。经刘庆于2015年5月21日出具的《确认函》确认，其为斯巴特的名义股东，实际系代姚力军持有斯巴特的股份。

经对刘庆进行访谈，并查阅公开信息，刘庆代姚力军持有斯巴特股份的原因如下：

（1）刘庆是重庆大学长江学者特聘教授、博士生导师，主要从事轻合金（铝、镁）材料、形变金属与微结构、高温超导材料和材料电子显微分析领域的研究。

（2）刘庆与发行人的实际控制人姚力军为校友和多年好友。因刘庆在金属材料领域具有一定的知名度，姚力军为扩大尚处于创业期的江丰有限的影响力，邀请刘庆代其持有部分江丰有限控股股东斯巴特的股份。

2. 代持股份的合法合规性

根据尼克松·郑黄林律师行于2017年4月5日出具的《关于刘庆（作为代持人）与姚力军（作为被代持人）的代持关系说明函》，刘庆与姚力军就斯巴特股份的代持关系，套入香港的法律概念中，应是一种信托关系；刘庆与姚力军就斯巴特股份创设的这种代持关系（即香港法律之下的信托关系），并不违反香港法律的规定。

3. 股份代持的解除

经查阅发行人的工商登记档案资料、上述《关于"斯巴特国际有限公司"的法律意见》以及香港公司注册处于2016年1月8日出具的档案号为CR/DR/125057141的函件，刘庆代姚力军持有斯巴特股份，并间接代持江丰有限股权的情形已经下列程序予以解除：

（1）2012年8月28日，经宁波市对外贸易经济合作局以《关于同意合资企业宁波江丰电子材料有限公司股权转让变更为内资企业的批复》（甬外经贸资管函[2012]435号）批准，并经宁波市工商行政管理局余姚分局准予变更登记,斯巴特将其所持有的江丰有限全部股权分别转让给姚力军、李义春、谢立新、王晓勇、张辉阳和宁波拜耳克,刘庆未受让斯巴特持有的任何江丰有限股权。本次股权转让完成后,刘庆不再代姚力军间接持有江丰有限股权。

(2)2015 年 2 月 13 日,刘庆将其所持有的斯巴特全部股份转让给上纽投资。本次股份转让完成后,刘庆不再持有斯巴特的任何股份。

(3)2016 年 1 月 8 日,斯巴特的注册经公告宣布撤销,并于当日予以解散。

经对刘庆进行访谈,并经刘庆出具的《确认函》予以确认,上述股份代持解除后,其与发行人股东之间不存在任何有关代持发行人股份的协议或安排,将来发行人上市后,也不会向发行人及其股东要求任何与发行人股份有关的利益补偿。

- **赵永升代持江丰有限股权的情况**

1. 股权代持的原因

经查阅发行人的工商登记档案资料,2008 年 12 月 18 日,经宁波市对外贸易经济合作局以《关于同意合资企业宁波江丰电子材料有限公司股权变更的批复》(甬外经贸资管函〔2008〕885 号)批准,并经宁波市工商行政管理局准予变更登记,江丰有限增加注册资本 445.26 万美元,其中赵永升认缴 115.26 万美元,占本次增资完成后江丰有限注册资本总额的 6.65%。

经发行人律师对发行人股东赵永升、俞建超、姚华俊、李勇成、王晓勇、冯晋和徐兴标进行访谈,并经该等股东出具的《确认函》确认,赵永升于江丰有限上述增资完成后所持有的部分公司股权系代俞建超、姚华俊、李勇成、王晓勇、冯晋和徐兴标持有,具体如下:

名义出资人姓名	名义持股比例	实际出资人姓名	实际持股比例
赵永升	6.65%	赵永升	1.46%
		俞建超	1.77%
		姚华俊	1.14%
		李勇成	0.86%

续表

名义出资人姓名	名义持股比例	实际出资人姓名	实际持股比例
		王晓勇	0.85%
		冯晋	0.45%
		徐兴标	0.13%

根据上述发行人股东的确认,因本次实际出资人较多,基于减少个人信息披露以及签署文件便利性考虑,经协商,俞建超、姚华俊、李勇成、王晓勇、冯晋和徐兴标委托赵永升为名义出资人代其持有江丰有限股权。

2. 代持股权的合法合规性

发行人律师经核查后认为:

(1)上述增资完成后,江丰有限变更为中外合资企业。发行人股东之间的上述股权代持行为不违反增资完成时适用的《中华人民共和国中外合资经营企业法》(根据2001年3月15日第九届全国人民代表大会第四次会议《关于修改〈中华人民共和国中外合资经营企业法〉的决定》第二次修正)和《公司法》(2005年10月27日第十届全国人民代表大会常务委员会第十八次会议修订)的禁止性规定。

(2)发行人股东之间的上述股权代持行为不存在《中华人民共和国合同法》规定的合同无效情形,也不属于《中华人民共和国民法通则》规定的无效民事行为。根据最高人民法院于2011年1月27日公布的《关于适用〈中华人民共和国公司法〉若干问题的规定(三)》的相关规定,发行人上述股东之间的该等股权代持行为有效。

综上所述,发行人律师认为,发行人股东赵永升代俞建超、姚华俊、李勇成、王晓勇、冯晋和徐兴标持有江丰有限股权的行为合法、有效。

3. 股权代持的解除

经查阅发行人的工商登记档案资料,2012年8月28日,经宁波市对外贸易经济合作局以《关于同意合资企业宁波江丰电子材料有限公司股权转让变更为内资企业的批复》(甬外经贸资管函〔2012〕435

号）批准，并经宁波市工商行政管理局余姚分局准予变更登记，赵永升将其代为持有的股权分别转让给俞建超、姚华俊、李勇成、王晓勇、冯晋和徐兴标，上述股权代持关系解除。

经发行人律师对上述发行人股东进行访谈，并经该等股东出具的《确认函》予以确认，该等股东不存在因履行上述股权代持约定而产生的任何争议，也不存在其他任何有关代持发行人股份的协议或安排。

4. 截至申报时，发行人股东不存在股份代持情形

经发行人律师对发行人股东进行访谈，并经该等发行人股东出具的《关于持股情况的声明》予以确认，发行人股东持有的发行人股份不存在委托持股、信托持股的情形，不存在对赌等其他可能引起发行人股权发生变更的协议或安排。

所以发行人律师认为，截至申报时，发行人股东不存在代第三方持有发行人股份的情形。

本案例中，刘庆代发行人的实际控制人持发行人机构股东斯巴特股份，因此间接代持发行人股份，且该机构股东为香港注册公司。虽然为间接代持，但是仍将导致股权结构的不清晰及潜在股权纠纷，故同样应当解除。总之，任何形式的股权代持都将影响发行人股权的清晰和确定，都应当还原到最真实的状态，避免潜在纠纷。

案例二　富满电子（300671），为避免外商投资企业繁杂程序而代持

深圳市富满电子集团股份有限公司成立于2001年11月5日，截至2017年6月29日已完成发行，公司是集成电路设计企业，主要从事高性能模拟及数模混合集成电路的设计研发、封装、测试和销售。公司的实际控制人刘景裕为台湾籍人士，设立之初为避免设立外商投资企业程序相对繁杂而委托他人代持其股份。对此证监会在反馈意见中要求发行人补充说明曾存在的代持情况。

- **发行人历史上存在的股权代持情况**

历史沿革	设立/股权转让/增资情况	股权代持情况	实际出资人/转让价款支付情况	出资/转让价款支付方式
2001年11月设立	程莉、李瑾及罗立友分别出资22.50万元、25.00万元以及2.50万元设立富满电子有限	程莉、李瑾及罗立友所持有的出资额均系代刘景裕持有	刘景裕	现金
2005年10月第一次股权转让	程莉将其持有的富满电子有限22.50万元的出资额以22.50万元的价格转让给段元香	因程莉离职，根据实际出资人刘景裕的指示，程莉将其持有的出资额转让给段元香，段元香是代刘景裕受让该等出资额	未实际支付	无
……	……	……	……	……
2012年12月第四次股权转让	杨金艳将其持有的富满电子有限21.5万元的出资额以30万元的价格转让给天裕兴，将其持有的富满电子有限2万元的出资额以2.5万元的价格转让给晶宝腾，将其持有的富满电子有限6万元的出资额以8.75万元的价格转让给同诚智信；段元香将其持有的富满电子有限22.5万元的出资额以31.25万元的价格转让给同诚智信	根据实际出资人刘景裕的指示，杨金艳将其持有的富满电子有限21.5万元的出资额以30万元的价格转让给天裕兴，将其持有的富满电子有限2万元的出资额以2.5万元的价格转让给晶宝腾，将其持有的富满电子有限6万元的出资额以8.75万元的价格转让给同诚智信；段元香将其持有的富满电子有限22.5万元的出资额以31.25万元的价格转让给同诚智信	天裕兴、晶宝腾、同诚智信向杨金艳支付了股权转让款，同诚智信向段元香支付了股权转让款，该等股权转让价款最终由实际出资人刘景裕收取	银行转账有转账凭证

第四次股权转让后，代持人杨金艳、段元香与刘景裕之间的股权代持关系终止。实际控制人刘景裕通过股权转让的方式，规范了发行人历史上存在的股权代持的情形。

根据发行人实际控制人刘景裕提供的说明，以及发行人律师对有关当事人的访谈及有关当事人出具的声明，发行人历史上的代持系委托人刘景裕与代持人协商一致的结果，代持人的历次出资均由刘景裕实际缴付，转让股权所获得的股权转让价款均由刘景裕实际收取；截至 2011 年 12 月，代持人与委托人刘景裕之间的股权代持关系通过股权转让的方式予以解除；代持人不再以任何方式直接或间接持有富满电子有限的股权或任何权益；代持人承诺不会在任何时候以任何方式向刘景裕及富满电子有限就股权代持等相关事项主张任何权利。

对发行人历史上存在的股权代持情形，发行人律师意见如下：

（1）根据《最高人民法院关于适用〈中华人民共和国公司法〉若干问题的规定（三）》第二十五条的规定和对相关当事人进行访谈的结果，相关当事人对委托持股关系不存在争议，委托持股关系是合法有效的；

（2）发行人历史上的委托持股行为系委托人与代持人协商一致的结果，历次变更均已履行必要的法律程序，上述代持行为也未对发行人其他股东及债权人的利益造成损害；

（3）截至 2011 年 12 月，上述委托持股情形已得到有效清理，委托持股关系已解除，发行人目前的股权结构清晰，不存在任何纠纷或潜在风险；

（4）委托人刘景裕已出具承诺，如因历史上的代持行为致使发行人受到任何形式的处罚，由此产生的经济损失或支出的费用由其本人予以全额补偿并对此承担连带责任。

综上所述，发行人律师认为：发行人历史上股权转让及增资过程中存在的股权代持情形不会对发行人本次发行并上市造成实质性障碍。

- **刘景裕委托代持的原因**

经发行人律师核查，刘景裕委托上述人员代持出于如下考虑：刘景裕为台湾籍人士，根据当时有效的《外资企业法实施细则》，设立外商投资企业程序相较内资企业复杂烦琐，为了简化公司设立程序并基于对相关代持人的信任，刘景裕实际出资设立富满电子有限并委托他人持股。

- **刘景裕委托代持的合规性以及纠纷或潜在纠纷情形**

1. 刘景裕委托代持的合规性

富满电子有限 2001 年 11 月 5 日成立时经核准的经营范围为：电子玩具、模块、仪器仪表的生产和销售。2010 年 8 月将经营范围变更为：集成电路、IC、三极管的生产和研发（按深福环批［2006］401075 号文经营与销售（不含专营、专控、专卖商品及限制项目），2011年8月经营范围增加了"货物及技术进出口"。

2011年9月27日，富满电子有限召开股东会并作出决议将富满电子有限的经营范围变更为"集成电路、三极管的设计、研发、生产；从事货物及技术进出口业务（法律、行政法规、国务院决定禁止的项目除外，限制的项目须取得许可后方可经营）"。经深圳市科技工贸与信息委员会批复同意后，深圳市市场监督管理局于2011年12月1日核发了《企业法人营业执照》。此后历次经营范围的变更都经过了商务主管部门的同意。

经核查，发行人律师认为：刘景裕委托他人持股期间，富满电子有限上述经营范围的内容不属于当时适用的《外商投资产业指导目录》关于限制或禁止外商投资的产业，未规避外商投资产业的限制政策。

根据发行人律师对刘景裕的访谈结果及适当核查，刘景裕设立公司以及委托代持期间的历次增资的资金来源是其自有资金和自筹资金，未违反境内外汇管理的相关规定。

发行人律师认为，刘景裕委托代持未规避外商投资产业的限制政策也未违反境内外汇管理的相关规定。

2. 委托代持的纠纷以及潜在纠纷情况

发行人历史上的委托持股行为系委托人与代持人协商一致的结果，历次变更均已履行必要的法律程序，上述代持行为也未对发行人其他股东及债权人的利益造成损害；截至2011年12月，上述委托持股情形已得到有效清理，委托持股关系已解除，发行人目前的股权结构清晰，不存在任何纠纷或潜在风险。

发行人律师认为，发行人历史上的委托代持不存在纠纷或潜在纠纷。

本案例在解释股权代持时首先利用表格的形式，将发行人股权代持情况从形成之初到最终解除涉及的历史沿革、代持状态、实际出资人或价款支付等具体情况予以详细的披露，对事实的描述简单清晰，值得借鉴。此外，本案例中律师对于曾存在的股权代持对发行人上市是否构成实质障碍的论述从委托持股的原因、委托持股关系本身的合法合规性、是否已经清理完毕、双方之间是否存在潜在纠纷、是否存在损害第三人合法权益等方面分别判断，思路清晰，也是中介机构及发行人在处理类似问题时应有的概念。

本节小结

　　实践中，由于各自不同的原因，股权代持的行为广泛存在于拟上市公司中。然而，由于股权代持的行为极不易于实际股东的核查，且存在仅对代持双方有效、不得对抗第三人的代持协议，故相对直接持股更容易导致股权结构的不清晰、不稳定及股权纠纷，故监管层对股权代持一直持否定的态度。因此，对于历史上存在股权代持行为在申报前务必解除和还原，并核查是否仍然存在潜在纠纷。

　　对于曾经存在的股权代持不影响发行人上市主要从以下几个方面论述：①详细说明历史上各个阶段存在的股权代持情况；②通过访谈、出具说明及其他方式说明股权代持关系是双方自愿；③核查其形成、变更及解除是否履行必要的法律程序；④说明代持并非为掩盖非法目的，代持行为符合法律法规规定；⑤代持已经彻底解除；⑥代持双方出具确认无争议的说明；⑦委托人出具兜底函承诺承担可能由代持行为导致的处罚、赔偿或费用等。

第五节　对　赌　协　议

　　对赌协议是从国外 PE/VC 引进的概念，英文全称为 Valuation Adjustment Mechanism，正确并合适的翻译为"估值调整机制（协议）"。估值调整协议就是 PE/VC 在准备投资某公司股权后，对其有个估值，但随着时间的推移，这个估值会有所调整，这时，双方根据估值调整协议（如果签了的话）中的具体条款，来重新确定估值，而估值的重新确定，则具体表现为初始投资额所占有股权比例的变动。对赌协议就是收购方（包括投资方）与出让方（包括融资方）在达成并购（或者融资）协议时，对于未来不确定的情况进行一种约定。如果约定的条件出现，投资方可以行使一种权利；如果约定的条件不出现，则融资方行使一种权利。

对赌协议实际上是一套对被投资企业实际价值进行再发现、再确认的商业机制，是一种带有明确条件判断的价值评估模式，是一项双方之间达成的在市场作用下的按照被投资企业真实价值进行动态评估的安排。从本意而言，投资人其实并不希望对赌，因为对赌容易引起短期行为。但风险投资一般期限较长，投资人进入企业后往往都是小股东，不参与具体的经营管理实务，因此，投资人希望通过对赌协议，激励创业团队对企业的价值和未来成长做出稳健可靠的判断，不要用不着边的未来计划忽悠资本。加之国内目前没有更多的机制和手段保护投资人的利益，对赌协议逐渐成为行业惯例，在资本交易中广泛存在。对赌既是企业创业团队努力工作的压力和动力，也是投资者控制投资成本，保护自己的手段。

21世纪初，尤其是2008年以来，Pre-IPO的风投机构、专业股权投资机构等机构股东为了保障自身利益，往往会选择与IPO企业或者其实际控制人、股东签订对赌协议。在我国目前的实践中，对赌的标的一般可以分为股权对赌、现金对赌和优先权对赌等，对赌的条件包含上市时间、财务指标等。

股权对赌的情形一般包括：若企业未能达到对赌约定的目标，则所涉股东应当无偿或低价转让部分股权给新股东，或以较低的价格再向企业进行增资，或将其股权无偿或以较低价格转让给公司管理层，或以约定的价格回购投资者的股份等，此类对赌因存在导致股权结构不稳定、控制权变更等风险在企业IPO过程中为监管层所禁止。

现金对赌主要是指当企业未能达到对赌约定的目标时，在股权结构保持不变的情况下，原股东应对投资者给予一定的现金补偿。很多从业人员呼吁对此类情形的限制应当放开，毕竟此类对赌协议仅约束协议双方，对协议双方外的第三人及公司并无负面影响。但是悲观者认为，当股东无法进行补偿时，有可能作出损害公司利益的行为。从目前的实践来看，监管层也持保守态度。

优先权对赌是指当企业未能达到对赌协议约定的目标时，投资者应当获得优先利润分配权、剩余财产优先分配权、超比例表决权、董事会一票否决权等。此类对赌因违反了公司法对于中小股东进行保护、同股同权等立法精神而在企业 IPO 过程中同样被予以禁止。

最后，对赌的标的对于原股东而言往往代价惨重，企业又迫切需要得到投资者的投资。因此，某些企业为了完成对赌协议的目标，过多追求短期目标，出现了非常规经营，不利于企业的持续经营。

正因为存在以上可能损害其他中小股东权益、导致企业股权结构不稳定甚至最终导致实际控制人发生变更的风险，最终影响拟上市公司的持续经营，因此在目前的审核政策下监管层对于对赌协议一直持否定态度，即如果拟上市公司与投资者之间存在对赌协议或条款，则在申报之前应当清理干净或履行完毕，没有任何回旋的空间。且一旦存在对赌的内容，证监会会予以高度关注，因此中介机构应当仔细核查双方之间存在的所有对赌协议、对赌协议的执行情况、对赌协议存在期间拟上市公司的经营情况以及最终的解除情况并予以详细披露，最终由发行人律师发表对赌协议对公司经营和业绩稳定性的影响，使监管层相信对赌协议存在期间公司的经营稳定性未受到影响、对赌协议已彻底解除且不存在将来可能影响公司稳定性、损害其他中小股东权益等风险。不可否认的是，目前存在部分投行从业人员和发行人斟酌后选择对对赌协议不予披露，其中风险无须赘述。笔者认为，企业 IPO 过程充满了各种挑战，商业社会存在诸多良性或是恶性竞争，通过隐瞒的方式规避问题绝非最佳途径。

当下越来越多的声音在呼吁监管层应当放开对赌协议在 IPO 中的实践，毕竟现行国内法对于对赌协议并无明文禁止的规定，且对赌协议是基于双方意思自治签订，只要不损害第三方或社会公共利益，不违背公序良俗原则，该行为就应当受到我国民法或合同法的保护，且对赌协议在国外已有较成熟的实践，有利于活跃资本市场，因此只要中介机构予以充分披露并由保荐机构和律师发表明确意见，由对赌协议带来的风险应当交由投资者自行判断。本书对此表示一定程度的认同，但是应当建立在我国对于对赌协议的规范机制逐步完善的基础上，现今监管层在其他领域对于对赌协议的态度也充分说明了这一趋势。

案例一 **中飞股份（300489），对赌内容涉及多方面，申报前解除**

哈尔滨中飞新技术股份有限公司成立于 2006 年 7 月 19 日，于 2015 年 7 月 1 日上市，主营业务为高性能铝合金材料及机械加工产品的研发、生产和销售；按照业务类别的不同，公司的主营业务可分为制造类业务和贸易类业务，同时有少量的受托加工业务。公司产品主要包括制造类产品和贸易类产品。

2011 年 8 月 12 日，发行人及其控股股东、实际控制人杨志峰及主要股东王珏、李念奎与股东深创投、红土科力、高新投资分别签署的《协议书》，就发行人利润保障、权益调整、股权回购、协议的变更解除及终止等方面签订了对赌条款。

深创投、红土科力于 2012 年 6 月 29 日，高新投资于 2012 年 7 月 28 日分别与发行人、杨志峰、王珏、李念奎签署了《协议书》，各方达成了如下条款：第一，各方同意终止履行上述协议书；第二，各方同时保证不会以任何方式和理由向相关各方提出与上述协议书有关的任何要求；第三，各方同意并承诺：深创投、红土科力、高新投资与发行人、杨志峰、王珏、李念奎以及发行人的其他股东之间不存在以任何方式向其所作出的关于发行人经营业绩、首次公开发行股票并上市、股份发行价格、股份转让、股份回购、股份赠予、转让期权、经济补偿等方面的承诺和保证。

2012 年 12 月 13 日，深创投、红土科力、高新投资出具了《解除对赌承诺函》：承诺人确认终止履行 2011 年 8 月 12 日签署的含有对赌条款的《协议书》。截至本承诺函出具日，承诺人没有签署其他任何对股权稳定性有重大影响的协议或约定，其相互之间不存在潜在纠纷，不存在股份代持或其他利益安排情形等事项。如因实际承诺人所作上述承诺存在任何隐瞒、虚假、重大遗漏或误导之处，承诺人将对由此带来的不利后果承担全部责任。

2012 年 7 月，发行人全体股东出具的承诺函："承诺人现持有的中飞股份全部股份权属清晰，均为承诺人本人真实持有，承诺人不存在任何代他人持有中飞股份股权、信托持股或其他股权行使受他人限制或支配的情形，也未被设定质押或其他任何形式的担保或第三者权益，承诺人与中飞股份其他股东之间不存在支配或被支配关系，承诺人所持有的中飞股份与其他股东所持有的中飞股份不存在任何重大权属纠纷。

深创投等与发行人及其控股股东、实际控制人及主要股东签署对赌条款，是行业的通行做法，相关各方已经签署解除协议并确认终止所有对赌条款，对赌条款已清理完毕。发行人曾经存在的对赌协议对发行人本次发行上市不构成实质性影响。发行人及其股东不存在其他任何对股权稳定性有重大影响的协议或约定，其相互之间不存在潜在纠纷，不存在股份代持或其他利益安排情形等事项。

本案例中对赌的内容涉及利润保障、权益调整、股权回购等多方面，在申报前均予以了解除，这是监管层在IPO上对对赌协议的明确态度，虽然有多方在呼吁应当适当放宽，不可全盘否定，但作为中介机构和发行人，在明确放宽的政策或者案例没有出来之前没必要如此冒险。在本案例中，证监会在审核时要求发行人完全披露涉及的对赌条款，以核查是否所有对赌性质的条款均得以解除，由此可见证监会对于对赌协议至今讳莫如深的态度。

案例二　康隆达（603665），对赌协议部分履行，申报前全部解除

浙江康隆达特种防护科技股份有限公司成立于2006年12月29日，于2017年3月13日上市，公司致力于为客户提供全方位的手部劳动防护解决方案。发行人在其招股说明书中完整披露了其历史沿革中存在的对赌协议的背景原因、协议主体、主要内容、履行情况、对发行人有何影响、发行人是否会有损失、是否存在纠纷或潜在纠纷的情况。

根据对赌协议及补充协议约定、各股东出具的声明确认函，自2014年12月提交首次公开发行股票申请后，对赌协议均已自动解除。具体情况如下：

- **对赌协议的背景原因、协议主体及主要内容**

在发行人的股权沿革过程中，满博投资、满古投资、乐融投资、佐力控股及高磊投资曾与发行人、东大针织和东大控股签署了对赌协议。

1. 与满博投资、满古投资、乐融投资的对赌协议

（1）对赌协议的主要内容

2011年1月17日，满博投资、满古投资、乐融投资与东大针织、东大控股及发行人就对赌事项签署三方《关于浙江康隆达手套有限公司增资扩股协议的补充协议》，该协议主要内容如下：

①东大针织、东大控股及发行人向满博投资、满古投资、乐融投资承诺，发行人2010—2012年审计后净利润分别不低于3250万元、7200万元和10000万元。

②如果在发行人获准在境内外设立的证券交易所上市日前未实现其承诺税后净利润，东大针织、东大控股及发行人将根据与承诺的目标利润的差额，调高满博投资、满古投资、乐融投资的股权比例或在股权比例不变的情况下退还其多出的投资款。

③若出现发行人未能在增资行为生效之日起3年内实现境内外资本市场上市，在境内外资本市场上市后股份无法流通，东大针织、东大控股及发行人明确放弃上市计划，发行人累计新增亏损达到外部股东投资时净资产的20%，或东大针织、东大控股及发行人或发行人管理层出现重大诚信问题等情形，满博投资、满古投资、乐融投资有权在投资满四年后要求东大针织、东大控股及发行人回购其所持发行人的全部或部分股权。

④发行人确定上市计划，并聘请境内保荐机构及各方中介开展境内上市工作，自各方中介确定的上市申报基准日之日起，该协议自动解除；若发行人的上市申请未通过中国证监会审核，该协议自动恢复生效。

（2）对赌协议的履行及调整情况

2013年9月17日，满博投资与东大针织、东大控股及发行人签署了三方《关于浙江康隆达手套有限公司增资扩股协议的补充协议的补充协议书》，主要内容如下：

①由于宏观经济变化对发行人经营造成影响，发行人无法完成《增资扩股协议的补充协议》中承诺的利润目标，各方同意由东大针织以向满博投资无偿转让106.25万股的方式对满博投资进行补偿。

②发行人确定上市计划，并聘请境内保荐机构及各方中介开展境

内上市工作，自各方中介确定的上市申报基准日之日起，该协议自动解除；若发行人的上市申请未通过中国证监会审核，该协议自动恢复生效。

2013 年 9 月 17 日，满古投资、乐融投资与东大针织、东大控股及发行人签署了三方《关于浙江康隆达手套有限公司增资扩股协议的补充协议的补充协议书》，主要内容如下：

①各方同意将发行人上市的目标时间调整为 2016 年 12 月 31 日。如果发行人未在 2016 年 12 月 31 日之前成功上市，满古投资、乐融投资有权要求东大针织、东大控股及发行人回购股权。

②由于宏观经济变化对发行人经营造成影响，发行人无法完成《增资扩股协议的补充协议》中承诺的利润目标，各方同意由东大针织以向满古投资、乐融投资各无偿转让 35.42 万股的方式对二者进行补偿。

③满古投资、乐融投资对发行人 2013 年、2014 年的利润不做要求，2015 年东大针织、东大控股及发行人向满古投资、乐融投资承诺实现净利润 6000 万元。若未完成，调高满博投资、满古投资、乐融投资的股权比例或在股权比例不变的情况下退还其多出的投资款。

④发行人确定上市计划，并聘请境内保荐机构及各方中介开展境内上市工作，自各方中介确定的上市申报基准日之日起，该协议自动解除；若发行人的上市申请未通过中国证监会审核，该协议自动恢复生效。

2. 与佐力控股的对赌协议：（略）

3. 与高磊投资的对赌协议：（略）

- **对赌协议的解除情况**

经核查，保荐机构及发行人律师认为，发行人与满博投资、满古投资、乐融投资及高磊投资签署的对赌协议，已于发行人确定 2014 年 9 月 30 日为上市申报基准日后自动解除；发行人与佐力控股签署的对赌协议，已另签署解除协议予以解除。故发行人的对赌协议均已不再履行。

为进一步明确对赌协议的解除情况，2016 年 12 月 23 日，东大针织、东大控股、发行人分别与上述 5 家外部股东签署了《关于股权投资事项的补充协议书》，约定：

1. 各方对赌协议及对赌安排均已于 2014 年 9 月 30 日终止,且自 2014 年 9 月 30 日至今不存在任何有效的估值调整或股份回购等对赌安排;

2. 无论发行人能否上市及何时上市,各方之间均不恢复执行或另行设置其他对赌安排;

3. 本协议为各方对对赌安排及对赌协议效力、执行安排的最终有效约定。

4. 各方确认就对赌协议及对赌协议事项不存在任何纠纷或潜在纠纷。

● 对赌协议对发行人的影响及是否存在潜在纠纷

经核查,2016 年 5 月,满博投资、满古投资、乐融投资、佐力控股及高磊投资就与发行人相关的对赌事项出具声明承诺,确认其和康隆达及其他股东之间的对赌安排已于康隆达以 2014 年 9 月 30 日为基准日向中国证监会申请首次公开发行股票时终止,各方就履行、终止、解除历史上存在的对赌安排不存在纠纷,也不存在其可基于历史上存在的对赌协议可向康隆达或其他股东主张权利的情况;各方之间不存在任何有效的(包括书面或非书面)涉及估值调整或股份回购等的对赌协议或其他安排,并承诺在康隆达本次申请公开发行审核期间及核准通过后不会再设置任何估值调整或股份回购等安排;在康隆达本次申请公开发行审核期间及核准通过后,原对赌安排中涉及的估值调整或回购等对赌安排条款在前述期间均不恢复生效或执行。

2016 年 12 月 23 日,东大针织、东大控股、发行人分别与上述 5 家外部股东签署了《关于股权投资事项的补充协议书》,就对赌协议彻底、最终解除进行了明确约定。

综上所述,保荐机构及发行人律师认为,发行人历史上存在的对赌协议均已彻底、最终解除,各方就签署、履行、解除该等协议均不存在纠纷或争议,不会对发行人股本结构及股权稳定造成影响,发行人历史沿革中存在对赌安排不会构成发行人本次发行上市的法律障碍。

首先,本案例对赌协议的部分内容已经有所履行,但是只要该履行并未影响公司大的股权结构变动,导致股权纠纷或不稳定,甚至影响实际控制人的判断或变更,则只要在申报前最终解除也不存在障碍。其次,本案例发行人在其招股说明书中披露了其历史沿革中存在的对赌协议的背景原因、协议主体、主要内容、履行情况，对发行人有何影响，发行人是否会有损失，是否存在纠纷或潜在纠纷的情况，整个披露的过程和框架即为中介机构在处理对赌协议时应当秉持的思路。对赌协议至今的唯一解决方案即为解除，因此证监会对于对赌协议解除是否真实、彻底、是否存在纠纷等情况格外关注。对此，除正常的解除协议外，所涉股东出具的不再追求已解除对赌协议中权利、无争议、无其他形式对赌安排的承诺函同样重要。

本节小结

对赌协议可能导致公司股权不稳定、股权结构发生重大变化甚至实际控制人发生变更或最终损害中小股东及公司利益，因而证监会在IPO方面对于对赌协议仍是明令禁止的。因此，对于存在对赌协议或条款的情况，发行人应当在申报前彻底解除，这几乎没有任何讨论的空间。

对于对赌协议，中介机构在处理时的一般思路如下：（1）详细披露对赌协议的具体内容；（2）核查是否已部分履行，若有所履行则应当披露具体的履行情况及结果，确保部分履行后仍不影响公司股权结构的稳定性，未损害公司及中小股东权益；（3）详细披露解除协议，确保已签订的对赌条款已全部彻底解除；（4）对赌股东出具承诺函，承诺不再追求已解除对赌协议中权利、股权无争议、无其他形式对赌安排等；（5）保荐人及律师对对赌协议对发行人的影响及是否存在潜在纠纷发表意见。

第六节 交 叉 持 股

交叉股权是指不同的企业之间通过相互投资，相互持有对方公司一定比例的股份，相互成为对方股东，进而形成的一种相互支持、相互抑制状态的行为。交叉持股在我国最早起源于20世纪90年代初期，当时我国企业在资金方面普遍匮乏，法人通过建立相互持股的关系能有效地发挥资本的效用，达到资金循环使用的效果；或者通过建立交叉持股的关系进行关联交易甚至利益输送，或者通过不同公司之间的交叉持股关系强化双方合作，形成策略联盟从而强化竞争能力甚至达到垄断的效果等。

交叉持股可以分为相互持股和循环持股两种情形。相互持股及A、B两个主体间相互持股，互为股东，结构相对简单；循环持股涉及三个或三个以上主体，即A持有B公司股权，B持有C公司股权，C持有A公司股权，三个以上的主体循环持股模式依此类推。

目前除了《证券公司设立子公司试行规定》中对于证券公司母子公司之间不得交叉持股的规定外，我国法律对于交叉持股并没有明确的规定或明令禁止。《证券公司设立子公司试行规定》第十条："子公司不得直接或者间接持有其控股股东、受同一证券公司控股的其他子公司的股权或股份，或者以其他方式向其控股股东、受同一证券公司控股的其他子公司投资。"但是该条规范对象仅为证券公司，对于其他领域的公司交叉持股问题的规范条款尚且缺乏。

然而，在拟上市企业进行IPO的过程中，交叉持股的状态应当通过股权转让或减资等方式解决。原因在于交叉持股将导致资本虚增，同一笔资金可在交叉持股主体之间往返流动，最终导致注册资本均增加但净资本没有变化的假象。另外，当母公司对子公司进行投资，子公司而后又对母公司进行拟投资的行为易被认定为间接抽逃出资行为，不符合公司法及证监会、交易所相关法律法规及规定对于拟上市企业出资真实的要求。

对于交叉持股问题，证监会主要关注其形成及解除的过程，另外在解除交叉持股的过程中应当注意勿导致实际控制人的变更。

案例一　奇信股份（002781），证监会重点关注交叉持股的解决是否导致控股股东及实际控制人变更

深圳市奇信建设集团股份有限公司（以下简称奇信股份）成立于1995年5月12日，于2015年12月22日上市，主营业务为建筑装饰工程的设计与施工，2007年5月至2009年8月期间，奇信股份（发行人前身）与其母公司之间存在交叉持股。证监会在其反馈意见中要

求保荐机构及发行人律师论证交叉持股的解决是否影响发行人控股股东及实际控制人的认定。

● 交叉持股的解决是否影响控股股东的认定

2007年5月8日，根据奇虹实业股东会决议，奇信股份以600万元的价格受让叶国英所持奇虹实业60%的股权。并办理了相应的工商变更登记手续。本次股权转让完成后，奇信股份持有奇虹实业60%的股权，同时，因奇虹实业当时持有奇信股份88.33%的股权，双方形成交叉持股关系。

为解决交叉持股，2009年8月19日，奇信股份与叶洪孝、叶国英签订《股权转让协议书》，分别向其转让所持智大置业（奇虹实业更名而来）40%、20%的股权，并于2009年9月9日办理了相应的工商变更登记手续。至此，奇信股份不再持有智大置业的股权，交叉持股情况解除。

经发行人律师核查，交叉持股的解决，未影响发行人控股股东的认定。2007年5月至2009年9月，奇虹实业与奇信股份互相持有对方股权均超过50%，奇虹实业为母公司，奇信股份为子公司，奇信股份对奇虹实业持股虽然超过50%，但其对奇虹实业不构成控制，理由如下：

1. 从股权结构上看，自1999年12月至上述交叉持股清理前，奇虹实业持有奇信股份股权均在50%以上，奇虹实业作为奇信股份的母公司对奇信股份的控制是长期而非暂时的。

2. 从业务关系上看，奇虹实业自1999年起即成为奇信股份的母公司，奇信股份对奇虹实业的持股并非其自身的主观意愿和经营管理的需要，而是在实际控制人的安排下完成的，奇信股份对奇虹实业的持股为形式上持股，奇信股份持有奇虹实业股权后，奇虹实业的经营活动并未发生变化。

3. 从财务核算上看，交叉持股期间，奇信股份对奇虹实业的投资在账面上按照成本法核算，未对奇虹实业的报表进行合并，奇信股份并未将奇虹实业作为子公司核算，而奇虹实业将奇信股份作为子公司纳入报表合并范围。

4. 从公司治理结构上看，奇信股份持有奇虹实业60%股权后，奇虹实业及奇信股份的董监高人员并未发生变化，奇虹实业的经营管理仍处于原董监高的控制下，奇信股份持股奇虹实业并未改变奇虹实业的经营管理现状。

综上所述，交叉持股解决前后，奇信股份控股股东均为奇虹实业，未发生变更，交叉持股的解决未影响奇信股份控股股东的认定。

● 交叉持股的解决未影响实际控制人的认定

交叉持股形成前后，奇虹实业均持有奇信股份88.33%的股权，处于绝对控股地位；该期间叶家豪直接持有奇虹实业40%股权，对奇虹实业实行有效控制，且一直担任奇虹实业及奇信股份董事长，对奇虹实业、奇信股份董事及高级管理人员的提名或任免，奇虹实业、奇信股份的重大生产经营决策能够产生实质性影响，为奇信股份实际控制人，交叉持股解决未导致奇信股份实际控制人发生变更，因此，发行人律师认为，交叉持股的解决未影响实际控制人的认定。

本案例中，母子公司之间相互持股的比例均在50%以上，故当其中一方解除对另一方的持股后，因交叉持股可能导致资本虚增的特性，监管层即可合理怀疑是否会导致被减持一方减持先减持方的股份，导致控股股东及实际控制人的变化，这对于拟上市公司而言是一个明显需要规避的问题。本案例在说明交叉持股解决后并不影响控股股东的认定时，从股权结构、业务关系、财务核算和公司治理结构上分别进行论证，在各方面的论证思路具有借鉴意义。

案例二 汉鼎宇佑（原汉鼎股份，300300），存在循环交叉持股现象，重点关注循环交叉持股对发行人财务数据的影响

汉鼎宇佑互联网股份有限公司（原汉鼎信息科技股份有限公司，以下简称汉鼎宇佑）成立于2002年11月8日，于2012年3月19日上市，主营业务为以建筑、公共安全管理为核心领域的智能化综合解决方案提供商。杭州都城实业有限公司（以下简称都城实业）和浙江裕泽经济技术开发有限公司（以下简称裕泽经济）分别于2006年9月与2008年6月成为发行人的股东。目前两家公司还分别持有发行人

9.54%和11.54%的股份。但2009年3月，发行人收购了浙江世创建筑工程咨询有限公司（以下简称世创建筑）55%的股权，而该公司持有都城实业50%和浙江裕泽26.67%的股权。直到2010年4月，发行人将前述55%的股权转让出去。对于发行人交叉持股的形成和解除过程，证监会要求发行人说明并披露前述母子公司互相持股的合法合规性，对发行人财务数据的影响。

- **都城实业和浙江裕泽所持发行人股份的演变过程**

1. 都城实业所持发行人股份的演变过程

都城实业系发行人发起人股东，现持有发行人620万股股份，占股份总数的9.54%。

（1）2006年9月，都城实业（当时公司名称为都城房产）通过受让蔡福益所持汉鼎宇佑1100万元，占注册资本55%的股权，以及受让华润房产100万元，占注册资本5%的股权，合计持有汉鼎宇佑1200万元，占注册资本60%的股权。

（2）2008年6月，汉鼎宇佑注册资本由2000万元增加至5000万元，都城实业未参与本次增资，其所持汉鼎宇佑1200万元股权所占注册资本比例由60%降至24%。

（3）2009年2月，汉鼎宇佑注册资本由5000万元增加至6000万元，都城实业未参与本次增资，其所持汉鼎宇佑1200万元股权所占注册资本比例由24%降至20%。

（4）2009年6月，汉鼎宇佑整体变更设立股份公司，变更后都城实业持有发行人1200万股股份，占股份总数的20%。

（5）2010年7月，都城实业将所持发行人440万股，占股份总数7.33%的股份分别转让给浙江城建、金永信、徐了然、蒲彩萍、周亚刚。股份转让后，都城实业持有发行人760万股，占股份总数12.67%的股份。

（6）2010年10月，发行人股本总额由6000万元增加至6500万元，都城实业未参与本次增资扩股，同时都城实业将所持发行人140万股股份转让给孙宏亮和杭州红土。增资及股份转让后，都城实业所持发行人620万股股份，占股份总数的9.54%。

2. 浙江裕泽所持发行人股份的演变过程

浙江裕泽系发行人发起人股东，现持有发行人 750 万股股份，占股份总数的 11.54%。

（1）2006 年 4 月，汉鼎宇佑注册资本由 1200 万元增至 2000 万元，浙江裕泽以货币方式认缴汉鼎宇佑新增注册资本 400 万元，占增资后汉鼎宇佑注册资本的 20%。浙江裕泽本次缴付的出资已经正大会计师事务所出具浙正大验字 [2006] 第 62 号《验资报告》确认缴付到位。

（2）2006 年 9 月，浙江裕泽将所持汉鼎宇佑 400 万元，占注册资本 20% 的股权转让给新安实业，转让后浙江裕泽不再持有汉鼎宇佑股权。

（3）2008 年 6 月，汉鼎宇佑注册资本由 2000 万元增至 5000 万元，浙江裕泽以货币方式认缴汉鼎宇佑新增注册资本 350 万元。浙江裕泽本次缴付的出资已经正大会计师事务所出具浙正大验字 [2008] 第 86 号《验资报告》确认缴付到位。本次增资后，浙江裕泽持有汉鼎宇佑 350 万元股权，占注册资本的 7%。

（4）2008 年 7 月，浙江裕泽受让新安实业所持汉鼎宇佑 400 万元，占注册资本 8% 的股权。股权转让后，浙江裕泽持有汉鼎宇佑股权增至 750 万元，占注册资本的 15%。

（5）2009 年 2 月，汉鼎宇佑注册资本由 5000 万元增加至 6000 万元，浙江裕泽未参与本次增资，其所持汉鼎宇佑 750 万元股权所占注册资本比例由 15% 降至 12.5%。

（6）2009 年 6 月，汉鼎宇佑整体变更设立股份公司，变更后浙江裕泽持有发行人 750 万股股份，占股份总数的 12.5%。

（7）2010 年 10 月，发行人股本总额由 6000 万元增加至 6500 万元，浙江裕泽未参与本次增资扩股，其所持发行人 750 万股股份所占比例由 12.5% 降至 11.54%。

3. 发行人、都城实业、浙江裕泽与世创建筑交叉持股的形成过程

（1）世创建筑于 2001 年 11 月 5 日设立，注册资本 2000 万元经浙江中信会计师事务所有限公司出具浙中信 [2001] 验字第 530 号《验资报告》审验确认到位。

（2）2004 年 11 月，世创建筑（当时公司名称"杭州都城交通实

业有限公司")受让浙江华通绒毛制品有限公司所持都城实业300万元，占注册资本15%的股权，受让蔡福益所持都城实业700万元，占注册资本35%的股权。通过股权转让，世创建筑获得都城实业1000万元的股权，占注册资本的50%。

（3）2006年4月，王麒诚与世创建筑投资设立浙江裕泽。浙江裕泽设立时注册资本750万元，经浙江正大会计师事务所有限公司审验并出具浙正大验字［2006］第56号《验资报告》确认缴付到位。王麒诚出资人民币550万元，占注册资本的73.33%，世创建筑出资人民币200万元，占注册资本的26.67%。

（4）2009年3月，发行人受让许晓阳所持世创建筑1000万元，占注册资本50%的股权，以及沈玮所持世创建筑100万元，占注册资本5%的股权。

（5）2009年3月至2010年5月期间，世创建筑与都城实业及浙江裕泽均构成循环交叉持股关系：世创建筑持有都城实业50%的股权，持有浙江裕泽26.67%的股权；都城实业持有发行人20%的股权，浙江裕泽持有发行人12.5%的股份；发行人持有世创建筑55%的股份。

- **前述母子公司交叉持股的合法合规性核查**

发行人律师核查后认为，《公司法》及现行有效的其他法律、法规未对母子公司之间交叉持股作出禁止性的规定，尽管如此，母子公司交叉持股可能会对公司注册资本充足构成不利影响，具有一定的不规范性。

发行人律师经核查形成交叉持股的上述各次股权转让文件，确认上述各次股权转让均通过公司股东会批准，是转让方与受让方之间真实意思表示。交叉持股关系形成之前，发行人、都城实业、浙江裕泽及世创建筑的注册资本均已缴付到位。2009年3月交叉持股关系形成之后，都城实业、浙江裕泽、世创建筑的注册资本均未发生变化，都城实业、浙江裕泽所持发行人股份数也未增加，交叉持股并未影响发行人、都城实业、浙江裕泽及世创建筑注册资本的充足性。

对母子公司存在的交叉持股情况，发行人于2010年5月开始进行清理和规范。2010年5月，发行人将所持世创建筑55%的股权全部转让给不存在股权投资关系的华众房产；2010年6月，世创建筑将所持浙江裕泽 26.67% 的股权转让给王麒诚；2010 年 11 月，世创建筑将所持都城实业 50% 的股权转让给新安实业。

- 前述母子公司交叉持股对发行人财务数据的影响

2009 年和 2010 年，发行人对世创建筑采用成本法核算，未确认投资收益，在合并报表中将世创建筑纳入合并范围；世创建筑对都城实业和浙江裕泽的投资采用权益法进行核算，2009 年 4~12 月分别确认投资收益 -8537.50 元和 48870.95 元，合计确认投资收益 40333.45 元，2010 年 1~5 月分别确认投资收益 -52234.40 元和 -390.44 元，合计确认投资收益 -52624.84 元；都城实业和浙江裕泽对发行人的投资采用成本法核算，未确认投资收益。

发行人律师认为，虽然前述母子公司存在循环交叉持股情形，但不存在循环确认投资收益的情形，母子公司交叉持股的会计处理对发行人财务数据不存在重大影响。

综上所述，发行人律师认为，前述母子公司交叉持股情形未违反法律、法规的禁止性规定，但存在不规范性；前述交叉持股情形存续时间较短，且未影响所投资公司注册资本的充足性；循环交叉持股的会计处理对财务数据无重大影响；发行人已通过股权转让彻底清理交叉持股情形，不会对发行人本次发行上市造成实质性法律障碍。

本案例证监会重点关注交叉持股的合法合规性及对财务数据的影响。合法合规性方面，我国现行法律规定中对于交叉持股并没有禁止性的规定。但是对于公司首发上市而言，未违法违规和符合首发上市条件并非同一概念，如该未被法律禁止的行为存在可能导致发行人不满足首发条件的风险时，该行为可能会成为 IPO 的实质性障碍，如本案例中的循环交叉持股现象，极有可能导致财务上循环确认投资收益的情形，故必须予以解除。

本节小结

交叉持股可能导致的风险是显而易见的，如前文提到的股权结构的清晰、控股股东及实际控制人的判断、虚增资本、循环确认投资收益、隐藏利益输送等，因此，虽然法律上对于交叉持股未作明文禁止的规定，但是在申报前需要彻底解除，这是交叉持股问题最核心的问题。

在披露上，本书建议中介机构可以借鉴汉鼎宇佑的形式，首先详细披露交叉持股从形成到解除的具体过程，使证监会对于发行人的交叉持股有一个清楚的认识，避免不必要的怀疑；然后由保荐机构及律师重点对交叉持股可能导致的问题进行论证，如本节中列举的交叉持股的解决对控股股东及实际控制人认定的影响、合法合规性及对财务数据的影响等，证明发行人曾经存在交叉持股的现象并不构成对发行人上市的实质性法律障碍。

第五章 独立运行

第一节 房产瑕疵

房产瑕疵是房产与地产瑕疵的概括。房地产问题在 IPO 合规性问题中比较突出,缘由应是我国的土地政策管理较混乱、早期企业资金不足以及发行人对相关法律责任考虑不足等政策与企业现实情况综合所致。在现行 IPO 法规体系中,没有明确点明房地产相关问题,但是《首次公开发行股票并在创业板上市管理暂行办法》第十八条和《首次公开发行股票并上市管理办法》第十五条都有规定发行人资产必须完整,自有权属无瑕疵等指导原则。实践中,中介机构处理房产地产瑕疵问题时,也是以此原则为准绳,总结出以论证流转环节合法合规、最终权属无瑕疵以及兜底风险为三大主旨的处理方法。

虽说在现行 IPO 法规体系中,没有详细规定房地产相关问题,但是我国关于土地房产相关的法律规定还是较繁杂的,从法律层面到规章层面都有不少法律文件予以规制,其中对于土地问题规定的尤为详细具体。在阅读并去理解这些法律文件对发行人房产瑕疵的影响时,我们首先要明白在企业 IPO 过程中,涉及土地权利的事项主要是使用权的取得、流转和他项权利的设定。

土地除了使用权,还有所有权和他项权利。土地所有权是指土地权利人依法对土地享有占有、使用、收益和处分的权利;土地使用权是指民事主体(组织和个人)在法律规定的范围内对国有和集体所有的土地占有、使用和收益的权利;土地他项权利主要是抵押权、租赁权等。首先需要明确的是,我国土地所有权是禁止交易的,且所有权人必须是国家或农村集体。因此我们也可按照土地所有权的归属将土地分类为国有土地和集体土地。

国有土地使用权可以与土地所有权相分离,国有土地使用权的取得方式包括出让、划拨、国有土地租赁和国有土地使用权作价出资。其中出让必须符合《中华人民共和国城市房地产管理法》和《招标拍卖挂牌出让国有建设用地使用权规定》的具体要求,比如必须公平公开、由市、县人民政府有计划地进行等;划拨无须缴纳费用与收益,且没有使用期限的限制。《土地管理法》对划拨用地的范围有严格的规定,一般为国家机关、军事、城市基础设施和公益事业、国家重点扶植能源水利基础设施等用地;国有土地租赁须使用者与县级人民政府主管部门签订合同,这是出让方式的补充,且不适用于经营性房地产用地;国有土地使用权的作价出资须经市、县级人民主管部门批准,且由于国家以股东身份参与经营,一般限定适用范围。

集体土地使用权按用途划分为集体农用地使用权、集体建设用地使用权、宅基地使用权和非农公益用地使用权。一般来讲,农用地使用权和非农经营用地使用权是拟IPO企业常接触到的。集体农用地使用权的取得方式主要为承包和租赁,企业要取得其使用权也是采取这两种方式。要注意,发包方将农村土地发包给本集体经济组织以外的单位或者个人承包,应当事先经本集体经济组织成员的村民会议三分之二以上成员及以上村民代表同意,并报乡(镇)人民政府批准。集体建设用地使用权的取得须向县级以上地方人民政府土地行政主管部门提出申请,按照省级政府规定的批准权限,由县级以上土地人民政府批准。

结合过往案例,发行人IPO过程中常见土地合规问题有以下几方面:

一是协议取得的法律效力。发行人通过协议取得土地使用权,而关于协议取得土地使用权的招拍挂制度是一个逐渐发展完善的过程。在历史上的不同时期出台过不同的适用文件予以规制，因此要特别注意协议签订时点的已有相关法律文件。比如 2002 年 7 月 1 日前，招拍挂程序并非必经程序，而其后相关的规定与手续越发详细完备。

二是划拨土地有偿制度的践行。发行人（一般为国有企业）使用的划拨土地使用权应当依法逐步实行有偿使用制度。根据企业改制的不同股权形式与要求，可分别采取国有土地使用权出让、国有土地租赁、国有土地使用权作价入股和保留划拨用地等方式予以处置。

三是拟上市公司直接持有、承包、租赁农村集体土地。实践中出现企业持有农村建设用地的土地使用权证成功上市的先例，但是法律法规规范的日趋严格，目前只存在两种情况可以合法取得：第一是企业本身是乡镇企业；第二是获得集体土地使用权的时间是在 2007 年 12 月 30 日《关于严格执行有关农村集体建设用地法律和政策的通知》之前，企业承包和租赁农村集体土地也受到该规定有效期的约束。

房屋权属瑕疵问题一般如下：

一是所有权问题。这类房屋一般为违章建筑、预售房产、在租赁的土地上建筑的房产等，尚未或者不能取得房产证。

中介机构的一般处理办法：不能取得产权或者需搬迁的，需说明该事宜不会对公司造成重大影响；对于预售房产，应取得办理房产证所必需的有关证书和批准文件；在租赁土地上建设的房产，问题较复杂，需要区别分析，一般要考虑《土地使用权证》和《房地产权证》能否取得、租赁期限时长以及期满能否续租、论证房地分割的合法性、是否需要拆迁以及拆迁的法律风险等。

二是租赁房产瑕疵。出租方无法提供房屋所有权证书、缺少租赁备案登记证明、转租方缺少出租方的授权文件、租赁房产为违章建筑。

中介机构的一般处理办法：对于出租方无法提供房屋所有权证书的，需出租方、发行人及控股股东出具承诺，兜底风险。办理租赁合同登记或取得相关部门的认可，最大限度地证明租赁合同有效性；缺少租赁备案登记证明的，核查房屋所有权证等文件的真实性；转租方缺少授权文书的，应设法取得授权文书，并兜底风险；租赁房产为违章建筑的，因直接存在搬迁拆除的危险，因此必须新建或租赁厂房，并兜底相关风险。

在处理中，还要注意两个较重要的事项：第一，一些红线问题，如用于建设经营场所的土地不能触碰基本农田等，这类违反政策法律的事项，不是某个地方部门出具文件与证明材料给予支持就能背书的；第二，在处理房产与地产问题中，由于问题有一定的难度，处理起来需谨小慎微，但也要注意各项成本，需在综合判断各项因素之后选取最轻便、高效的路径解决问题，比如发行人确实已占用农用地进行房屋建设，这时是设法将该耕地转为建设用地，补全各项报建手续，还是将违建建筑拆除，哪种更快更安全更节省成本，都是需要分析的，一般来说应综合违规性质的大小、取得主管部门审批的时间成本与新建资金成本来考量。

中介机构处理房地产问题的常见思路一般为先详细介绍违法违规问题或程序瑕疵事项的历史缘由，着重说明是否存在重大违法违规以及房产权属瑕疵的存在是否会导致企业无法正常运营或者业绩是否受到影响。在披露与揭示上述问题时，要综合运用各种财务指标予以分析从而量化问题，从而更好地定性问题，让监管层对相关情况有直观清楚的了解。

对于存在的历史问题，确实需要整改的，中介机构应给出切实可行的方案，当然这其中需注意上述所说的关于资金与时间成本的考虑，在设计方案时，可以参考同行业特别是已上市公司的规范性做法，如果实在难以达到，需充分解释说明存在差异的原因，比如相关权证的取得在当下政策或者法规更迭的情况下十分困难，则可让主管部门出示证明文件，并在招股说明书中做风险提示，最后，可让大股东承诺承担这些问题可能带来的一切损失等。对该问题进行如上所述周密地披露与风险兜底，才可谓是比较稳妥的做法。

案例一　家家悦（603708）

公司成立于1981年6月，主营业务为连锁超市经营。

据招股说明书披露，发行人的超市经营多采用租赁的房产。目前，发行人共签订596份租赁合同。其中，租赁面积为82.29万平方米的租赁房产存在权属瑕疵，占租赁总面积的59.12%。针对发行人的上述事项，证监会在其反馈意见中要求：请在招股说明书"业务与技术"章节中披露，发行人上述瑕疵房产的租赁用途、即将到期或已到期的租赁房产续期情况、瑕疵房产总数、涉及门店数量、是否为主要门店经营用房；并依据各类权属瑕疵情况，分类披露相关门店在报告期内的营业收入、占发行人同期收入比例；请进一步细化说明出租房未能取得房产证，但已获地方政府出具相关证明所涉房产的占比情况和具体情况，及已取得商品房预售合同、房屋买卖合同、相关规划许可证等文件的瑕疵房产占比情况；上述瑕疵房产是否涉及本次发行募投项目用地；请保荐机构、发行人律师就上述租赁房产瑕疵是否对发行人的生产经营产生重大不利影响及发行人的应对措施发表核查意见。

- 详细介绍各类瑕疵房产的产生历史背景、用途及期限

　　本案例发行人拥有以及实际使用的房产较多。中介机构在招股说明书中首先列表介绍了公司及下属子公司已取得房屋所有权证书的房产，继而披露公司及其子公司已有的正在办理房产权属证书的房产以及截至招股说明书签署日，公司无法取得房屋产权证书的房产，并详细介绍其形成背景以及兜底风险的办法。其次介绍公司租赁物业的情况，包括按照地区、租赁期限、面积等分类进行了较详细说明，并具体分析公司多处瑕疵房产在生产与经营中所形成的收入与支出的占比。最后中介机构对风险防范措施、公司在各区域市场的租赁情况与房产租赁市场价格对比情况做了归纳。

　　从案例可以看出，中介机构面对监管层对房产瑕疵的问询，准备得还是比较充分的，毕竟发行人所涉房产如此之多，其中瑕疵部分占比也较大，中介机构应该早有就该部分做反馈回复的准备。从这个案例我们也可以看到因企业行业特殊，需要使用大量房地产为依托进行业绩扩展，由此监管层对房产问题"宽严并举"的审核模式，就需要大家认真揣摩，然而指导原则是不出文章开头所述的。

- 运用财务数据量化分析瑕疵房产这一因素对发行人持续经营的影响，着重阐明中介机构认定瑕疵房产不会影响发行人盈利能力的合理性

　　在介绍房产权属证明文书缺失的缘由以及说明发行人对证书缺失

采取补救措施后，需着重分析其对企业持续盈利能力的影响。本案例中介机构在说明各瑕疵房产的形成背景与用途时，已经介绍了相关财务数据并进行了量化分析，其中包括了对利润、成本等企业核心财务指标的影响，但是对行业与公司发展战略的影响提及较少，由于发行人属商超连锁企业，房产问题对于业务开展具有较大影响，故中介机构应该在这方面结合上市同行案例予以分析。

在反馈意见中对房产问题是否涉及募投项目也有问询。对于募投项目房产问题，也需重点论述，因募集资金本身有其敏感性，即有其需特别说明与规范的地方，再加上房产瑕疵的负面因素的叠加，中介机构应做的披露与介绍解释工作就会更多。这一点，《公开发行证券的公司信息披露内容与格式准则第 1 号——招股说明书（2015 年修订）》募集资金部分有具体说明，中介机构可参考操作。

案例二　名家汇（300506）

深圳市名家汇科技股份有限公司成立于 2001 年 5 月，主营业务为照明工程业务及与之相关的照明工程设计、照明产品的研发、生产、销售及合同能源管理业务。招股说明书显示，发行人目前主要的生产中心厂房为深圳市深港联合环保投资有限公司向黄锐东承租后再向发行人转租，请发行人补充披露目前房屋租赁详细情况，是否存在被出租方收回的风险，对可能出现的搬迁情形的应对措施，实际控制人程宗玉是否具有履行相关承诺的能力，并在重大事项提示中充分揭示相关风险。

● 充分分析披露瑕疵房产形成背景中的法律关系，以及可能存在的法律风险

本案例招股说明书初稿中对发行人生产中心厂房是由他人转租而来的披露笔墨并不多，但是监管层仍予以较大的关注，表明了监管层对于房产问题的重视程度。事实上，转租是比较常见的法律关系，实践中需要关注其中各主体之间权利义务的具体约定，以此来分析发行人是否存在被违约或者实际无法保障自己权利的风险。本案例中，转租方有无能力承诺或者履行出租合同是问题的要点，法律规定在无特别约定条件下转租方是无权未经出租方同意再转租的，但是本案例是存在约定的，且发行人与实际控制人表明正协商解决，并兜底了风险，如此在一定程度上打消了监管层的担忧，但是由于仍然存在被迫拆迁的风险，中介机构需补充披露后续期间该事件发展的方向，并拿出应对措施。

● 说明搬迁对发行人可能造成的影响，并对实际控制人兜底风险的实际能力进行核查

招股说明书披露，发行人可能存在被迫搬迁的风险，由于搬迁会涉及注册地变更、大型生产设备转移、已有商业交流伙伴联系减少等全面影响企业持续经营的事项，对一个成长中的企业来说，许多时候是无法承担的。如果发行人在不久之后面临搬迁，除非企业为资本密集型等对场地环境要求不高行业，比如网联网金融行业，否则监管层一般不会认可这种上市途中对企业产生巨大风险的做法，中介机构一般也不会赞同这种极其冒险的方案。但本案例只是存在这种由于租赁房产权属瑕疵而导致搬迁的风险，且并非因重大违法违规行为被强制搬迁，是有很大可能性可以通过相关当事人协商解决的，因此该风险是可以努力规避掉的。实际上，本案例正是表明企业出现搬迁的可能性极低，而且实际控制人兜底了风险才通过监管层的审核。当然，这里还需说清楚一个重要问题，即实际控制人是否有能力可以对该风险进行兜底，这是需要拿财务数据与相关证据来进行论证的，由于事关重大，中介机构最好结合财务与合规的工作，在相关章节中专门论述该问题，以期能较好地解决该问题。

本节小结

对于监管层来说，土地房产权属与用途，即其"来龙去脉"的合法合规是十分重要的，对于IPO的申报审核来说，土地房产的敏感性首先体现在其属于企业资产完整的内容，如果存在问题，就可能导致企业资产缺失，丧失企业持续经营的根本，这是监管的红线。

其次，房产问题中的权属纠纷会让监管层产生是否存在合法合规问题以及是否遭受重大行政处罚的怀疑。房产问题不仅在流转、使用等环节都存在审批程序等合法合规需注意的地方，在搬迁、拆除等事

项上，也极易产生纠纷，如果企业处理不妥当，轻者会被监管层重点关注，重者若遇到纠纷当事人举报，实践中会被直接暂停或者取消审核，企业在这一点上绝不能掉以轻心。

最后，由于当下我国特殊的房地产供需环境，目前房地产行业属于投资热门，房价大涨、地价大升是公众皆知且担忧的话题，监管层不仅担心企业土地房产来源有问题，更担心发行人的用途不正当，这点主要表现在监管层对发行人募投项目的关注上。直白点说，就是担心企业将土地房产用于炒作，投机赚钱，而荒废了自己的主营业务，这里体现的不仅是监管层对发行人投机心理的警惕，也是对国民经济健康发展应持有的负责任的态度。监管层对此是不会松懈的。

通过案例收集与分析，在房产瑕疵问题中，关涉国有土地、集体用地、拆迁问题的事项是合规问题的重灾区。国有土地与集体土地事项表现在其较为敏感、受政策变动大，以及审批手续难以短时间内履行完毕，与其租赁相关的合同极有可能因缺乏审批等而被认定为无效或不能履行等。而拆迁问题历来是社会矛盾的"催化剂"，处理不当极易引发群体事件，对企业名誉产生重大影响，以及造成重大违法违规的风险。

不过从整体来看，当下监管层对房产瑕疵这一块的审核是"宽中有松"的，这个既有历史原因，也有现实原因。我国土地制度在历史过程中是不大清晰的，特别是某些地方政策与主管部门对现行制度的执行，是有差异和宽严不齐的。因此企业在履行合规手续时往往会无所适从，产生"投机取巧"、凡事从简的心理也很正常，而且从财务角度来讲，企业一般在房产管理中，通过不合规的操作能节省很大成本（当然，房产需求小的行业不一样），这就更导致企业"主动"违法违规了。然而，我们通过对政策的解读与案例分析，可以推测监管层对这其中的关隘是知晓的，因而执行起来较为务实，不会采用高压政策，而是倾向贴近现实。只要企业能补办当下可办手续、对风险兜底、无重大违法违规、无重大行政处罚，房屋及建筑物产权瑕疵并不一定构成IPO的实质性障碍。在此中介机构一般解决问题的路径可归纳为：充分披露问题背景与当下所处法律形势、分析解决事项的要素、收集证据论述权属纠纷、申请主管部门出具证明、说明是否存在拆迁的可能以及应对措施、股东出具兜底风险承诺。

第二节　无形资产权属

无形资产作为资产的一种,也是资产完整问题的重要内容。与无形资产相关的种种矛盾、纠纷与合规障碍,都源于"无形"这一特点,其评估与使用很容易受到违规干预和侵害。正是由于无形资产是相关合规问题泛滥的"窝点",尽管它属于资产的内容,且偏财务方面,但是将其单独作为一节仍有必要。

无形资产在口头语境与法律语境是有严格区别的,而在IPO中,法律语境与会计语境渊源颇深却又不同,比如商誉、人才、人脉资源等,在人们口头中就是无形资产,但是法律上是不认可的。又比如采矿权、各种企业间的特殊许可使用合同等,在会计上,是不归类为无形资产的,但是招股说明书合规部分,是将其作为无形资产主要内容列示的。

因此,我们首先应确定合规部分的无形资产范围,才能正确地展开讨论。在IPO的审核中,无形资产合规方面主要包括以下内容:专利权、商标权、非专利技术、实用新型、著作权,特许权,土地使用权、水面养殖权和采矿权等。

这里重点介绍几类证监会关注的无形资产的定义:

专利权:是指国家专利主管机关依法授予发明创造专利申请人对其发明创造在法定期限内所享有的专有权利,包括发明专利权、实用新型专利权和外观设计专利权。

商标权:是指专门在某类指定的商品或产品上使用特定的名称或图案的权利。

非专利技术:也称专有技术,是指不为外界所知,在生产经营活动中应采用了的,不享有法律保护的,可以带来经济效益的各种技术和诀窍。

实用新型:是指对产品的形状、构造或者其结合所提出的适于实用的新的技术方案。它的创造性和技术水平较发明专利低,但实用价值大,在专利权审批上采取简化审批程序、缩短保护期限、降低收费标准办法加以保护。

著作权：是指作者对其创作的文学，科学和艺术作品依法享有的某些特殊权利。

特许权：又称经营特许权，专营权，指企业在某一地区经营或销售某种特定商品的权利或是一家企业接受另一家企业使用其商标、商号、技术秘密等的权利。

土地使用权：指国家准许某企业在一定期间内对国有土地享有开发、利用、经营的权利。

水面养殖权：水产养殖经营者经政府或产权单位批准，在指定水域范围的从事水产养殖生产的权利。

采矿权：是指具有相应资质条件的法人、公民或其他组织在法律允许的范围内，对国家所有的矿产资源享有占有、开采和收益的物权。

无形资产权属相关问题中，证监会一般过问较多的为无形资产评估与出资不实、职务发明与权属纠纷，而权属纠纷又显现出自前两个问题中，将无形资产评估与出资不实、职务发明说清楚了，权属纠纷也就搞明白了。显而易见，这些问题或牵涉资产独立、人员独立，或与重大纠纷、持续经营有关，因而可以说无形资产权属影响还是重大的。中介机构在处理时，较为稳妥的做法是在招股说明书"专利与技术"部分，对有瑕疵的地方集中进行说明，而不应让其作为资产不全或纠纷等问题的部分散落于各处，避免在监管层看来"杂七杂八"不合标准事项太多的景象。

一、无形资产评估与出资不实

在无形资产权属这一块，主要说明围绕无形资产产生的各种类型纠纷问题，但无形资产评估与出资是问题的基础，许多纠纷的根源就出于此，尽管资产评估与出资问题已经在其他章节单独说明过，在这里仍有必要点明无形资产在评估和出资中遇到的特殊障碍。

在 IPO 中，资产评估可以出现在许多地方，比如合规板块的国企改制，以及财务板块的收入确认等，在不同的地方，有不同的明确要点。在无形资产评估上，由于无形资产容易混淆与遗漏等因"无形"所生的特点，具体在评估中需注意企业有哪些无形资产以及哪些无形资产是企业的，举例来讲，商标权、专利权、实用新型等进行过备案登记等无形资产，企业的所有权较为清晰，但是企业一些自行开发的技术未登记备案的以及私下合同转让相关技术权利未登记备案的，就会有管理漏洞。另一个管理混乱的地方是与他方共用无形资产，比如商标、著作权等，一般来说即使简单的就某项技术的使用权的共用来说，甲乙双方就可以在共用合同上具体设置很多特殊的权利义务条款，这些都会对企业资产和经营产生影响。本来无形资产与他方共用是商业合作模式中较常见的情况，但由于涉及发行人独立性的问题，因而证监会一般会询问得十分仔细，为避免产生上市障碍，中介机构遇到此种情况大多数时候会直接建议企业消除，或买断使用权，或剥离自己的使用权。

此外，无形资产的估值不合理，其包括估值过低和过高。无形资产的价值尽管多以评估机构的评估报告为准，但有些无形资产由于特殊原因，自身价值变动巨大，比如专利权，如果短期内技术更新较快，专利就存在大额减值的风险，而有些情形下，由于某些专利专用性很高，企业自身发明自用，市场价值也很难获得，评估机构给出的价值在短期内难谓公允。因此对于某些专利技术较多，如可能有不下数千项专利技术的互联网公司来说，是很难期望对其全部进行准确评估的。

总而言之，无形资产评估主要存在企业无形资产管理不善、权属不清、高估、低估以及大量未估值等情况。在无形资产出资不实上，由于许多无形资产难以评估，或出于企业管理层的特殊考虑未予评估，很多无形资产出资与转让都是私下定价。对于私下定价，在 IPO 的申报过程中一定要做到价有实据，这是监管层一定会问到的问题。企业的无形资产来源一般有三种，即股东出资、职务发明与购买租用。在现行法规中，股东出资这一块，是明确要求做评估的，而职务发明与购买租用不需要，但如果后两者再转作出资时，还是要评估，不能人为定价。同时在 IPO 法规体系中，对无形资产的出资占比有明确的规定，《首次公开发行股票并上市管理办法》第三十三条规定："最近一期末无形资产（扣除土地使用权、水面养殖权和采矿权等后）占净资产的比例不高于 20%。"注意这里的规定是最近一期，也就是说最近一期之前是可以的。在实务中，可能就会存在与此相关较麻烦的问题，如发行人最近一期超标了，就不得不对无形资产进行部分出让，涉及的部分业务与子公司、分公司可能需要剥离。

在无形资产出资不实问题上，存在着私下定价、未做评估以及出资超标等问题。如果数额不大则问题不严重，但如果涉及企业的核心业务与股权纠纷，那么也会造成不小的影响。在无形资产评估与出资不实两个基本问题上，中介机构需要核查的问题还是很多的，首先要找全发行人的无形资产，中介机构可以登录中国商标网、著作权网等官方网站查询，具体操作办法在此不作赘述。至于土地使用权、采矿权等，则要仔细审查合同和主管部门的登记备案信息。其次在评估方面，要结合具体无形资产的特点，分析评估的时点与频率是否正常。私下定价的转让，要核查交易的实质性，以确定是否定价不公。对金额较大的无形资产，出于监管层严厉核查的态势，还是必须进行评估，严格执行公司内部治理的流程。最后，在职务发明出资与无形资产出资比例过高两个问题上，前者涉及公司内部控制的问题，可能涉及以公司的财产再出资等违规行为，后者则考虑到无形资产占比太高，有可能影响公司的稳定经营，出于经营稳定风险考虑与合规考虑，都应该予以规制。

案例一　星源材质（300568）

深圳市星源材质科技股份有限公司（以下简称星源材质）成立于 2003 年 9 月，公司主营业务为锂离子电池隔膜研发、生产及销售。招股说明书披露，锂离子电池隔膜中干法单向拉伸专利主要掌握在以美国 Celgard 公司、日本宇部为代表的国际厂商，湿法专利主要掌握在以日本旭化成、东燃化学为代表的国际厂商。经过多年努力，公司立足于自主研发，也分别取得了干法和湿法工艺的相关专利，发行人的技术水平均已达到国内领先或国际先进水平。

针对根据星源材质披露事项，证监会在其反馈意见中要求：请发行人补充说明，主要厂商锂离子电池隔膜相关核心专利申请的基本情况，包括专利的基本内容、保护期限、专利覆盖的国家和地区；发行人相关专利覆盖的国家和地区，是否存在发行人隔膜或使用发行人隔膜生产的锂离子电池无法在专利未覆盖国家和地区限制销售的风险。补充说明已披露的核心技术属于行业共性技术还是公司特有技术，核心技术的具体来源；通过生产工艺参数或最终产品性能参数对比，进一步补充披露技术水平均已达到国内领先或国际先进的程度。中介机构在处理以上问题时的思路如下：

- **根据专利权官方查询网站与工商局信息，对本企业专利权各方面进行摸底梳理**

集中查询专利申请备案情况，以列表形式进行梳理。按照监管层的要求，对专利的基本内容、保护期限、专利覆盖的国家和地区以及专利覆盖的国家和地区其他类似专利市场使用情况，在专利未覆盖国家和地区，是否有限制销售的风险等，只要是影响公司盈利的情况，都应加以收集归纳。

- **说明技术的价值判断标准，进一步阐释核心技术在行业的地位**

无形资产的价值在于其行业地位与运用前景，事关发行人主业经营的技术应重点说明该技术的来龙去脉，这在招股说明书有专门的板块进行展示，中介机构可以在无形资产与该板块分不同重点进行说明，再进行较好的衔接，便于监管层与社会大众对公司有较好的认识。

- **量化阐释核心技术对发行人经营稳定与盈利的影响程度**

监管层对关乎企业发展的核心技术还是很不放心的。尽管证监会会安排一些专家对特殊领域的技术进行评判，但是发行人还是应提供更为翔实的数据供监管层分析。事实上，反馈意见在针对核心技术的提问时，都会问得非常详细，如参数、尺寸、不同阶段不同地区的运用等。从谨慎层面讲，发行人最好请技术领域内核心专家来书写本部分内容，并安排行业专家、会计师与投行财务人员等进行有效地沟通，以明确对风险与盈利的影响。

二、职务发明

职务发明是指企业、事业单位、社会团体、国家机关的工作人员执行本单位的任务或者主要是利用本单位的物质条件所完成的职务发明创造，职务发明其申请专利的权利属于该单位。职务发明创造分为两类：一类是执行本单位任务所完成的发明创造,包括发明人在本职工作中完成的发明创造、履行本单位交付的与本职工作有关的任务时所完成的发明创造、职工退职、退休或者调动工作后 1 年内做出的、与其在原单位承担的本职工作或者单位分配的任务有关的发明创造;另一类是主要利用本单位的物质条件(包括资金、设备、零部件、原材料或者不向外公开的技术资料等)完成的发明创造,如果仅仅是少量利用了本单位的物质技术条件,且这种物质条件的利用对发明创造的完成无关紧要,则不能因此认定是职务发明创造。

职务发明较容易引发纠纷的问题,其纠纷易发点在于在职人员的发明创造与企业提供的环境与物质是否有关。实务中,其认定是较难的,而且由于与双方利益相关,且职工与企业的地位不对等,从而使得解决问题的方式不公平,不合理。实务中,经常有由于职工迫于压力,勉强认同企业做法,而事后又反悔提起诉讼的案例。纠纷问题是一定要重视的,如果涉及核心技术,那么更要小心谨慎,稍有不慎可能给监管层留下重大权属不明的症结,从而可能被监管层直接取消审核。为此,发行人如果存在较多职务发明需要的,应在与员工可能存在纠纷的事项上,尽早以有效协议予以制约。

案例二 晨化新材(300610)

扬州晨化新材料股份有限公司(以下简称晨化新材)创建于 1995 年,主营业务为以氧化烯烃、脂肪醇、硅氧烷等为主要原料的精细化工新材料系列产品的研发、生产和销售。招股说明书披露:发行人目前拥有 18 项发明专利、2 项实用新型专利和 1 项外观设计专利。发行人研究人员目前有 73 人。发行人与南京林业大学、华东理工大学共同拥有 6 项专利,双方可无偿使用上述专利,未经对方同意不得转让给第三方。发行人与北京大学、华东理工大学签订专利实施许可合同,许可方式为独占许可。针对根据晨化新材披露事项,证监会在其反馈意见中要求:请发行人说明发行人 18 项专利中是否存在受让取得,如果有请说明受让方基本情况;说明是否存在对核心技术人员的依赖;说明专利是否涉及研发人员在原单位的职务成果,研发人员是否违反竞业禁止的有关规定,是否存在违反保密协议的情形,是否可能导致发行人的技术存在纠纷及潜在纠纷；说明其与南京林业大学、华东理工大学共同拥有6项专利的使用情况，包括产品名称、销售收入及占比、净利润及占比；发行人与专利共有人之间关于对专利使用的约定情况，专利共有人是否可以普通许可方式许可他人实施该专利，是否存在第三方使用相关专利生产竞争产品的风险；说明发行人核心技术的竞争优势及其先进性，说明发行人正在研发项目的先进性、市场规模、竞争对手是否已具有相关技术或产品。中介机构在处理以上问题时的思路如下：

- 说明专利技术取得方式与运用情况是否对专利技术与相关技术人员有重大依赖

发行人对专利技术的取得方式应该有具体详细的介绍，尤其对涉及主营业务事项的最好有完备披露。对可能存在职务发明纠纷的，也需做专门的说明，不可一笔带过。对于技术对经营的影响，不仅要说明技术的行业地位与运用情况，也应说明技术与人员是否存在依赖，以及依赖程度和具体环节情况。当事人如果觉得涉及商业秘密，可以申请不予招股说明书披露，但是作为影响企业的重大问题，监管层是一定会过问的。

- 说明专利技术的取得合规情况，着重对纠纷相关问题进行梳理

在与学术领域合作过程中，比如大学、科研机构等，要特别注意专利的所有权与使用权问题。一般来讲，学术机构可能想以专利申请职称，因而注重所有权，而企业关注应用，而注重使用权，因此以协议明确约定各种权利归属是可取的。对权属约定，特别要注意特许使用、一般使用等细微字眼改变而导致权利的不同。与学术机构合作，还要考虑专利的先进性是否合乎预期，是否能跟得上企业的发展，是否有实用价值，这也是监管层特别看重的问题。

- 对共用技术的约定与实际情况进行说明，表明相关专利技术不影响资产完整与持续经营

共用技术的存在对发行人IPO来说是较为棘手的事情，不仅可能会影响企业资产完整，也会给人留下业务与发展不独立等印象。实务中，一般建议转卖、出让或者剥离相关业务。对确实不好分割的，应详细说明共用形成的原因以及后期约定情况。涉及技术影响重大的，详细

解释与风险兜底可能还是不能很好地说服监管层,实践中,还是应尽量取得完全的使用权。对该技术又涉及职务发明判定的,可以说就是纠纷套纠纷,给人夹杂不清的感觉,务必能清理则清理,不能清理要翔实稳妥核查。

本节小结

无形资产权属的问题可大可小,这要具体看涉及的无形资产占资产总额的比例以及绝对值的大小,一般情况下,占资产5%的无形资产如果出现问题就算比较严重了。此外,还要看是否影响企业稳定运营与盈利。其实这里还是关涉那个原则,即不影响企业持续经营的合规事项就不是大问题,都可解释、补全或者直接剥离。因此,在处理这类问题上,中介机构主要考虑两点:第一,涉及的无形资产权属问题是否对企业生产经营产生重大影响,这个影响的标准或者说程度应该怎么把握;第二,无形资产权属瑕疵的产生原因以及补救措施,比如共用无形资产的,进行权限划分;涉及职务发明的,对出资进行调整。这两点思考清楚,处理起来就比较顺利。最后我们还需要明确的是,无形资产权属是属于资产问题的范畴,它和其他细分资产类型有同样的属性,资产存在的违规操作,都可能发生在无形资产上,而且由于其"无形"的特点法规给予其较多的规制,实务中是最先要核查的,更何况其大多时候也是招股说明书业务与技术的重要内容。因此,对无形资产权属,我们应该给予一定的重视。

第三节 人 员 独 立

关于人员独立,尽管IPO法律体系中有不少条款予以规范,但还是有很多情形是不明确的。由于人际关系与社会交往的复杂性,许多情况不好直接认定,应结合法条从实质重于形式的角度对具体案例进行具体考量。在IPO的法律体系中,对人员独立有明确要求主要法条如下:《首次公开发行股票并上市管理办法》第十六条规定,发行人的人员独立。发行人的总经理、副总经理、财务负责人和董事会秘书等高级管理人员不得在控股股东、实际控制人及其控制的其他企业中担任除董事、监事以外的其他职务，不得在控股股东、实际控制人及其控制的其他企业领薪；发行人的财务人员不得在控股股东、实际控制人及其控制的其他企业中兼职。《深圳证券交易所创业板上市公司规范运作指引》规定，上市公司的人员应当独立于控股股东、实际控制人及其控制的其他企业。公司的经理人员、财务负责人、营销负责人和董事会秘书不得在控股股东、实际控制人及其控制的其他企业中担任除董事以外的其他职务，不得在控股股东、实际控制人及其控制的其他企业领薪，上市公司的财务人员不得在控股股东、实际控制人及其控制的其他企业兼职。

　　这两部法规分别明确了拟上市公司与上市公司人员独立的大致要求，在其下，还有一些法律效力层级较小的指引指南性规范性文件对人员独立另有规定。其实这两条关于人员独立的范围基本相同，所不同的是，上市公司对"控股股东、实际控制人及其控制的其他企业"监事的人员独立性要求更高。这个差别有不少学者和实务专家讨论过，本文觉得这差别点在此详细分析的意义不大，因规制主体不同，在IPO的申请中，规制主体为发行人，而且，监管层在审核时，存在着不同时间段，对该问题不同的"指导精神"，从实际操作角度来说，学者们讨论再多，还不如仔细研究通过与被否案例。从法条可以看出，法规对人员独立的规定还是非常详细的，在这个问题上，主要是规避因为人员交叉任职而引发的业务信息泄露，财务核算瑕疵以及由此引出的对公司稳定经营存在威胁的重大风险。事实上，人员不独立，就意味着本公司的情报、商业机密、重大决策都会外漏，公司的发展难以得到保障。由于一般情况下是控股股东对公司进行人事安排，那么某人员既在发行人中任职，又在控股股东中任职的可能性就很大，该人员难以逃避控股股东的影响而全心全意地为发行人谋求发展，可能就会作为控股股东私下窃取发行人利益的纽带。当然，人员独立的问题对象，不一定全是控股股东安排的，此处只是具体举例说明。这种做法会损害未掌握公司控制权的股东的利益，如果公司未解决这种情况，"带病"上市发行，二级市场上众多中小股东就会被控股股东侵害，这是监管层绝对不允许的。

　　人员不独立所带来的第二个重大问题就是意味着公司内部管理形同虚

设,比如部门间监督与配合、各部门间的权利与责任的划分等,公司很难有效运行,由此又容易引起纠纷与公司行政管理僵局,比如董事会内部矛盾、同级高管矛盾等,长此以往,势必对公司的稳定经营与持续盈利产生重大不利影响,这也是监管层十分在意的,是"红线"和"敏感点"。人员独立问题相对也好解决,只要相关利益方肯妥协,为上市做出点"牺牲",撤掉不独立的人员,是完全能解决的。除此之外,发行人还可以在公司章程中,设置较法律法规严格的人员入职条款,完善内部控制,明确人事任用制度,这也是监管层鼓励、一劳永逸的做法。

案例一　赛福天（603028）

江苏赛福天钢索股份有限公司（以下简称赛福天）成立于2005年6月,主营业务为特种钢丝绳与索具的研发、生产和销售。申报材料显示:2010年3月法尔福退出,325万美元出资额作价375万美元转让给杰昌有限。2010年12月,杰昌有限、广州实健、北京万点红、广州永坤达、楚商投资、东业咨询、叶向民共计379.02万美元及1704.30万元人民币认缴赛福天出资额470.80万美元,每一美元出资额的增资价格为1.35美元。2010年12月,广东科创、深圳分享、北京易联科以7200万元人民币认缴赛福天有限出资额为559.20万美元,每一美元出资额的增资价格为12.88元人民币。

针对赛福天的信息披露,证监会在其反馈意见中要求:请保荐机构结合新增股东（包括法人股东的自然人股东）的详细情况等,就新增股东与发行人的实际控制人、董监高、本次发行的中介机构及其签字人员之间是否存在亲属关系、关联关系、委托持股、信托持股或其他利益输送安排,是否在公司任职等发表明确核查意见。中介机构在处理以上问题时的思路如下:

- **梳理新增股东背景与公司在职人员的关系**

拟上市公司,在报告期内渴求利润稳定增长,特别希望利润趋势线表呈"耐克型",因为这是监管层乐于看到的。而大家能想到的稳妥的做法就是扩大产能,多投资、多生产,故多寻求资金注入,引进新的股东。实务中，发行人多要求中介机构推荐投资公司等"资方"。监管层从常理判断，新增股东要么与发行人大股东存在熟识的社会关系，如亲戚、朋友、校友师生等，要么是专业的投资机构，为了确保收益，会签订"苛刻"的入股注资条件。前者发行人可能会"碍于情面"存在利益输送，后者则可能会因"渴求资金"，损害公司长久利益，这都是绝对不允许的。中介机构应对新增股东的历史沿革、资金来源、所投业务以及与公司原有股东、董监高的社会关系调查清楚，并如实列示。

- 对新增股东与在职人员是否存在利益输送详细分析

如果存在利益输送，是绝对不允许的，实务中，也不会有中介机构和发行人会承认存在此种情况。一般情况下新增股东入股流程清晰合法，行使股东权利正当规范，则无论如何都不能被认定为存在利益输送。中介机构在处理时，正是从这个思路出发，注重核查相关程序是否完备、有无私下协议、有无"地下交易"、有无捆绑公司经营发展的其他事项等重大问题。对这些问题详细介绍，监管层才能真正认同，而不是说大股东出具风险承诺就能解决的。

- 说明引入股东的前因后果，保证不存在影响公司持续经营与盈利

中介机构在处理引入股东相关问题时，要想得更深远一些，即考虑这种情况会不会影响公司的独立性，在哪方面产生影响独立性。外来股东作为投资者，为了保证自己的利益，增强自身在发行人处有话语权，会要求增设和选举代表自身利益的管理层人员，同时，为了控制投资风险，一般会签订"对赌协议"，对公司的业务提出明确的要求，因此，引入股东主要会对公司人员与业务独立性产生影响。中介机构在反馈回复中，不能就事论事，要从公司整体发展大局来论述问题，也就是从监管层担心的、影响公司持续盈利的"宏观视角"来考虑引入股东和人员独立问题。这就要说明引入股东的目的以及介绍公司长期的发展规划，说明公司引入股东是一时救急，还是准备长期合作。这些问题对发行人的持续经营有重大关系，需要给监管层一个满意、让人信服的答复。

案例二　富森美（002818）

成都富森美家居股份有限公司（以下简称富森美）成立于2000年12月，主营业务为大型建材家居商业卖场投资开发、运营管理、营销策划。招股说明书披露，2011年，实际控制人刘兵将其控股的北川富森对外转让。具体情况为刘兵将其持有北川富森60%的股权转让给李良才，刘云华将其持有北川富森35%和5%的股权分别转让给周高华和李良才，转让后的股权结构变更为李良才和周高华分别持有65%和35%的股权。

针对富森美的信息披露，证监会在其反馈意见中要求：请保荐机构、发行人律师说明刘兵、刘云华转让北川富森股权的原因、定价具体依据、价款支付情况，北川富森的现有股东与发行人实际控制人、董监高、核心技术人员、发行人员工是否存在亲属关系、其他关联关系或其他利益关系，是否存在任何利益输送安排，北川富森的现有股东是否为刘兵、刘云华代持股权。请保荐机构、发行人律师说明股权转让后发行人与北川富森之间是否发生或将发生交易、该等交易的决策程序及定价机制。如有，请分析前述交易的交易条件是否公允。中介机构在处理以上问题时的思路如下：

● **梳理发行人与实际控制人控股的其他公司关系，着重解释是否存在人员重叠情况**

实务中，集团公司经常会分拆出某一业务领域，再整合包装上市。在上市前，由于与其他关联方都处于同一控股股东或实际人控制人控制之下，在发行人或该控制方的其他子公司或者下属分公司，或者有重大影响的其他公司，可能就会存在人员重叠的情况，比如同一个员工，既处理发行人工作，又处理集团公司工作，同时还偶尔处理其他子公司的工作。同时，在行政管理上也很混乱，相同人员受多方领导。这对发行人来说是绝对不允许的，集团公司要包装子公司上市，必须对其人员、业务、财务等进行梳理，务必使其在各方面实质上保持独立。有较严重违规情况的，必须进行清理，当然，这可能会消耗较大的时间和资金，也算是发行人的整改成本了。

● 介绍股权转让定价是否公允，证明公司经营独立不受他方影响

集团公司内部由于设立子公司和分公司众多，股权转让频繁现象是很常见的。由于往往子公司的股东大多也是集团公司高管和股东，"熟门熟路"的情况下，股权转让价款不公允多有出现，这并不需要极力否认，只要能合理解释并采取措施补救即可。发行人历史上股权转让不公允，相关股东可以补齐价款、继续出资或者在公司章程中约定条款予以合法处理。中介机构最为担心的是股权转让不公允会给监管层留下发行人完全被控股股东直接管理，决策和经营都不走股东会和董事会，都不按照法规和公司章程运营等内部控制完全无效的印象。为避免其发生，最重要的是通过梳理控股股东与发行人各方面的关系，说明公司人员、业务、财务等重要事项是独立的，发行人一切事项由自身权力机构自主决定。

本节小结

实务中常遇到人员不独立的情况有母公司替子公司在职人员买社保、子公司职工直接在母公司享受食宿福利以及本公司的董监高以及业务骨干人员在外兼职未披露影响公司的利益等。具体的例子可以是有很多种的，这就要求中介机构在处理人员独立问题时，不仅要对照法条逐项核查公司人员安排是否合法，也要坚持实质高于形式的原则，通过人际关系与社会环境以及其他影响因素综合判断。

通过仔细分析法条与实际案例，可以发现人员独立与关联关系、同业竞争是有一定关系的，很多时候它们只是同一事实的某个侧面，这也是这几个问题放在同一章"独立运行"讨论的原因。在人员问题上，如果重点表现为受其他方直接管控或影响，则为人员独立问题；如果重点表现为业务与事项不公允，则为关联关系的范畴；如果是股东董监高谋取发行人信息与渠道，以发展相关业务，则为同业竞争。因此，人员管理是一门需要细心与耐心的工作以应对人情感与利益的矛盾性、多变性。人员问题处理稍有不慎，可能就留下隐患，中介机构一般建议发行人就内部治理中的人事安排早做考虑，铺好道路，也是考虑到其对后续IPO进程影响较大。

第四节 同业竞争

对于同业竞争,现行法律法规中并没有对其进行明确的定义。其认定较为灵活,因而让业内较为头疼。同业竞争虽是监管层划的红线之一,但并没有严格的审核标准,在一定层面上增加了中介机构和发行人无所适从的茫然感。为初步了解其内涵,我们可以参照已失效的《股票发行审核标准备忘录第 1 号》,可知同业竞争"适用于一切直接、间接地控制公司或对公司有重大影响的自然人或法人及其控制的法人单位与公司从事相同、相似的业务。"同业竞争是可能导致在"一切直接、间接地控制公司或对公司有重大影响的自然人或法人及其控制的法人单位"与发行人之间进行任意商业机会的转移等风险的,会严重危害投资者利益,此即监管层历来将同业竞争作为红线的原因。

同业竞争曾在 IPO 许多相关法规中明确提及,但是这两年法规的修改逐渐删除一些规定。而仍作为卡发行人的重要指标之一,同业竞争问题转化为了相关业务指南、"窗口意见""保代内部培训"等外界较少接触到的审核标准。至于监管层为何如此隐晦,一是这个问题本来存在很模糊的情况,难以说清楚;二是这样处理给予监管层审核一定的灵活性,在一些"可过可不过"的申请发行上,有更多"生杀予夺"的权力,这应该算是为了配合一些特殊的政策需要所产生的。

核查同业竞争首先要回答的一个问题就是核查哪些主体可能存在同业竞争,即同业竞争的核查范围。对于该问题,《公司法》相关法条起了统揽全局的指导作用:第一百四十七条规定,董事、监事、高级管理人员应当遵守法律、行政法规和公司章程,对公司负有忠实义务和勤勉义务。第一百四十八条第五款规定,董事、高级管理人员不得未经股东会或者股东大会同意,利用职务便利为自己或者他人谋取属于公司的商业机会,自营或者为他人经营与所任职公司同类的业务;同时第二百一十六条为其规范了下列用语：

（一）高级管理人员，是指公司的经理、副经理、财务负责人，上市公司董事会秘书和公司章程规定的其他人员。

（二）控股股东，是指其出资额占有限责任公司资本总额百分之五十以上或者其持有的股份占股份有限公司股本总额百分之五十以上的股东；出资额或者持有股份的比例虽然不足百分之五十，但依其出资额或者持有的股份所享有的表决权已足以对股东会、股东大会的决议产生重大影响的股东。

（三）实际控制人，是指虽不是公司的股东，但通过投资关系、协议或者其他安排，能够实际支配公司行为的人。

其他对同业竞争予以规范的主要法律法规有：《首次公开发行股票并上市管理办法》第十九条规定，发行人的业务应当独立于控股股东、实际控制人及其控制的其他企业，与控股股东、实际控制人及其控制的其他企业间不得有同业竞争。《公开发行证券的公司信息披露内容与格式准则第1号——招股说明书》第五十一条规定，发行人应在招股说明书中披露是否存在与控股股东、实际控制人及其控制的其他企业从事相同、相似业务的情况；对存在相同、相似业务的，发行人应对是否存在同业竞争作出合理解释，并披露控股股东、实际控制人作出的避免同业竞争的承诺。根据以上规定，企业发行上市审核中同业竞争的考察范围限于发行人的控股股东和实际控制人及其控制的企业。实务情况下，中介机构综合一些案例分析与保代培训内容，对同业竞争的核查范围主要分为以下两块内容：

一是发行人控股股东、实际控制人及持股5%以上的股东，其所控制的企业不得与发行人存在同业竞争。

二是公司董事、监事和高级管理人员及其控制的企业以及其他可认定为公司关联方的自然人或法人（如公司控股股东、实际控制人、董监高的配偶、子女等），其所控制的企业不得与发行人存在同业竞争。

可以看到，在实践中考虑到可能存在的利益输送，从实质重于形式的角度出发，各中介机构已将法条同业竞争的审查范围扩大，或者说对法条规定的内容做扩大化解释。当然，做扩大化解释说来也符合法规要求，如前文定义中描述，同业竞争适用于"一切直接、间接地控制公司或对公司有重大影响的自然人或法人及其控制的法人单位与公司从事相同、相似的业务"的情况，规范同业竞争的目的就在于防范某些对公司能施加影响的自然人或法人通过向存在同业竞争的公司转移业务或商业机会等手段获取不正当利益，从而损害投资者利益。由于性质恶劣，相关同业竞争人员的手法一般较为隐秘，审查起来有复杂性，因此，同业竞争天然的应当秉持实质重于形式的态度去核查。中介机构在实务中会遇到在一些案例中存在自然人或法人并不具有上文列出的身份，但可能对公司的决策等施以重要影响，其若存在较为"隐性的""关系较远的"同业竞争的嫌疑，中介机构仍应对其进行核查。

确定好核查对象范围后，中介机构应当从业务性质、客户对象、可替代性、市场差别等方面判断相关方是否与公司从事相同、相似业务，以此认定是否构成同业竞争。业务性质是指被考察公司所从事的业务范围、属性、流程、生产的产品或提供的服务等；客户对象主要是考察竞争公司与发行人之间客户对象的可区分性；可替代性主要是考察竞争公司的产品或服务与发行人的产品或服务之间是否可以替代，若相互之间可以替代，则存在同业竞争的风险；市场差别主要是考察竞争公司与发行人经营的市场区域划分，如若有充分的证据证明竞争公司针对的市场区域限于某一部分，和发行人之间完全不存在重合，则即使存在产品或业务上的重合，仍有可能排除同业竞争。总之，判断是否属于同业竞争在大部分案例中并不复杂，而且在较复杂的案例中应当综合考虑各方面因素。

在同业竞争问题的解决上，方式是较为固定的。企业可以根据实际情况，以最有利于公司的发展规划和最低成本的原则选择以下最适合于企业实际情况的方式：(1)企业之间合并重组。将同业竞争的公司股权、业务收购到拟上市公司或公司的子公司，吸收合并竞争公司等。(2)转让股权和业务。由竞争方将存在的竞争性业务或公司的股权转让给无关联关系的第三方。(3)停业或注销。直接注销同业竞争方，或者竞争方改变经营范围，放弃竞争业务。(4)作出合理安排。如签订市场分割协议，合理划分拟挂牌公司与竞争方的市场区域，或对产品品种或等级进行划分，也可对产品的不同生产或销售阶段进行划分，或将与拟挂牌公司存在同业竞争的业务委托给拟挂牌公司经营等。除了以上解决同业竞争的方法外，实践中还有其他可供参考的方式，但是万变不离其宗，就是要洗去"同业"或者"竞争"两者之一。中介机构一般认为，若存在同业竞争的可能，则最靠谱的方式就是通过企业重组将其纳入合并报表范围，或者通过注销停业、转让给无关联的第三方以彻底撇清两者的关系。以往的案例中存在通过细分领域来解释不存在同业竞争的情况，但随着审查标准日趋严格，这种方式已逐渐不被认可，尤其是当对所涉业务划分过细时。因此，如果成本允许且可行，本书建议应当采取前述可彻底解决同业竞争的方法。若确实成本过大或对公司产生非常不利的影响而难以采取前述方法，则可以尝试通过细分领域或市场的方式，但中介机构此时必须对两者之间进行全方位的综合分析，以使审查员有充分的理由相信两者之间并不存在同业竞争。

案例一　长久物流（603569）

北京长久物流股份有限公司（以下简称长久物流）成立于 2003 年 9 月，公司目前主要从事整车运输物流服务，公司专注于搭建物流网络、整合物流资源及物流规划。招股说明书披露了控股股东及实际控制人控制的一级企业的基本情况。针对长久物流的信息披露，证监会在其反馈意见中要求：请根据披露准则要求补充披露控股股东和实际控制人控制的其他企业的基本情况；请保荐机构、发行人律师核查说明认定发行人与控股股东、实际控制人控制的其他企业不存在竞争关系的依据，是否简单依据经营范围对同业竞争做出判断；中介机构在处理以上问题时的思路如下：

- **详细披露控股股东和实际控制人控制的其他企业的基本情况**

案例中，中介机构只披露了控股股东和实际控制人控制的一级企业的情况，在监管层看来，这显然不够，中介机构应核查控股股东和实际控制人控制的企业的所有基本情况，不仅是一级企业，还应有一级企业的下属子公司、分公司以及这些公司具有控制或重大影响的其他企业。

● **梳理列示认定发行人与控股股东、实际控制人控制的其他企业不存在竞争关系的依据**

在梳理列示不存在同业竞争的依据时，要注重实质而非形式和表象。现今中介机构在找依据时，多从发行人与相关企业的行业细分、技术细分、客户细分等角度来说明问题，这也是可取的，但是从这些角度来表明销售区域、产品、客户等存在差异，因而不构成同业竞争，在有些年份有用，有些年份效力不理想，这也是前文所提到的指导精神会有变动所导致。中介机构要找到实质上能认定两者不存在同业竞争的点，加以扩展，做到足以信服他人，这一点上必须实事求是，不然过会风险很大。

案例二　富森美（002818）

成都富森美家居股份有限公司（以下简称富森美）成立于2000年12月，系国内专业致力于大型建材家居商业卖场投资开发、运营管理、营销策划的现代商贸服务型企业。招股说明书披露，发行人实际控制人控制的其他企业包括富森工贸、郫县富森。富森工贸的经营范围是房地产开发经营，目前已暂停业务经营。郫县富森的经营范围是生产、加工人造板、木制品；销售建筑材料、装饰材料、钢材、土特产品（不含粮、棉、油）、仓储服务、房屋租赁（以上范围不含国家法律、行政法规、国务院决定限制或禁止的项目，涉及许可凭许可证经营）。针对富森美的信息披露，证监会在其反馈意见中要求：请保荐机构、发行人律师补充说明公司实际控制人刘兵、主要股东刘云华、刘义及其近亲属对外投资或实际控制的营利性组织的情况，包括从事的实际业务、主要产品、基本财务状况、住所、股权结构，以及关联方对营利性组织的控制方式等；报告期内与前述营利性组织之间已经发生或确定发生的交易、该等交易的决策程序及定价机制，分析前述交易的交易条件是否公允。

请保荐机构从资产、人员、业务与技术、客户和供应商、采购和销售渠道等方面分析并补充披露，郫县富森与发行人是否构成同业竞争，并发表明确意见。除郫县富森外，前述营利性组织与发行人之间是否还存在相同或相似的业务，如有，应说明该等情形是否构成同业竞争或潜在同业竞争。中介机构在处理以上问题时的思路如下：

● **对实际控制人、控股股东及近亲属的对外投资充分核查，排查是否存在家族企业迹象**

本案例发行人实际控制人所控制的其他两个企业的经营范围，与发行人的经营范围存在较小的重合之处。具体来说，在产业的上游和下游是相衔接的，发行人实际控制人为了避免麻烦，已经暂停了一家企业业务经营。在此，监管层也问到了实际控制人及控股股东近亲属的投资情况，以审核是否为家族企业。

● **从各细化角度认定不存在同业竞争，控股股东承诺兜底风险**

对发行人营业利润和同业竞争嫌疑方交易进行量化分析，从资产、人员、业务与技术、客户和供应商、采购和销售渠道等方面否定存在同业竞争的条件，围绕发行人业绩不受同业竞争影响，实际控制人和控股股东及其近亲属的投资不会对发行人利益产生损害等对上述分析进行综合概括。另外，尽管监管层以及社会各界对控股股东承诺来兜底各种风险的认同感已经降低，但仍不失为一种博得监管层好感的途径，还是应该采取。

本节小结

同业竞争在现阶段的指导原则依赖于其自身制定的指导意见或者口袋书，有一定的变动性，它是一个比较复杂的工程，在处理同业竞争时，要综合成本与效果两者来考虑，不能动不动就讲剥离与转让，中介机构要和企业管理层充分讨论不同案的效益，分析合理性。比如在实践中我们常常会碰到一些法律法规中没有明确规定，实际操作中常常标准不一的问题，对此就要综合分析与论证，对此中介机构结合实践经验、综合了一些实务看法：

第一，控股股东、实际控制人、5%以上股东及董监高近亲属等人数较多时，也应当逐一考察各股东或控制人的同业竞争情况；对近亲属，综合法律上的亲属定义与实际生活中的亲属定义，进行实质重于形式的分析，看相关人员是否会对发行人造成影响。

第二，如果消除该同业竞争在成本上是允许的且是可行的前提下，应当予以消除；如果确实不可行或困难较大，则可以尝试通过证明对发行人的生产经营等无重大影响等方法消除可能的利益输送疑虑，之前在同业竞争的处理上，不少中介机构通过说明发行人与相关人员控制的企业通过划分市场对同业竞争问题予以解决，但这是比较冒险的做法，这种做法对问题的处理，严格来说还是很模糊和暧昧的，是否能通过发审会，要看企业的整体质量和发审委委员的心情了。综上所述，同业竞争核查可能遇到的困难五花八门，具体上形态上又有许多差别，有些可以说很为复杂，但是说到底，我们只要明白，在处理同业竞争的问题时应当秉持"实质重于形式"以及谨慎性原则确定核查范围，并彻底解决审核时可能出现的因潜在同业竞争而可能损害投资利益的疑虑才是最稳妥的做法，那么对于中介机构和拟上市公司而言，才能杜绝前功尽弃的风险。

第五节　关联方及关联交易

关联交易就是企业关联方之间的交易，实务中关联交易是公司运作中经常出现的而又易于发生不公允情况的。在众多法律法规中，只有会计准则对关联方及关联交易规定得最为详细全面，许多其他法规（如非上市公众公司法规体系）在说到关联方及关联交易时，也直接援引会计准则。

《企业会计准则第 36 号——关联方披露》规定，在企业财务和经营决策中，如果一方控制、共同控制另一方或对另一方施加重大影响，以及两方或两方以上同受一方控制、共同控制或重大影响的，构成关联方。这里的控制，是指有权决定一个企业的财务和经营政策，并能据此从该企业的经营活动中获取利益。所谓重大影响，是指对一个企业的财务和经营政策有参与决策的权力，但并不决定这些政策。参与决策的途径主要包括：在董事会或类似的权力机构中派有代表、参与政策的制定过程、互相交换管理人员等。凡以上关联方之间发生转移资源或义务的事项，不论是否收取价款，均被视为关联交易。

下列各方构成企业的关联方：

（一）该企业的母公司。

（二）该企业的子公司。

（三）与该企业受同一母公司控制的其他企业。

（四）对该企业实施共同控制的投资方。

（五）对该企业施加重大影响的投资方。

（六）该企业的合营企业。

（七）该企业的联营企业。

（八）该企业的主要投资者个人及与其关系密切的家庭成员。主要投资者个人，是指能够控制、共同控制一个企业或者对一个企业施加重大影响的个人投资者。

（九）该企业或其母公司的关键管理人员及与其关系密切的家庭成员。关键管理人员，是指有权力并负责计划、指挥和控制企业活动的人员。与主要投资者个人或关键管理人员关系密切的家庭成员，是指在处理与企业的交易时可能影响该个人或受该个人影响的家庭成员。

（十）该企业主要投资者个人、关键管理人员或与其关系密切的家庭成员控制、共同控制或施加重大影响的其他企业。

仅与企业存在下列关系的各方，不构成企业的关联方：

（一）与该企业发生日常往来的资金提供者、公用事业部门、政府部门和机构。

（二）与该企业发生大量交易而存在经济依存关系的单个客户、供应商、特许商、经销商或代理商。

（三）与该企业共同控制合营企业的合营者。

同时还需要注意仅仅同受国家控制而不存在其他关联方关系的企业，不构成关联方。

监管层对关联交易的核查也是从关联方的定义出发，明确范围，再注重实质进行筛选排除。中介机构应具体调查关联方清单各方与发行人客户、供应商的相关兼职、投资及业务往来等利益关系，重点核查重大与异常交易。在实务中，有不少人认为，若拟上市企业关联交易不达到总体交易额的30%，监管层不会太过注意。然而这种想法是武断的，关联交易是否重大的标准，不仅要看比例，还要看交易内容，也就是实质重于形式，比如在业务链的核心环节发生的关联交易或重要创新环节的关联交易等。如果抽掉这项关联交易，企业难以正常运转，则说明该关联交易对企业来讲影响是重大的。有关法规没有以比例与数量定义关联交易影响也正是出于此。

中介机构在处理关联交易时，主要分为三个层次：第一，对关联交易的真实性、合法性、定价是否公允进行详细核查。第二，对发行人对关联交易是否有依赖，关联交易是否处于企业核心技术链条进行核查，发表意见。第三，有些发行人可能会在报告期内处置关联方和业务，应详细核查相关关联交易业务内容和剥离与清理程序是否全面完备、是否存在掩盖违法违规问题、是否有回购条款及其他地下条款等。

案例一　名家汇（300506），存在多个关联方向公司拆借资金的历史遗留问题

深圳市名家汇科技股份有限公司（以下简称名家汇）成立于2001年5月，主营业务为照明工程业务及与之相关的照明工程设计、照明产品的研发、生产、销售及合同能源管理业务。招股说明书显示，报告期内，发行人向关联方中山宇文采购和销售产品，向关联方巨汉光电采购劳务，向关联方盛造实业采购维修服务，向关联方程宗玉和刘衡租赁房产。

针对名家汇上述问题，证监会在其反馈意见中要求：请发行人：（1）按照《公司法》和《企业会计准则》的相关规定完整、准确披露报告期内及目前发行人的关联关系结构图以及报告期内发行人关联交易的汇总表；（2）补充披露报告期内与中山宇文、巨汉光电及盛造实业之间关联交易内容，发生的原因和必要性，交易金额及占发行人当期营业收入、营业成本的比例以及占对方当期营业收入、营业成本的比例，定价依据及其公允性，可供参考的第三方价格或相关商品的市场公开价格，未来关联交易的持续性；（3）补充披露发行人上述关联交易以及向程宗玉和刘衡租赁房产关联交易是否履行了公司章程规定

的决策程序；（4）补充披露发行人是否存在对上述关联方的重大依赖；（5）补充披露报告期内上述关联方是否存在为发行人代垫费用、代为承担成本或转移定价等利益输送情形。请保荐机构、发行人律师、会计师核查并发表明确意见。中介机构在处理以上问题时的思路如下：

- 按照监管层的要求列示关联交易的各方面信息

证监会对关联交易的问询一般都是从内容、发生的原因、必要性、交易金额及占发行人当期营业收入、营业成本的比例以及占对方当期营业收入、营业成本的比例、定价依据及其公允性、可供参考的第三方价格或相关商品的市场公开价格、未来关联交易的持续性等定量和定性兼有的角度展开，中介机构在发行人存在较多关联交易的情况下，要事先准备好关于如上资料，采用图表展示，必要时添加同行业对比，以增进说服力。

- 着重说明对关联方不存在重大依赖，保证公司不会因此欠缺持续经营能力

对关联交易的各种事项的分析是为了说明关联交易的存在并不对公司持续经营产生重大影响。中介机构在论述这个问题时一般结合公司的大财务数据以及公司发展规划展开。首先在数量上表明关联交易占比不大，远不能对发行人产生重大不良影响。其次论述发行人的核心业务发展模式，表明关联交易不涉及公司关键技术和发展领域，对公司持续经营不产生影响。

- 说明关联交易不会导致利益输送以及其他虚增发行人利润情形

关联交易除了要规避业务独立性、财务依赖性等问题，利益输送、虚增利润也要避嫌，绝不能给监管层留下涉嫌违法违规的印象。在这一块论述时，律师应结合会计师的有关工作，对定价与利润的认定做财务上的分析以得出公允的结论。

接上例

招股说明书显示，2010—2012年，程宗玉、刘衡、程宗泽、卢亮、刘翔、兴鹏生态、巨汉光电、盛造实业曾向公司拆借资金。

针对名家汇上述问题，证监会在其反馈意见中要求：请发行人补

充披露报告期内关联方程宗玉、刘衡、程宗泽、卢亮、刘翔、兴鹏生态、巨汉光电、盛造实业向发行人借款和还款逐笔发生时间、金额、原因，是否履行相关的决策程序，是否支付相关利息费用，对发行人经营成果和财务独立性的影响，是否损害发行人利益，进一步规范关联交易行为的措施。请发行人律师核查并对其合法性发表明确意见。请保荐机构核查并对发行人是否能保证财务、资金独立及公司治理的有效运作发表专项意见。中介机构在处理以上问题时的思路如下：

● **逐笔列示关联方借款的时间、金额、原因、发行人决策程序是否完备、是否支付利息费用等细节事项**

关联方借款是需要十分慎重的事项，如果程序和价格不公开公平，极易被认定为利益输送、抽逃出资、掏空发行人，罪名十分严重。中介机构在处理时，应严格按照要求提供关联方借款的有关信息。

● **在量化分析与总结定性的基础上，对上述事项不损害发行人利益与不影响发行人持续经营能力做出评价**

上市公司相关法规对关联方借款的范围、金额规制了一定的董事会和股东会决策程序，发行人为了严肃起见，可参照上市公司的程序履行关联借贷业务，中介机构在给发行人关联方借款行为定性与定量下结论时，可以结合上市公司的相关法规予以分析，如此的评价会有较强的说服力。

被否案例 深圳华龙讯达信息技术股份有限公司创业板首发（申报稿2016年12月12日报送）

招股说明书披露，发行人历史沿革中进行了多次增资和股权转让的情形。针对深圳华龙讯达信息技术股份有限公司招股说明书披露情况，证监会在其反馈意见中要求：说明股东的股东或合伙人情况直至自然人或国资主体，各直接或间接股东之间的关联关系，间接自然人股东的背景及是否具备法律法规规定的股东资格，是否存在故意规避股东合计不得超过200人的有关规定的情形；说明富洲金盛和健坤源所投资企业的情况，是否与发行人、控股股东、实际控制人、董事、监事、高级管理人员之间具有关联关系或业务往来。

结合《公司法》和《企业会计准则》的相关规定，完整披露招股说明书中发行人的关联方；说明历史上是否存在注销关联方或转让关联方的情形，如有请说明转让或注销基本情况，包括关联方名称、转让或注销的原因、历史沿革、设立以来的生产经营情况、转让前或存续期间是否合法经营、转让前或存续期间与发行人在业务、资产、技术、营销网络等方面的关系，注销前从事的业务与发行人的主营业务之间的关系，注销后管理人员和生产人员的工作去向，与发行人的人员是否重叠；说明其与发行人及实际控制人、控股股东、董事、监事、高级管理人员之间的关系及资金往来情况，是否存在为发行人输送利润或承担成本，费用的情形；提供注销前一年的财务报表和注销的相关证明文件，注销履行的内部决策程序和债权人告知程序以及是否存在纠纷和潜在纠纷。请保荐人、会计师核查关联方（包括已注销）是否存在为发行人承担成本或费用的情况。请保荐机构、发行人律师和申报会计师对关联方的完整性进行核查并发表意见。

招股说明书披露：上海烟草机械有限责任公司引入发行人参股中臣数控以加强双方合作。发行人持有上海烟草机械有限责任公司（报告期为发行人前五大客户之一）之控股子公司中臣数控（报告期内除2014年之外，均为发行人第一大供应商）34.81%的股权，胡某任其董事，为发行人关联方；报告期内，发行人与中臣数控既存在关联销售（包括包装机组控制系统、数据采集系统、3D虚拟仿真管理系统和配件），又存在关联采购（包装机辅料供给装置的机械件）。针对深圳华龙讯达信息技术股份有限公司招股说明书披露情况，证监会在其反馈意见中要求：说明中臣数控的历史沿革和基本情况；说明其与上海烟草机械有限责任公司之间合作的渊源、背景、合作业务的发展情况、必要性及合理性；说明报告期内中臣数控作为关联方既是发行人主要供应商又是主要客户的原因及合理性；结合上海烟草机械有限责任公司及其下属单位的业务分工就上述业务模式的合理性作进一步核查；说明上海烟草机械有限责任公司持有的除中臣数控之外的其他参股、控股公司的其他股东情况，结合发行人上述情况，说明其他股东与上海烟草是否存在上述与发行人相同或相似情形，如果有请具体说明；结合无关联第三方市场价格，说明报告期内发行人与中臣数控之间关联交易的定价方式、公允性及对发行人的影响；发行人与上海烟草机械有限责任公司合作前后对发行人业务独立性及财务影响；说明发行人向中臣数控销售毛利率各期各种类均高于非关联交易毛利率的原因及合理性；说明报告期各期对中臣数控销售和采购波动较大的原因，2014年向其采购大幅减少的原因；逐项说明关联资金占用余额形成的过程、账龄、是否超出信用期、资金占用的影响；以汇总列表形式说明报告期内发行人与其非日常经营性交易客户（供应商）的资金往来情况。

● **对可能涉及的关联方及关联交易都要彻底排查，即使因股东众多或历史沿革问题复杂而导致工作量十分巨大**

监管层对发行人关联关系这一块高度关注的势头是十分明显的。本案例发行人关联关系由于股东和董监高人数较多以及历史原因而非常复杂。中介在处理"一团乱麻"的关联关系时，要勇于梳理和披露，杜绝采取"藏着掖着"的态度。由于监管层核查细致，能从各种异常的角度发现端倪，比如，从众多股东名字中，发现亲属关系；从股东的其他投资中，发现发行人董监高违规兼职情况等。因此，尽管任务量巨大，中介机构还是要秉着实质重于形式的原则进行梳理，彻底排查。

● **注销关联方与转让关联方要特别说明前因后果以及定价与程序的公开公允性**

本案例发行人实际上为了避免关联方和关联交易过多被诟病而采取了积极的应对措施，清理了部分关联方。关于对关联方的清理，在实务中有特别需要注意的地方，如关联关系公司在注销前有无实际经营，这需要会计师亲自去核查，不能相关人员出具事项就直接认定；有实际经营的，注销时需提供全面的财务数据，并分析说明对发行人产生了哪些影响。在核查转让关联方时，对定价的公允和受让方资格合法合规的认定进行全面论述。

● **对已存在的关联交易需量化说明对企业独立性、财务依赖性等事关公司持续盈利能力事项的影响**

已存在的关联交易要从量和持续时间两个角度说明对公司的财务的影响。本案例中为了清楚地知道公司独立盈利能力的大小，监管层问到了非关联交易毛利率这一指标，不可谓不细，尽管公司反复通过数据说明的关联交易定价的公允性，业务保持着独立性，但是还需直接分析出这一指标直面问题。由此可见，本案例监管层已注意到关联交易是发行人的重大问题，并且监管层并没有轻易放过。事实上，如果关联交易确实对发行人的影响重大，中介机构能提供的建议着实匮乏，只能列示与解释，以求得监管层本着"情有可原"态度来理解。

本节小结

关联交易在实务中多且杂，如果一个企业体量较大，则关联交易大多是存在的。关联交易本身并不一定导致不合规，但对发行人IPO来说，唯恐于其关联交易占比较大且不公允不透明，这会极大削减监管层对发行人独立性的信心。尽管发行人可采取多种措施来弥补短板，比如解释、注销、转让，但是仍会因历史上不合规关联交易数量过多，给监管层留下不良印象，这也是本节被否案例的主要原因。吸收此教训，有意IPO的公司，应避免存在过多的关联交易，最好给自身经营设置一定的监控关联交易的指标，比如关联交易占比不超过30%以及股东和董监高等人员不得与本公司有关联交易等。事实上，如果存在经常性关联交易，那么企业财务确实会存在独立性瑕疵，对关联方产生依赖。而如果报告期内将关联方转出，证监会要对转出的目的、内容、是否公允等进行实质审查，并都需要中介机构予以评价。关联方注销的，要表明注销前有无实际经营，有实际经营的，需提供清算之前的财务数据。

第六节　客户及供应商

客户与供应商问题主要有两个：一是重大依赖；二是同业竞争与关联关系。但无论是哪个，都是业务独立的命题。因此，客户及供应商问题，其实是从具体的角度来说业务独立问题，也就是发行人是否有完善的业务构架，有独自面对市场变化、稳定经营的能力。

一、客户依赖

关于客户依赖，《上市公司证券发行首发管理办法》和《上市公司创业板首发管理办法》都有相关规定，例如，"发行人不存在最近1个会计年度的营业收入或净利润对存在重大不确定性的客户存在重大依赖"。在中介机构的项目经验来看，客户与供应商因较为集中被否以及存在一定的关联关系和关联交易并不绝然会被否，事实上我们能收集到几个单一客户集中度达到80%以上和关联交易超过50%的公司通过发审会的极端例子。这一方面取决于具体案例具体分析，另一方面也要看不同时期的"窗口指导意见"，这是一条"灵活的红线"，中介机构和发行人要能灵活地在红线内"跳舞"。在经过证券业协会相关人员确认的2017年5月22日"窗口指导意见"就表明，"如出现客户集中，如实反映即可，不要过分掩盖或有相关刻意操作"。这说明近期内对客户依赖这条警绳，监管层是有所放松的。中介机构在实际操作中不要对这块有过多的修饰，以免"画蛇添足"，引起不必要的怀疑。

在公开招股说明书的写作上，在风险提示章节中，客户与供应商集中问题也是时常出现，由此说明这是一个常见问题。其实，这也合乎商业逻辑，当企业达到一定发展规模，客户与供应商稳定，是其成熟的标志。如果客户与供应商都极度分散，相反也就缺乏应对市场变化的能力，也是持续经营能力不强的表现，也会遭到监管层的重大关切。

由此我们可以看到，客户依赖并不会当然成为一个实质性障碍，也就是并非"硬伤"，而是一个风险点。不过，中介机构和发行人还是应对其谨慎，从目前已有的数据来看，客户结构单一，前五大客户（某些情况下，监管层要求核查前十大客户）占比太高的企业、过会的企业相比较来说概率并非很高。对于存在客户依赖嫌疑的，监管层会着重核查是否存在关联交易或者利益输送情形。如果后者情形严重，那么过会的风险就会非常大。

对于大客户依赖型企业，监管部门将着重关注大客户与发行人之间是否存在关联关系或其他关系，是否存在"客户协助式"成长的嫌疑。在操作实务中，发行人员普遍认为，前五大客户给公司贡献的销售份额在50%或以下者风险较小，过高就会有依赖大客户的嫌疑。中介机构在实务中，以前五大客户占比50%为标准，具体情况要根据行业以及企业具体的营销模式来分析。一般情况下，如果粗略地看，达到严重违反常识的比例，就会引起监管层的注意。具体来说，监管层除了关注客户占比数据来判断是否存在客户依赖外，还通过以下两个方面来进行综合分析：首先，占比较大的对象是哪些，也就是说，占比较大的客户背景是怎样的，反馈意见中，经常要中介机构提交占比较大的客户背景资料。背景的不同，发行人依赖性以及由此产生的风险是不同的。比如说，销售占比较大的客户是上市公司或大型国企、央企，那么由于后者自身经营的稳定、公开性，由此引发的客户业务波动风险就会非常小。而如果客户是中小企业或者是无法查明的企业，那么发行人的业绩波动风险就会非常大，甚至还会存在利益输送以及其他不正当手段虚增利润的嫌疑。其次，发行人与销售占比较大客户之间，是互相依赖还是企业单独依赖。如果是互相依赖，那么是否存在某种关联交易或者私下协议。而如果只是企业单向依赖，那么依赖是否可持续，是否会突然中断。发行人自身的实力是否让其有较强的议价实力，是否能在销售谈判中有话语权，是否占据主动地位，这对克服业绩依赖来说，是非常重要的。

总而言之，在客户依赖问题上，中介机构首先要做的是详细披露，若存在依赖的情况，在论述依赖合理性时，要从数量关系、客户背景、企业发展规划三个角度进行综合解释，如此才具有较强的说服力。

二、供应商依赖

供应商与客户虽然一个处在上游，一个处在下游，一个进，一个出，但是在对发行人独立性影响方面，性质是一样的。因此，对供应商依赖一般也并非当然构成实质性障碍。相关法律法规对发行人供应商依赖这一块，从持续盈利能力角度，都有所规定。如《首次公开发行股票并上市管理办法》第三十条：发行人不得有下列影响持续盈利能力的情形：发行人最近1个会计年度的营业收入或净利润对关联方或者存在重大不确定性的客户存在重大依赖；《公开发行证券的公司信息披露内容与格式准则第1号——招股说明书》第四十四条发行人应根据重要性原则披露主营业务的具体情况，包括：（四）

列表披露报告期内各期主要产品（或服务）的产能、产量、销量、销售收入，产品或服务的主要消费群体、销售价格的变动情况；报告期内各期向前五名客户合计的销售额占当期销售总额的百分比，如向单个客户的销售比例超过总额的 50% 或严重依赖于少数客户的，应披露其名称及销售比例。如该客户为发行人的关联方，则应披露产品最终实现销售的情况。受同一实际控制人控制的销售客户，应合并计算销售额等。

同客户依赖一样，中介机构与发行人如何通过系统的论证，让证监会及发审委对业务独立是相关工作的重点。中介机构在解释供应商较大占比问题时，一般也进行多维度解释，同客户占比较大问题一样，联系企业发展模式、财务特点与货物性质，来进行具体操作，比如：

供应商为公司多年稳定的商业合作伙伴，双方在多方面长期展开合作，有较深的信任。

供应商为上市公司、国有企业或大型集体企业、国际知名企业等，自身经营情况良好。

供应商信用良好，能延期付款，增强公司的现金周转能力。

供应商与公司交易定价公允合理，不存在胁货要价、随意要价等情况。

供应商与公司不存在人员方面的关联关系。

上海亚虹模具股份有限公司 2014 年第一次申报

2012 年度、2013 年度和 2014 年度，发行人对单一客户松下微波炉的销售收入分别占营业收入的 56.19%、52.39% 和 51.64%。发行人披露了松下微波炉销售占比较高的原因及该等情况对公司生产经营的影响。针对上海亚虹模具股份有限公司的上述事实，证监会在其反馈意见中要求发行人补充披露：（1）松下微波炉目前对公司产品的总需求量、公司产品所占比例、未来的业务发展计划；（2）公司产品的竞争优势，是否具有替代风险；（3）结合相关合同条款，详细分析公司同松下微波炉交易的可持续性。中介机构在处理以上问题时的思路如下：

- **对是否存在业绩依赖以及依赖大小的论述，要用数据详细分析**

从公开的招股说明书来看，业绩依赖是本次上市的主要障碍。尽管其在招股说明书中已有披露，并作了让监管层放心的修饰和铺陈，如"报告期内，公司前五名销售的客户主要为松下微波炉、延锋伟世通、德科电子、上实交通、大陆汽车等家电和汽车配件领域的全球知名厂商，公司与上述客户已建立了长期的良好合作关系，业务具有较强的持续性与稳定性。优质大客户能为公司带来稳定的收入和盈利，但在经营规模和生产能力相对有限的情况下，也导致公司客户集中度较高，从而使得公司的生产经营客观上对以松下微波炉为代表的主要客户存在一定依赖"，但仍没有消除监管层的担忧。

在招股说明书中，中介机构承认发行人客户集中度是经营规模和生产能力相对有限导致，其对于业绩依赖这一块，做了较多的图表列示，可以说做得还是很详细全面的，尽管如此，监管层还是不放心，让中介机构补充了更多的财务指标，如总需求量占比、产品投放占比等，这是因为发行人的财务数据表明，其对大客户的销售业绩依赖程度，与同行业对比实在是高了。业内对项目公司作出是否可以立项的判断时，一般就是把监管层的审核要点对照项目公司的问题逐一分析，再和同行业对比，最好是上市公司与经营业绩较好的公司对比，如果数据显示相去甚远，那么就应该保持慎重的态度。我们可以看到，本案例中介机构对该问题是不够重视的，令人遗憾。

- **论述业绩依赖的客户交易具有可持续性，应主要从自身的竞争优势出发**

发行人招股说明书提到"若松下微波炉或者其他主要客户因自身经营业务变化或者与公司合作关系发生重大不利变化，对公司的订单量大幅下降，将可能导致公司经营业绩出现短期的大幅下跌或较大波动。公司存在销售客户集中、单一客户依赖的风险。"

中介机构提到的业绩"大幅下跌"，言辞不可谓不中肯。但发行在论述业绩依赖不影响持续经营能力时，将较大篇幅放在了客户自身经营稳定、业绩优良上。常识上来讲，客户再稳定，那也是相对的，两者的关系只是通过购销合同连接，一旦发行人经营不善，客户随时可以不再保持交易关系。因此，从逻辑上讲，对客户交易的可持续性的论述，应主要从发行人自身正在完善发展与经营模式，并努力缩小大客户占比幅度，以增加更多的谈判筹码来展开，在这一点上，最好是律师结合会计师用财务数据的变化来予以说明。

> **案例** **优德精密（300549）报告期内，发行人供应商较为集中**
>
> 优德精密工业（昆山）股份有限公司（以下简称优德精密）成立于1998年9月，公司主营业务为精密模具零部件、自动化设备零部件、制药模具及医疗器材零部件的研发、生产及销售。据招股说明书披露，2012—2014年，公司从供应商DADCO采购原材料金额分别占采购总额的35.95%、47.29%和48.36%。请补充披露与DADCO的合作历史，报告期内向DADCO采购具体内容，主要采购产品型号和类别，报告期各期与前十大客户和供应商的交易内容、交易金额及占比，交易定价原则，主要原材料氮气弹簧组件和模具钢的主要供应渠道，主要客户和供应商是否与发行人控股股东、实际控制人、董监高、其他核心人员存在关联关系、股份代持或其他利益安排。针对优德精密上述问题，证监会在其反馈意见中要求：请保荐机构对上述事项发表核查意见，请律师对是否存在上述关联关系发表核查意见，并说明核查过程。中介机构在处理以上问题时的思路如下：
>
> ● **对发行人供应商市场以及定价公允性进行分析，论述发行人与占比较大供应商货物交易的正当、合法和可持续性**
>
> 律师在补充法律意见书中，对供应商整体情况主要做了如下补充：披露与DADCO的合作历史；报告期内向DADCO采购具体内容，主要采购产品型号和类别；报告期各期与前十大客户和供应商的交易内容、交易金额及占比、交易定价原则；主要原材料氮气弹簧组件和模具钢的主要供应渠道。
>
> 律师通过上述事实的梳理，说明发行人选择供应商一是有历史原因，二是在整个行业内来看，也是明智的。可以说，这种首先比较宏观地表明供应商选择还是不错的。其次也具体地用数据分析了市场，用专家报告来辅助说明了供应商的质量优劣。从一般逻辑上讲，对供应商的选择无非是质量是否合乎自己的要求，其次是价格，因为只有

如此，才可对自己的生产经营有最大的效益，这是合乎情理的选择。本案例律师这种宏观与微观相结合，历史与现实都兼顾的解释路径，是值得学习的。

● **对发行人相关人员与占比较大供应商背景进行调查，论述是否存在关联关系以及关联交易**

律师在补充法律意见书中，对供应商整体情况主要做了如下补充：针对主要客户和供应商是否与发行人控股股东、实际控制人、董监高、其他核心人员存在关联关系、股份代持或其他利益安排进行核查，获取发行人提供的报告期内前十大主要客户和前十大主要供应商的名称、发行人与主要客户和供应商的交易金额；对报告期内的前50大主要客户和前20大供应商进行了函证；访谈了发行人实际控制人、市场营销部负责人、生产部负责人并取得访谈记录；向发行人董事、监事、高级管理人员、核心人员发出尽职调查问卷并取得其签署的尽职调查问卷；对报告期内前50大主要客户和前20大供应商中位于中国大陆以外的企业，通过互联网查询了公开信息资料等。

可以说本案例律师所采用的核查项目对解释关联关系是否存在是有力的，其结合访谈、函证、走访、盘查以及国家官方核查国际供应商等手法，可以说用到了大部分中介机构所能运用的核查方法，体现了尽职性，也有较大的说服力。当然，这些具体的操作在IPO的法律尽职调查中，是常见的基础工作。值得注意的一点是，如果国外供应商占比确实巨大，而仅仅靠互联网的信息来调查两者是否存在关联关系，应该是不稳妥的，也难以取信。这时中介机构可以与发行人协商，让发行人与其境外供应商沟通，取得供应商的同意，委托境外的律师事务所对其进行实地访谈或其他不打扰其生产经营的调查取证工作。多方面多渠道取证，如此才能减少监管层不信任的风险。

本节小结

在客户与供应商的事项上，其实可以出现许多问题，比如财务问题，当客户和供应商为个人时，会存在现金收付款的问题。也会存在其他法律问题，比如客户与供应商的经营主体合法合规问题等。但是总的来说，从证监会对首发企业的反馈来看，还是将独立性作为看待客户与供应商相关问题的重点。在解决因部分客户和供应商占比较大而产生依赖问题从而影响独立性时，中介机构一般采取如下方式解决问题：

一是如实披露客户与供应商的详细信息，律师与会计师合作，从财务角度量化分析发行人是否对前者产生依赖，并实事求是下结论。如果发行人对客户或供应商存在依赖，那么需要详细说明依赖产生的原因及对独立性的影响程度，并在招股说明书中作重大风险提示。

二是在对依赖原因进行阐释时，从公司业务的特殊性角度说明集中度高的合理性。最好结合行业专家，说明供货商产品的质量与品种是否是最好的选择，也要说明自身产品对客户有足够的议价能力。

三是重点说明是否还存在关联交易，同业竞争等其他影响发行人独立性的敏感因素。这需要对发行人相关人员进行大范围的核查，尤其当客户或供应商占比太高的时候。

四是说明上游和下游的合作具有稳定性和可持续性，不会影响公司的持续经营能力。律师应结合行业整体情况，对上下游以及发行人所处在的位置，作一个认定，表明发行人经营环境短期内不会发生重大恶化。

五是说明发行人正在努力改善经营模式、提高经营实力、降低依赖程度，开拓其他上游与下游的渠道。这一点尤为重要，因为这是监管层最愿意看到的。当发行人自身实力强大，销售渠道与供应商渠道是否单一应该说不是什么问题，因其有足够的谈判与要价的筹码在，根本不用担心客户与供应商发生较大变化。

尽管当我们在谈到客户与供应商时，强调有一定的依赖并不会构成通过审核的"硬伤"，但是在此必须说明，企业在实际经营中，还是应该尽量杜绝依赖，杜绝影响独立性的嫌疑，这不仅是从形式上为了企业的形象考虑，对企业的实际经营、长远发展也有好处。为此，在 IPO 辅导期的企业应有意识的开拓新客户，寻找新的质优价良的供应商，努力提高自己综合盈利能力和抗风险能力。

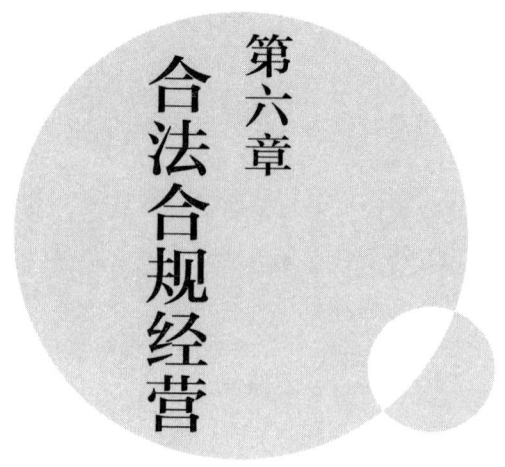

第六章 合法合规经营

第一节 社保公积金

社保公积金具体来说就是五险一金，包括养老保险、医疗保险、生育保险、失业保险、工商保险和住房公积金。

养老保险，全称为社会基本养老保险，是国家和社会根据一定的法律和法规，为解决劳动者在达到国家规定的解除劳动义务的劳动年龄界限，或因年老丧失劳动能力退出劳动岗位后的基本生活而建立的一种社会保险制度。

医疗保险是为补偿疾病所带来的医疗费用的一种保险。职工因疾病、负伤、生育时，由社会或企业提供必要的医疗服务或物质帮助的社会保险。如中国的公费医疗、劳保医疗。

生育保险是国家通过立法，在怀孕和分娩的妇女劳动者暂时中断劳动时，由国家和社会提供医疗服务、生育津贴和产假的一种社会保险制度，国家或社会对生育的职工给予必要的经济补偿和医疗保健的社会保险制度。我国生育保险待遇主要包括生育津贴和生育医疗待遇。

失业保险是指国家通过立法强制实行的，由社会集中建立基金，对因失业而暂时中断生活来源的劳动者提供物质帮助的制度。它是社会保障体系的重要组成部分,是社会保险的主要项目之一。

工伤保险,是指劳动者在工作中或在规定的特殊情况下,遭受意外伤害或患职业病导致暂时或永久丧失劳动能力以及死亡时,劳动者或其遗属从国家和社会获得物质帮助的一种社会保险制度。

住房公积金,是职工按规定存储起来的专项用于住房消费支出的个人住房储金,其缴交基数,按职工本人上年度月平均工资计算,工资额按国家统计局的规定计算。具有两个特征:一是积累性,即住房公积金虽然是职工工资的组成部分,并且必须存入住房公积金管理中心在受委托银行开设的专户内。二是专用性。住房公积金实行专款专用,存储期间只能按规定用于购、建、大修自住住房,或交纳房租。

监管层关于社保公积金审核关注的要点其实并不多,着重问询社保公积金覆盖了多大比例并是否足额缴纳,未足额缴纳的,招股说明书也自会说明缘由。其覆盖的范围包括母公司和所有子公司的员工,在前述主体存在劳务派遣用工的情况下,如果与劳务派遣公司签有协议约定由用人公司承担为派遣人员购买社保的责任,那么还应该将派遣人员计算在内。

具体在招股说明书中,发行人应该披露员工人数,已缴纳与未缴纳的人数及相应比例,什么时候缴纳的社保公积金,以及有无补缴及其他特殊情况。如果员工人数较多,未缴纳的比例较大,说明对公司业绩的影响,以及有无因未按时按量缴纳社保公积金而受到行政处罚或者构成重大违法违规的情况。

一般来说,社保公积金的缴纳比例达到90%比较合理,剩余10%未缴纳的,则需要进行解释,说明是否存在特殊情况,如员工中有农民工,他们已经在自己所在的农村购买了新农合社保等,也有的是自己的社保在以前的单位,离职后并未转出来,也有的是自己确实不愿意买,想得到更多的现金工资,还有的,存在其他情况,这些情况要一一列明。

从过会的案例来看,社保公积金的案例可大可小,时不时会出现因社保缴纳情况严重不达标的企业都被否决的案例,当然,被否决的是综合其他不利因素考虑的,很少只因社保问题而被否决的。因而,还是务必小心谨慎,不能因小失大,成为让监管层否决的理由之一。能够引起注意的严重情形包括社保公积金未缴纳情况致使公司员工利益受到重大影响、欠缴金额对当期业绩存在重大不利影响以及欠缴可能引发重大纠纷或行政处罚等。

《中华人民共和国社会保险法》《社会保险费征缴暂行条例》和《住房公积金管理条例》对社会保险和住房公积金的征缴范围、缴纳时间和缴费比例作出了规定，各省、自治区和直辖市政府对社会保险和住房公积金也制定了具体的征缴政策。法律法规对企业未缴纳或未充分缴纳社保公积金的后果中会给企业发行带来实质性障碍的是罚款以上的行政处罚，一般来讲，对处予罚款以上的行政处罚可以认定为监管层所说的重大违法违规行为，这在 IPO 审核中，算是红线之一。具体来讲，企业社保公积金合规这一块难点在于细节，对于不同地域的企业不同背景的员工，其缴纳情况是否合理要具体问题具体分析，这要归因于我国关于社会保险、住房公积金缴纳的相关规定不完善，各地指导意见或指引不尽相同，使企业在为农民工、流动工缴纳社会保险和住房公积金方面缺乏指导，无所适从。以下列举了企业未为员工缴纳社保公积金的几种具体情况。

一、退休返聘

退休返聘是指用人单位中的受雇佣者已经达到或超过法定退休年龄，从用人单位退休，再通过与原用人单位订立合同契约继续作为员工从事工作的情形。包括：受雇佣者达到法定离退休年龄，在原工作岗位延长一定的工作时间；受雇者离退休后被原用人单位应聘回原单位从事同种或不同种工作；受雇者离退休后在劳务市场重新进行择业，到原用人单位之外的单位工作的情况。

由于退休返聘不属于劳动关系，而是劳务关系，此用人单位并没有强制为员工缴纳五险一金的法定义务。根据《劳动部关于实行劳动合同制度若干问题的通知》规定"已享受养老保险待遇的离退休人员被再次聘用时，用人单位应与其签订书面协议，明确聘用期内的工作内容、报酬、医疗、劳动待遇等权利和义务"。退休返聘人员的有关待遇，包括社保公积金，通过与用人单位书面协议约定。原用人单位继续缴纳实务中，常存在员工已经在原用人单位离职，但是由于相关事项人员未谨慎处理，导致五险一金的全部和部分仍由原用人单位缴纳。当存在此种情形时，由于法律规定，社保公积金只能在一处缴纳，也仅能享受一份五险一金保障，那么员工现任单位就无法为其缴纳社保公积金。

值得注意的是，尽管当前用人单位未依法办理社保转移，导致新用人单位无法为员工办理社保的，该责任不在新用人单位，但并不当然免除新用人单位为该类员工办理社保登记的义务。

员工自愿放弃或企业有时会遇到不愿意办理社保公积金的员工，这类员工或为短期合同工，或本人为取得更多现金工资等主客观原因而不愿缴纳五险一金。他们会通过与企业签订契约表明自己是自愿放弃，通常情况下企业在得到承诺后也不想再继续要求，但这是有风险的。法律规定用人单位和员工必须缴纳社保是强制性规定，是不能通过订立合同免除法律责任的。因此，从合法合规性来讲，发行人还是应继续说服该类员工参加社保，而不能听之任之。从企业责任承担的角度看，有一点需要指出，员工自愿放弃社保、不会因社保事项追究企业责任的承诺可以让企业日后免予对员工承担赔偿责任，这一点避免了日后纠纷的发生，还是非常重要的。员工已经参加其他类型社会保险而导致无法缴纳社保的，农民工在这个问题上较为典型。比如他们自主参保了新型农村合作医疗、新型农村社会养老保险就无法参加企业的医疗与养老保险，也有的员工已经参保了城镇居民社会养老保险、城镇居民基本医疗保险而自愿放弃养老保险、医疗保险，对于以上两种情况，相关规定较为杂乱，企业无所适从也很难办，唯有希望他们退出前者保险体系而参加企业的社保，如此才比较稳妥。

二、其他特殊情形

除了上述几种大类外，还有一些细小的情形导致无法为员工缴纳社保，如员工当月入职，按照企业当地政策当月无法为其缴纳、员工工作调转当月无法缴纳、因员工原单位存在欠缴情况暂时无法拿到封存单不能转出等。这些细小的情形一般都比较好解决，通过等待一段时间到特殊情形解决就能正常缴纳社保。

总的来说,只要员工的社会保险有着落,应有的权利得到落实,监管层不会在这件事上太过挑剔,他们也知道,许多地方的社会保险法规体系杂乱,实际情况规范起来特别困难,要完全无法律瑕疵是很难做到的。但是监管层对这个问题上,有两点主要要求:第一,不能因社保问题发生员工与企业的较大纠纷、重大诉讼以及性质恶劣影响大的其他事件,也不能因此而被主观认定为重大违法违规行为。第二,不能因社保问题对利润指标产生较大影响、业务发展和持续经营能力。

> **被否案例** **克拉玛依新科澳石油天然气技术股份有限公司 2016 年 9 月主板首发,公司全资子公司未在属地缴纳社会保险和住房公积金**
>
> 2013 年,公司将采油工程管理业务划转至本公司全资子公司巴州新科澳,相关业务人员自 2013 年 9 月起与巴州新科澳签署劳动合同,至 2015 年末巴州新科澳在册员工人数为 167 人。巴州新科澳地处新疆南部地区,地理环境相对特殊、民族构成较为复杂、员工流动性较大。考虑到人员流动和管理需要,巴州新科澳员工社会保险和住房公积金仍在克拉玛依市缴纳。截至 2015 年末,除 6 名另行开户缴纳的人员外,巴州新科澳为其他在册员工在克拉玛依新疆油田公司矿区事业服务部社会保险管理中心缴纳了社会保险。截至 2015 年末,巴州新科澳为 117 名员工在克拉玛依市住房公积金管理中心缴纳了住房公积金,其余未缴纳的 50 名员工均为外来务工人员,其中农业户籍人员为 37 名,占比近 75%。因住房公积金异地提取困难,且该等未缴纳员工没有在工作地点长期置业的意愿,强制其缴纳住房公积金,很可能导致该部分员工选择离职。因此,根据《关于住房公积金管理若干具体问题的指导意见》(建金管〔2005〕5 号)的规定,遵循自愿原则,巴州新科澳未给该部分员工缴纳住房公积金,该部分员工签署了《住房公积金放弃声明》。对于该部分员工,巴州新科澳在工作地点为其提供了住宿安排。虽然在省级统筹层面巴州新科澳不存在应缴未缴社会保险和住房公积金的情形,但由于目前新疆尚未完全实现社会保险和住房

公积金的省级统筹。因此，根据《社会保险法》、《社会保险费申报缴纳管理规定》及《住房公积金管理条例》等法律法规，不排除巴州相关部门强制要求巴州新科澳进行属地缴纳和给予处罚的风险，若前述情形出现，则可能在短期内对巴州新科澳和本公司产生不利影响。针对发行人上述情况，证监会在其反馈意见中要求：请保荐机构、发行人律师核查发行人"五险一金"缴纳情况、是否符合国家、地方的有关规定、是否存在应缴未缴情形及其对公司财务业绩的影响。中介机构在处理以上问题时的思路如下：

● **梳理发行人的社保缴纳情况，并结合国家与地方法律法规说明是否存在违法违规的情形**

中介机构在招股说明书中做了如下披露：报告期内社会保险和住房公积金缴费比例；报告期内社会保险和住房公积金实际缴纳情况；油田公司矿区服务事业部社会保险管理中心出具《关于克拉玛依新科澳石油天然气技术股份有限公司劳动社保相关事项的说明》确认：该公司在2013年度至2015年度不存在因违反国家和地方劳动保障法律、法规而已受或应受行政处罚的情形；克拉玛依住房公积金管理中心出具《关于克拉玛依新科澳石油天然气技术股份有限公司住房公积金相关事项的说明》确认：该公司在2013年度至2015年度能够依法缴纳住房公积金，不存在因违反国家和地方住房公积金相关法律、法规而已受或应受行政处罚的情形；公司控股股东北京科奥鑫和实际控制人黄某分别出具《关于社会保险及住房公积金缴纳风险负担的承诺函》确认：如发行人因未按规定为员工缴纳社会保险费或住房公积金而承担任何罚款或损失，均由其全额承担，保证发行人不会因此遭受任何损失。

我们可以看到本案例中介机构对这一块的披露走了比较常规的途径，即先披露实际情况，再由主管部门出具证明文件，最后公司实际控制人兜底风险，不过很显然监管层是不满足于仅此而已的信息的，要求中介机构再次谨慎核查并说明是否合规，原因不外乎发行人子公司有近三分之一的员工未缴纳社保。这在IPO案例中，是很少见的，因此监管层保持了十分严肃的态度。尽管招股说明书提到该部分员工签署了《住房公积金放弃声明》。对于该部分员工，发行人也为其提供了住宿安排。但仍不能排除巴州相关部门强制要求巴州新科澳进行属地缴纳和给予处罚的风险。由此可见，中介机构也觉得该事项问题较大。但是，对于事实问题，中介机构能做的也只能是如实披露，在这个基础上再扩展出解决办法。这一点，本案例能给我们的警示大概就是，如果社保问题实在太突出，就先想办法解决了再申报，带"病"申报问题太大。

- 律师和会计师配合工作，结合未缴纳社保的财务数据与反映公司业绩的财务数据进行对比分析，说明前者是否对公司业绩产生影响

监管层首先是担心发行人员工大面积未缴纳社保可能存在重大违法违规风险，其次是担忧发行人是否会通过少为职工缴纳社保减少开支或者虚增利润以美化业绩。这一点中介必须要说明清楚，这是影响企业持续经营的事项。在运用财务分析进行时，需要明晰利润和所得税的增减项，并通过计算出如果全额缴纳与当下实际缴纳的最终净利润的差额占当下净利润的比例来说明问题。如此可以给予监管层和公众以直观地把握问题是否严重，也需要通过计算发行人应补缴金额后所产生的所得税费用以及占利润总额的大小，来说明欠缴是否导致重大违法违规以及对报告期内经营业绩影响的大小。

案例 三维股份（603033）

公司成立于1990年，于2016年12月7日上市。主营业务为橡胶输送带、V带的生产和销售。报告期内，发行人社保和公积金都存在部分"自愿要求不缴纳"的员工，招股说明书披露了有关人数及原因，其中"自愿要求不缴纳住房公积金的员工"达577名，占发行人员工总数的近40%。针对发行人上述情况，证监会在其反馈意见中要求：请保荐机构及发行人律师结合发行人"五险一金"的缴纳情况，说明是否足额缴纳，并就是否符合国家有关规定、是否构成本次发行上市的障碍发表明确意见，请保荐机构补充说明并披露应缴未缴的社保和公积金的金额，以及因该等事项被相关机构要求补缴、处以罚款或要求承担损失等情况下对发行人经营业绩的影响。

- 结合数据分析发行人"五险一金"是否足额缴纳，并说明是否

合法合规，以及在法律与财务层面对公司影响的大小

　　本案例中欠缴住房公积金的员工比例达到员工总数的 40%，这是相当大的比例。尽管发行人在招股说明书中解释了原因，即公司有 123 名员工退休返聘人员，公司为其参保了团体意外险以及 2 名员工退出工作岗位，保留劳动关系，只参加养老、医疗保险和 7 名员工新入职、下月参保，134 名员工已参保农村医疗保险、愿再缴纳医疗和养老保险等，但是这个数据还是让人难以接受。发行人将社保问题与住房公积金问题分开说明，一方面结合其企业正身特点，也是因为情况比较严重，其自愿不缴纳住房公积金的员工有 577 人，原因为人员流动性强以及农民工在城市购房而享受住房公积金的优惠政策的可能性较小。尽管两个事项的陈述与解释路径都可圈可点，比较坦诚和严谨，但从 IPO 过往审核"五险一金缴纳比例"的案例相对来讲，其明显是不合格的。

　　本案例发行人和中介机构明显已经意识到这个问题，其在风险提示中已经提及，从量上说明问题后，还需对其定性，也就是说其是否影响企业的持续盈利能力。法律层面说明是否构成重大违法违规以及相关诉讼风险、财务方面需要通过数据的罗列与计算，说明对公司业绩与税负的影响。

● **中介机构应结合发行人发展前景对实际控制人关于该问题的承诺与董监高的改进意见给出评价**

　　实务中，遇到风险事项，一般会要求实际控制人或控股股东出具承诺，表明损失由其承担，以及发行人董监高会针对问题，给出一些具体的解决方案，本案例也不例外。但是这些是不够的，监管层要通过中介机构的核查与评价来了解相关承诺与改进方案是否为"苍白无力"的，如此才较为稳妥。本案例中介机构先取得了发行人所在地人保局的合规证明，表明历史上不存在因此事项受到行政处罚的情况，然后对相关诉讼风险以及对业绩的影响进行了排除，表明未缴纳事项的存在对公司影响有限，最后通过说明发行人董监高已落实未缴纳员工住房与其他福利政策，保障了员工的待遇等得出定性评价，即该事项不影响本次发行，不应作为实质性障碍。

本节小结

对于社保公积金的问题，中介机构针对常见问题，可以采取降低风险、减少监管层疑虑的手段如下：

第一，由于各地的具体社会保险的法律法规不同，中介机构在了解企业社保公积金是否合法合规时，应尽可能收集这方面的地方法律法规。同时，若可以发动企业高管与地方人保局有效沟通，则可尽可能地取得该局的合规证明，在一定程度上能排除重大违法违规的嫌疑。

第二，收集因存在特殊事项而未能办理社保的证明材料。如退休返聘、属于实习期、参加新农合等。

第三，提高未缴纳社保员工的福利待遇。如提供吃、住等，对于自己不愿意缴纳社保的，要求出具避免日后追究责任的承诺书。

第四，关注员工的日常工作与生活。在辅导期内，尽量避免劳动纠纷与相关诉讼，坚决杜绝造成恶劣影响的劳动纠纷事项，同时也要避免员工包括高管举报发行人的情况。这些事项一旦发生，不管发行人是否存在过错，监管层首先的措施就是暂停审核或者取消审核，可以说后果是很严重的。

第五，发行人应该拿出积极的态度面对社保未完全缴纳的事实，包括出台公司管理条例，持续督促相关员工办理社会保险，同时由发行人实际控制人或控股股东作出承诺，若因员工社会保险缴纳不规范导致公司利益受损，则自身承担全部法律责任并赔偿投资者损失。

第六，在说明未缴纳社保的原因以及对相关风险进行兜底之外，律师还应结合会计师的工作对欠缴社保金额与企业利润、营业收入等业绩财务进行分析，说明是否对公司盈利能力产生了影响。

以上六种基本囊括了因社保公积金欠缴及未足缴所导致的所有问题，若还有特殊情况，则只能具体问题具体分析。坦诚来说，解决该事项所产生的问题最简单的方法就是全员缴纳、足额缴纳。当然这是最理想的情况，实践中也确实会遇到发行人愿意花钱，但是员工不愿意参与的情形，这需要发行人在招聘时在这个事项上"卡"下面试人员，以及在日常工作中要耐心劝导员工参与。

第二节　劳务派遣临时工

关于企业劳务派遣的规制，国家出台了专门规定，即 2014 年 3 月颁布的《劳务派遣暂行办法》，证监会在此法规的基础上，基于谨慎性和高标准的考虑，很多关于劳务派遣的审核事项都严于此办法，比如，其要求发行人劳务派遣的人数原则上不能超过用工总人数的 10%，在此基础上，有弹性的在一定幅度内调整。在劳动密集型产业，如加工制造业、采矿业、有色金属冶炼等，劳务派遣是一种普遍的用工方式，因这是一种节约成本、转嫁企业开支的常用手段，但是此种用工方式会让企业规避自己应承担的用工责任、损害劳动者权益，故而监管层对其较为关注，超过一定限额的劳务派遣比例及相关问题，可能会成为发行人过会的实质性障碍。

劳务派遣，又称劳动派遣、劳动力租赁，是指由派遣机构与派遣劳工订立劳动合同，由派遣劳工向要派企业给付劳务，劳动合同关系存在于派遣机构与派遣劳工之间，但劳动力给付的事实则发生于派遣劳工与要派企业之间的一种合同关系。劳务派遣的最显著特征就是劳动力的雇用和使用分离。其有两个特点：一是劳动者是派遣公司的职工，属于劳动合同关系。二是派遣公司不承包项目，不注重劳动成果，只是派遣劳务。《劳动合同法》第六十六条规定："劳务派遣用工是补充形式，只能在临时性、辅助性或者替代性的工作岗位上实施"。"前款规定的临时性工作岗位是指存续时间不超过六个月的岗位；辅助性工作岗位是指为主营业务岗位提供服务的非主营业务岗位；替代性工作岗位是指用工单位的劳动者因脱产学习、休假等原因无法工作的一定期间内，可以由其他劳动者替代工作的岗位"。"用工单位应当严格控制劳务派遣用工数量，不得超过其用工总量的一定比例，具体比例由国务院劳动行政部门规定"。

企业在考虑劳务派遣时，要明确劳务派遣人员与自身各自的权利义务。劳务派遣人员的主要法定权利有以下三个：第一，同工同酬。法律规定企业在任用劳务派遣人员时，要保证其与其他同等岗位同等工作量的正式员工同等的待遇和薪金。不得有歧视性对待。第二，拒绝垫付。用工单位应当承担派遣人员的工资和社会保险费用，劳务派遣公司不参与其中。第三，受益归责。《侵权责任法》规定："派遣员工因执行工作任务造成他人损害的，由接受劳务派遣的用工单位承担侵权责任；劳务派遣单位有过错的，承担相应的补充责任。"换句话说，派遣人员的管理责任由用工单位承担，与派遣公司无关。

用工单位与派遣人员的其他较为重要权利义务有：（一）执行国家劳动标准，提供相应的劳动条件和劳动保护；（二）告知被派遣劳动者的工作要求和劳动报酬；（三）支付加班费、绩效奖金，提供与工作岗位相关的福利待遇；（四）对在岗被派遣劳动者进行工作岗位所必需的培训；（五）连续用工的，实行正常的工资调整机制；（六）用工单位应当根据工作岗位的实际需要与劳务派遣单位确定派遣期限，不得将连续用工期限分割订立数个短期劳务派遣协议；（七）派遣单位承担依法招用劳动者、签订劳动合同以及解除劳动合同时支付经济补偿金、支付工资、参加社会保险并依法缴费等义务；（八）用人单位应依法允许劳动者参加或组织工会等义务，并对派遣单位承担的解除劳动合同时支付经济补偿金、支付工资、参加社会保险并依法缴费等义务承担连带责任。

由于有些需要大量劳动力的企业是有季节性的或者依赖于市场供需变化的，有些用人单位为了节约成本、减少各项开支，会自己设立劳务派遣单位向本单位或者所属单位派遣劳动者，从而能灵活用工，但这是涉嫌违法的。实务中较多出现的是以所谓改制的名义，将正式职工分流到本企业设立的劳务派遣公司，然后又以劳务派遣的名义派遣到原岗位。这种现象一经监管层发现，留下的印象是极为恶劣的。发行人应在报告期内，杜绝这种太过取巧的节约成本的做法。如果企业是正常任用劳务派遣公司的劳务派遣人员，就要特别注意甄别劳务派遣公司，谨慎培训派遣人员。上述已提到，用工单位对派遣人员负有完全的管理责任，如果派遣人员法律意识淡薄，做出违法犯罪的事情，或者疏于遵守规定，严重背离劳动纪律，会给用人单位财产和声誉造成巨大损害，这是应该引起注意的。劳务派遣问题监管层可以询问的细碎的法律风险点不少，比如用人单位、劳务派遣公司和劳务派遣人员三方的具体合同是怎么规定的，劳务派遣人员的福利保障怎样，人员用在企业生产的哪个环节，人员的流动是否影响生产经营，等等，但是总的来说，一般关注三大要点：

第一，劳务派遣人员在报告期内各期人数占总员工人数的比例，以及劳务派遣员工是否为核心岗位员工，人员较频繁流动是否影响公司生产经营的稳定。

第二，劳务派遣员工的社保缴纳情况，用工单位是否尽到自己的法律责任。

第三，公司与劳务派遣公司是否存在关联关系，存在何种关联关系，是否影响公司独立性以及是否存在间接转移公司成本的情况。

关于劳务派遣人员在报告期内各期人数占总员工人数的比例问题，有一点需要强调，就是企业高新技术企业资质的认定，法律规定需要将大专以上学历员工人数及与员工总数的占比作为重要的考核指标，而该资质的有没有严重影响税收。故而，劳务派遣人员的数量影响企业员工总数，也即将考核指标的分母扩大了，在税收上来说这是很重要的。税收不仅关系到违法违规，也影响到利润的计算，是监管红线中盯得最紧的。因而对待劳务派遣人数问题不能马虎。一般来说，中介机构在招股说明书阐释劳务派遣问题时，思路如下：

（1）报告期内发行人存在以劳务派遣方式用工的情况的介绍。

（2）与发行人合作的劳务派遣单位均拥有相应的业务资质。

（3）劳务派遣公司与发行人及实际控制人不存在关联关系。

（4）发行人的劳务派遣协议合法、有效。

（5）劳务派遣岗位的工作内容较简单，专业技术水平较低，在临时性（不超过 6 个月）、辅助性或者替代性的工作岗位上使用被派遣劳动者。

（6）劳务派遣人员工资水平与发行人在册人员一致，践行了同工同酬的原则。

（7）根据劳务派遣协议支付劳务派遣人员社保费用，或者已由劳务派遣公司予以缴付。

(8) 劳务派遣员工人数占发行人用工总量比例符合《劳务派遣暂行规定》的规定；也不影响企业高新技术企业资质的认定。

(9) 发行人劳务派遣用工期间不存在重大违法违规行为，主管部门有出具相关不违法证明。

可以说，上述要点已经给出了监管层关注的关于劳务派遣的方方面面，如果监管层还有疑问，那也是就某一方面进行更深层次的挖掘整理或补充证据。

案例一　博迈科（603727）

博迈科海洋工程股份有限公司（以下简称博迈科）成立于1996年。主营业务为面向国内和国际市场，专注于海洋油气开发、矿业开采、天然气液化等行业的高端客户，为其提供专用模块集成设计与建造服务。根据招股说明书，发行人及其子公司劳务派遣用工人数共计275人。针对博迈科上述问题，证监会在其反馈意见中要求：请保荐机构和发行人律师结合《劳务派遣暂行规定》（人力资源和社会保障部第22号）的相关规定，说明发行人目前的劳务派遣用工是否符合我国劳务派遣规定的用工比例及其他相关要求，是否能在规定期限内调整劳务用工比例至规定比例内；核查说明报告期内，发行人的劳务派遣人员的社保及住房公积金缴纳情况。请在招股说明书"发行人基本情况"章节中补充披露：（1）发行人员工薪酬制度、各级别、各类岗位员工收入水平，及与当地平均工资和可比公司工资水平的比较情况，发行人未来薪酬制度及水平变化趋势；（2）请结合当地劳务市场的工资水平说明发行人劳务派遣员工的薪酬水平是否公允；（3）员工人数变动情况与业务规模是否匹配。

● 详细说明公司当下劳务派遣情况是否对公司的经营产生影响以及比例是否超标

针对公司劳务派遣问题较为突出的情况，中介机构在招股说明书中先是梳理了关于劳务用工方面的合同，接着以数据和规定论述了比例问题："公司通过与天津开发区天浩人力资源管理服务有限公司、河北海川人力资源服务有限公司签订《外包服务合同》的方式解决劳务派遣用工比例超标问题。经整改，发行人已解决劳务派遣用工比例超标问题，目前用工情况符合《劳务派遣暂行规定》的相关规定。发行人使用劳务派遣人员的岗位为非核心岗位。新的方式对发行人生产经营用工没有实质影响，也不影响发行人的成本费用，对经营业绩的稳定性没有不利影响。根据《高新技术企业认定管理办法》，科技人员占比的指标计算使用企业员工人数口径，与劳务派遣人员无关。最近三年，公司技术人员数量分别为129人、168人和206人，占发行人同期员工总数的比例分别为17.70%、19.07%和21.33%，符合高新技术企业科技人员占比的要求。加上劳务派遣人员，公司用工总人数分别为1004人、1164人和1366人，技术人员占用工总人数比例分别为12.85%、14.43%和15.08%，即使考虑劳务派遣人员，技术人员占比也超过10%。故发行人整改劳务派遣用工比例超标问题不影响发行人申请高新技术企业、不影响享受相关税收优惠"。

可以说，中介机构对于该问题的解释径路是没问题的，但是"科技人员占比的指标计算使企业员工人数口径，与劳务派遣人员无关"的论断较为唐突，事实上，关于该问题，实务与理论界都有争论。

劳务派遣是劳务人员与劳务派遣公司签订劳动聘用合同。那么人员就属于劳务派遣公司职工，应该由它们为员工买社保、代扣代缴个人所得税等，因此该人员也不应纳入用人公司职工总数，不然这些人员就在劳务派遣公司与用工企业两边都计算了。然而，理论上是如此，但是现实中做法却不同，有些地方自己会出台一些关于劳务派遣的指导措施以及高新技术企业认定的具体意见，比如北京市科学技术委员会制定的《高新技术企业年度信息备案表》中的填报解释，因此在论述劳务派遣人员是否应纳入企业员工总人数时，要结合地方政府的一些法律法规和司法判例来进行说明。不过该案例中，中介机构也表明，即使将劳务派遣数纳入员工总数，依然是符合国家关于高新技术企业相关人员比例要求的，这种做法还是比较稳妥的。

在论述用工方式不影响企业生产经营事项上，中介机构一般从用工岗位非核心、用工人数不大、用工支出不影响成本费用与用工期间未发生重大违法违规行为来进行说明。我们能看到，本案例律师就是如此做的。

● 运用数据分析劳务派遣员工的薪酬与福利待遇水平以及社保的缴纳情况，阐明企业法律义务的履行符合规定

招股说明书针对劳务派遣员工的薪酬福利与社保问题，做了以下几个方面的表述：劳务派遣平均收入主要包括劳务派遣人员实际获得的薪酬收入，不包括职工福利费、社会保险费、住房公积金、工会经费、职工教育经费。公司劳务派遣用工主要为较低级别的焊工、铆工等岗位。公司对合同制员工、劳务派遣员工实行同工同酬政策，但由于工龄、经验、资历、技能水平等存在差异，合同制员工与劳务派遣员工的具体工资水平会有所不同。公司按照法律规定为劳务派遣员工缴纳社会保险和住房公积金，保证劳务派遣员工的薪酬公允。

可以看到，中介机构先说了劳务派遣人员的收入构成，再说了该人员的"五险一金"及福利待遇情况，又通过岗位差异、年龄技术与工龄的差异论述了薪金和待遇存在具体差异的原因，这样论述路径也是没有问题的。在数据的选取、分析与排列上能让监管层一目了然，能让公众信服，就可放心。

招股说明书谈到，公司已经为劳务派遣人员缴纳了社保，这可能与上文该案例中级机构表明劳务派遣人员不应纳入员工总数的观点相矛盾，其实在实务中，常遇到用工单位与劳务派遣公司签订合同约定由用工单位或者劳务派遣公司承担为劳务派遣人员购买社保等事项，而法院也认同这种自由协商的做法。所以并不一定就是由劳务派遣公司为员工购买社保，与是否应将派遣人员纳入员工总数也就没有了必然的联系。

案例二　百傲化学（603360）

大连百傲化学股份有限公司（以下简称百傲化学），上市日期为2017年2月。主营业务为异噻唑啉酮类工业杀菌剂的生产、研发和销售。主要产品为异噻唑啉酮杀菌剂原药剂及复配产品，分为CIT/MIT、MIT、OIT、DCOIT等几大系列。2012年末、2013年末、2014年末及2015年6月末，本公司及子公司以劳务派遣形式用工的人数分别为74人、38人、92人和75人，分别占用工总量的15.78%、8.14%、

17.01%和13.74%。请保荐机构、发行人律师核查说明发行人劳务派遣用工是否符合劳务派遣相关法律法规的规定。请发行人、保荐机构补充说明报告期及之前期间发行人的劳务派遣人数和派遣人员费用变化情况，请保荐机构说明发行人是否存在利用劳务派遣压缩薪酬费用的情况，并提供相关依据。

● **利用数据分析劳务派遣人员是否超过法律规定，并给出相应的解决措施**

招股说明书进行如下论述，2014年末、2015年末及2016年6月末，本公司及子公司以劳务派遣形式用工的人数分别为92人、52人和37人，分别占用工总数的17.01%、9.96%和7.21%。公司及子公司与劳务派遣公司签订劳务派遣协议，被派遣员工与劳务派遣公司签订劳动合同，劳务派遣员工的工资和社保由劳务派遣公司发放和缴纳。这表明在报告期内，发行人的劳务派遣人数在逐年下降，同时劳务派遣人员的社保问题得到妥善的解决。中介机构这种做法直接绕开了劳务派遣人数是否合规的问题，其用意表明在报告期最后一年半时间里，劳务派遣人数是在逐年下降的，但是监管层很显然不放心，在反馈意见中，继续询问了人数的问题，因该公司"似乎"很需要劳工人员。不过，中介机构虽然回避了一些定性问题，但是这些数据的梳理展示还是有较强的说服力的。

● **通过数据比较说明不存在利用劳务派遣压缩薪酬和成本开支，并予以兜底承诺**

中介机构在解释这一问题时，应将劳务派遣人员的工资福利与"五险一金"的缴纳情况与发行人的正式员工作对比，以说明没有通过劳务派遣来达到缩减开支。本案例对这一部分也做了较多的数据对比，看来中介机构也认识到劳务派遣是本次发现的一个大问题。这一点上，中介机构还是做得不错的，有较强的风险意识。由于该公司历史上劳务派遣人数一直很多，自2014年之后才逐渐降下来，可能存在一些用工方面的历史遗留问题和以后重新任用较多劳务派遣人员从而不合规的情形，因此中介机构让发行人实际控制人做了承诺：将督促公司严格遵守与派遣公司签订的劳务派遣协议制调整用工案并于《劳务派遣暂行规定》实施之日起两年内将被派遣劳动者数量降至规定比例。公司将通过加大自主招聘使劳务派遣比例在两年内降至规定比例。若因公司违反而受到的行政处罚或索赔，实际控制人将全额补偿发行因此而遭受的损失。中介机构这样处理是值得赞赏的，能意识到发行人的上市障碍与风险并提前做好万全准备并督促实际控制人作出承诺是体现中介机构水平的事项。

本节小结

　　劳务派遣临时工这个事项并非所有发行人都会遇到，一般是为了让劳务成本得到控制，对工资薪金支出较多的劳动密集型企业。而对于这些企业，由于劳务成本较高，员工较多，管理起来也有一定的复杂性，监管层会核查得较为仔细。总的来说，除非劳务派遣在数量上严重超标或者劳务派遣管理制度出现违法违规导致重大问题，否则，在IPO正常审核节奏的年份，一般不会构成实质性障碍。但是发行人不能掉以轻心，徒增不必要的风险，稳妥的做法是，在报告期内逐年减少劳务派遣人数，避免超标，同时要注意社保以及员工福利待遇问题。对于注重技术的企业，特别是高新技术企业，不仅要说明人数上面不存在认定相关资质的障碍，劳务派遣人员所在的岗位是否为核心岗位、技术性岗位也应交代清楚。另外，发行人不要想着通过自设劳务派遣公司或者通过关联关系设立劳务派遣公司来解决用工成本的问题，如果存在此种情形是必须要剥离或者拆除的，若企业为了节省劳务成本而如此大费周折，那么企业的净利润是岌岌可危的，企业的持续经营能力也会遭到较大的质疑，则过会的希望是渺茫的。

第三节　依法纳税

　　税务问题是企业上市中比较重大的问题，在合规与财务两个方面都能体现其重要性。在财务方面主要关注税收优惠是否符合法律法规、经营成果对税收优惠是否存在重大依赖、核定征收与大额补交税款等。而在合规方面首先则关注各种应缴的税款是否已缴足缴。比如，历史沿革中存在股权转让的以及改制过程涉及所得税缴纳问题等，其次是日常经营中的关联交易税务问题、偷漏税问题，最后是税收优惠资质问题与税务行政处罚问题等。

可以看到，在某些事项上，税务合规与财务是重合的。但是具体来说，侧重点又有所不同，比如同样是税收优惠问题，财务比较偏向是否存在重大依赖以此造成公司持续盈利能力受损，而合规方面则关注优惠的资质条件是否真实可靠，有无骗取资质情况以及资质是否能续期等。然而，无论在哪个方面，税务问题的重要性在企业 IPO 进程中的重要性不言而喻，其在合规方面可能因重大违法违规而被否，在财务方面也可因对利润产生重大影响而被否，因此中介机构处理起来务必要非常小心。

税收问题分散在企业从成立到 IPO 的内外纵横各个角落，粗略来说有股权类税务问题包括股权出资、股权参与定向增发、企业重组、改制等和日常经营类税务问题如各种流转税、各种税收优惠资质的取得等。企业税务合规问题主要表现在以下几个方面：

第一，是否存在偷税漏税。在实务中，中小企业偷税漏税是普遍存在的，具体又可以区分为很多不同的情形，比如数额的大小、合法与违法以及情节的轻重等。当企业存在偷漏税问题时，中介机构一般都会核查出来，特别是保荐机构，会在辅导时与企业的实际控制人或董监高讨论偷漏税的金额以及何时补上、怎么补上的问题。有些企业觉得上市补税金额太高，自身利润难以支撑，会暂时放弃上市，这种情形也是有的。也有的企业妄图投机取巧，联合一些规模不大的中介机构，通过取得地方税务机关的相关核准与认定来减轻欠缴税款与处罚，包装住重大税负问题带病过会，这是非常恶劣的情形，监管层一旦发现有关问题，对企业的信誉和内部控制就会高度怀疑，随之过会的希望也会完全破碎。

第二，是否存在欠缴税款。同第一个问题一样，这是一个涉及金额与性质的问题。如果企业在报告期直至 IPO 过会前一直存在大额未缴税款，则监管层会问询为何会有如此情况、公司财务制度是否健全、是否影响到了利润的计算、是否受到了税务行政处罚以及是否构成重大违法违规等。同时，如果企业不解决税务问题就申报 IPO，届时可能会对公司业绩以及投资者产生重大影响，因此监管层一般会要求必须清缴。在监管层有关政策的松紧控制不同下，有些年份监管层要求必须予以全部缴纳，有些年份则可以尚存一些。在监管层允许存在一些未缴税款的情形下，中介机构要将税务这一块审核得十分详细，并由发行人实际控制人予以承诺因存在欠缴税款所产生的损失由其一方承担。

第三，发行人整体变更及分红时纳税是否规范。这是较具体的税务问题，但是监管层往往会单独问询，一般附随在发行人历史沿革中的股权变更问题之后。监管层之所以高度重视股权变更、改制以及各期分红的纳税问题。一是因为这一块的税务监管较为困难，许多人没有意识到需要缴纳相关税款。二是可能因为税务问题不合规影响到股权转让协议的有效性，从而影响发行人股权架构及控股股东、实际控制人的认定。这是很重大严肃的问题，必须予以明确。

第四，税收依赖。正如上文提到，税收依赖并不是一个纯合规问题，其与财务联系其实更紧密。但从合规角度讲，在上市法规体系中有规定，发行人必须具有独立性，有持续盈利能力。《首次公开发行股票并上市管理办法》中也明确规定，"发行人的经营成果对税收优惠不存在严重依赖。"如果发行人存在重大税收依赖而准其上市，那么也必然是不合规的。这个问题分成两个小问题来看会更加清晰。

一、地方税收优惠问题

在实务中，有些地方为了促成经济发展，给外来投资者承诺相较全面层面而言很低的税负。在法律上来讲，地方是没有这种权力的，然而实践中"你愿打我愿挨"，成了心照不宣的事情，在申报时，由于发行人持有地方税务机关开具的税收清缴等证明，导致监管层核查起来有一定的难度。另外，有些看起来根本就不能算是税收优惠，而更应该算是地方财政返还与奖励，应该直接计到企业的非经常性损益中去，计算申报财务利润时，应该予以扣除。也就是说，这是怕影响业绩，造成粉饰报表的效果，监管层会对这一块引起高度注意，绝不允许其发生。对税收优惠的依赖认定问题，到底其占企业利润的多大才算合适，这又要与监管年的"大小"来考虑，当下的审核环境较严格，如果税收优惠占净利润的比例远高于同行业水平，或者假定在未有如此高的税收优惠条件下，企业达不到规定的盈利条件，那么也将是发行上市的实质性障碍。简单来说，这一点要综合来看。

二、高新技术资质企业税收优惠问题

这个问题主要有企业伪造粉饰财务报表以达到高新技术企业资质的要求以及资质能否顺利续期两点。我们知道，科技部等主管部门对高新技术企业在知识产权、研发费用、高薪收入等指标方面有严格的要求。包括：研发费用占收入的比例（2亿元以上不低于3%、5000万元至2亿元不低于4%、5000万元以下不低于6%），高新技术产品收入占总收入的比例（60%）等。有些企业在财务上做"微调"已达到相关资质并取得税收优惠；有的企业已取得资质并享受优惠，但已接近到期日，这些都是违法的。而且如果取消其高新企业的税收优惠，发行人的业绩会大受影响。上述说起来可能有点复杂，概括为一点就是企业取得的高新企业资质不能有任何问题并且能顺利续期，且不能因资质的变动影响企业的持续经营能力。

第一，存在核定征收纳税方式。如果发行人在报告期内存在核定征收，那么就意味着企业的账目混乱，无法准确计量企业各项财务指标。企业首先的会计基本制度健全就无从谈起，不可能通过监管层IPO的审查，中介机构也绝不会同意申报。

但是如果企业在报告期外存在核定征收，则还有讨论的余地。如果企业核定征收年代较远，且当时企业并没有认定有违规情形，则问题不大，可以不必太过深究。但如果报告期前两三年内有核定征收的情形，则须解释说明为何要采取核定征收，且要用查账征收的标准进行测算是否存在大额欠缴税款，同时说明主管机构是否给予了相应的认定与处罚等。这些说明事件性质的事项要交代清楚，让监管层放心，同时结合事项的综合影响来考虑是否应补缴。总之，在合规不影响企业上市的标准下越节省企业开支越好也算是发行人与中介机构共同的心愿。

第二，其他特殊税务问题。如转让定价、企业资产重组、海外设立子公司、分公司、返程投资等较少见且特殊的税务事项,核查起来较复杂,但是有一条就是企业想通过相关业务链条的扩展和股权的有意架构做到合法避税或者"隐性"避税,后者可能是不合法的,因此需要中介机构核查。中介机构在核查时,不应仅仅看到税务问题,还应看到其他牵涉其中的合规问题和财务问题。因往往各种因素纠集在一起,牵一发而动全身,在厘清关系与业务动机的同时,再着眼税务问题时,这就是要中介机构带着实质重于形式的原则去梳理。如此,便于把握问题中心,也便于监管层看清整个问题。

案例一 晨化股份(300610)

扬州晨化新材料股份有限公司,前身晨化集团(于 2001 年 11 月 29 日更名为晨化科技)成立于 1995 年 5 月,于 2017 年 2 月上市。主营业务为以氧化烯烃、脂肪醇、硅氧烷等为主要原料的精细化工新材料系列产品的研发、生产和销售。申报材料显示:发行人自设立以来,鉴于福利企业政策及满足地方对于税源要求等原因,发行人一直以晨光化工名义对外开票经营,后因福利企业政策的变化,自 2009 年 1 月 1 日起,发行人自己独立对外开票。请发行人说明"福利企业政策及满足地方对于税源要求等"的含义;说明晨化科技符合福利企业的要求但未申请认定其为福利企业的原因及合理性;说明晨化集团以晨光化工名义对外开票是否符合当时法律法规,是否受到相关部门的处罚;提供 2013 年 12 月 27 日,江苏省人民政府下发的《关于确认扬州晨化新材料股份有限公司历史沿革及改制等有关事项合规性的函》(苏政办函[2013]118 号)。请保荐机构、发行人律师对上述问题进行核查,说明核查过程并发表意见。

请发行人说明在股权转让、盈余公积转增股本、整体变更为股份公司自然人股东以盈余公积和未分配利润转增股本部分的过程中,自然人股东个人所得税的缴纳情况。如未缴纳,说明欠缴金额、补救措施,是否构成重大违法行为及影响本次发行的法律障碍。请保荐机构、发行人律师对上述问题进行核查,说明核查过程并发表意见。

- **详细说明企业围绕"福利企业"头衔所发生的税务活动，包括且不限于税收优惠**

在招股说明书中，企业披露了自身有多项税收优惠待遇，包括增值税出口退税、高新技术企业所得税优惠和社会福利企业。而监管层独自询问福利企业的相关问题颇多，不得不说明监管层对地方税务局和民政局等层级较低行政机关所出具说明的效力不信任。由于企业又提到了"出于对地方税源的考虑"事项，更是让监管层担忧地方主管部门会为了自身的财政利益而给予企业非法的税收优待。而一旦这种优待因政府人事与政策的变迁消失，企业的利润和业绩就会大受影响。这也解释了监管层唯独对此大费周折了。

企业在解决这个福利企业税负问题时，首先应表明自己符合这一资质的所有要求，包括所雇佣的残疾人人数以及给予的相关待遇等。其次再说明地方民政局已经给予认可，最后还需表明福利企业符合自身的长远规划。企业在一段时间内，不会改变福利企业性质，因此也不会丢失福利企业的税收优惠，这一点不会对企业的业绩产生影响。

中介机构在解决监管层对地方给予企业特殊优待的担忧问题时，应首先表明这种优待是有一定政策文件支持的，在该地区的所有同类企业都得到了相关红利。其次运用数据分析，如果企业在应缴纳的税负缴纳，对公司的业绩会产生怎样的影响，以及没有了这地方税负福利，企业业绩是否会大打折扣。这需要结合会计师的工作，用财务数据才能更好地予以说明问题，如此，才可减轻过会风险。

- **围绕是否构成重大违法以及对企业持续经营产生影响，说明企业改制及股权变动过程中，各自然人股东所得税缴纳情况**

在说明这一问题时，如果涉及控股股东或实际控制人的，首先，要重点说明，以免导致监管层对企业控制权认定的怀疑，也正是监管层首要怀疑如果相关程序不合法可能会导致控制权的认定产生问题，才会有此一问。其次，由于自然人股权转让过程中经常没有履行缴税义务，有时数额非常大，出于合规性讲，中介机构也应该督促自然人股东补全税款，履行完毕相应的程序。再次，在说明企业分红、以盈余公积和未分配利润转增股本部分的过程中，要结合财务数据和会计师的工作进行说明，阐述是否存在未缴税款，如果有，绝对数额多大，以及占利润多大比例，最后，综合说明是否存在重大违法的嫌疑以及主管机关已给出的认定说明。经过如上常规操作，既可表明相关事项是否对企业持续经营能力产生影响，也达到了监管层的问询目的。

被否案例 邯郸汉光科技股份有限公司 2016 年 4 月 1 日创业板首发

根据申请文件，发行人报告期 2014—2015 年末应缴企业所得税余额分别为 -277.03 万元、-284.74 万元，2013—2015 年度发生滞纳金及罚款分别为 0.90 万元、0.85 万元、1.91 万元。申请文件显示：① 多交税款系期初利润调整原因所致，主管税务机关均未就是否将前期多缴纳的企业所得税退还给汉光科技或抵减以后期间的企业所得税给予明确回复。② 2014 年度所得税除缴纳完毕当期及 2013 年度企业所得税外，还预缴了 2015 年度企业所得税 88.45 万元。

请发行人代表进一步说明：① 2014 年度预缴 2015 年度企业所得税的原因。② 与税收缴纳相关的内部控制制度运行是否有效；③ 发行人及其子公司纳税申报表与财务报表附注是否存在差异，该差异是否在相关申报材料中完整披露。请保荐代表人说明：① 对上述问题的核查过程及核查结论；② 认定应缴所得税余额准确性的依据；③ 对发行人与税收缴纳相关的内部控制所履行的核查程序及核查结论。

● 详细说明各年度企业所得税的缴纳情况，着重解释是否存在通过调控纳税数额与年度来操纵利润

一般情况下，企业会在不违法违规的情况下迟延缴税，极少会多缴税。而若存在提前多缴税的情况，那么自然会被怀疑是否通过提前确认收入等手法来操纵各年的利润。实务中，确实存在这样的情况，发行人为了使报告期内的各期利润表看起来呈现逐年增长的态势而有意人为调节，这是监管层绝不允许的。因此必须核查清楚，然而招股说明书中并没有主动对这一块进行过多的解释，可能是中介机构对这一块缺乏敏感。

在进行说明时，要给出发行人多缴预缴的动机，从招股说明给出的材料中，多缴预缴的税款金额并不大，但监管层问得十分仔细，则说明监管层是想了解发行人是否存在深层次的原因，结合企业存在出

口退税以及企业所得税税收优惠政策等背景，可以说发行人的税务情况还是比较复杂的，监管层强烈想了解清楚企业的税务情况，并得出自己的关于企业税务是否合法合规的结论。

● **结合数据分析企业财务合规性，结合会计师的工作说明内部控制是否正常**

正如招股说明书披露出口退税和企业所得税优惠政策对企业业绩存在潜在影响以及企业存在提前缴纳税款等"与众不同"的情况，监管层十分担心企业在税务内部控制方面存在缺失。可以说，这个问题是很严重的，因为税直接与利润挂钩，而利润一是有数额红线在那里，二是也是表明企业具有持续经营能力的最明显的财务指标。因此，企业必须将税务内部控制解释清楚。

本案例招股说明书显然没有对此问题引起足够重视，没有单独予以说明，只是提示了税务风险，然后将税务问题杂糅在财务问题中进行讲解，这是达不到监管层的要求的。这也给我们以提示，当企业税务问题较复杂、存在多种对税负的影响因素时，企业在招股说明书的写作中，务必一是提示风险，二是单独将其挑出进行系统的说明，以表明税务内部控制的有效建立与运行。

本节小结

我国企业整体税负较重，且实际执行起来存在不同时间、地区可松可紧的问题。因此，一般中小企业纳税方面或多或少都会存在瑕疵或者其他更严重的情况，这在纳税意识较为落后的地区是"心照不宣"的。因此，总的来说，发行人依法纳税这一工作要求对中介机构来说，工作是比较繁重的。其首要的便是催促企业在报告期内将各纳税事项逐一规范，时刻将"税"作为企业运作考虑的重要因素之一，而不能妄想着避开税去开展业务。

税又是牵一发而动全身的问题，如其会影响到财务中的收入确认，涉及是否构成重大违法违规的重大税务处罚、关系到业绩依赖的税收优惠以及国际相关主体的核准与审批的"假外资漏税"等。税在IPO的审核中合规与财务参半，许多监管层提出的即使是合规问题的有效解决，也需要律师会计师的通力合作，这也体现了税在IPO中的复杂性与重要程度。然后说起来归根结底还是要企业业绩过硬，愿意在税的问题上查漏补缺，对历史上欠的旧账进行补填，对较复杂有涉嫌违规的避税方式进行删减剥离等诸如此类表明企业不会因税的问题而使利润受限，使生产受到影响。如此操作，监管层的合理怀疑会缩减到最低程度，对企业的持续盈利能力也会大为认可和放心，这对企业过会是十分有帮助的。

第四节　消　防　环　保

消防和环保问题在合规中历来备受重视。实务中，即使是挂牌新三板企业，如果存在消防审查和环保评估不过关的情形，在某些管理规范的大型券商那里是连其内部审核都难以通过的。当然，消防和环保问题并非普遍存在拟IPO企业中，有些行业几乎不关涉这两方面问题，如互联网行业。而有些行业两者都比较严重，如采矿业、化工原料制造业等。然而，在消防和环保上不会出大问题的行业，并不是说什么都不用做了，其仍然需要取得消防主管部门和环境保护主管部门的相关认定或备案审批。而对于消防和环保重灾区的企业，定期的评估不但必不可少，而且历史上最好不要发生相关重大事故，比如存在突发大火致多人死亡以及污染物泄漏造成重大人身财产损失等事件。如果在报告期内发生了重大事故，由于事件的严重性，监管层会严重怀疑企业可能存在违法违规经营以及内部风险控制缺失，极有可能会直接取消审核，此时明智的做法只能是将发行人报告期往后推迟。而如果相关责任事故发生在报告期外，对IPO来说影响稍为轻微点，但监管层看待问题是辩证的，一个原则就是事故的发生是否影响其持续经营能力，比如该事故发生时，主要责任在企业还是个人还是应归咎于自然灾害；事故发生后，企业处理得是否妥当、有没有受到重大行政处罚；受到处分之后，企业对内部控制有没有进行改进等，如果上述问题都指向企业的各种管理缺陷，那么尽管在报告期外发生了事故，监管层仍然能对企业的持续经营能力产生合理怀疑，从而可能构成实质性障碍。

一、消防

消防，即消除防患（即预防和解决人们在生活、工作、学习过程中遇到的人为与自然、偶然灾害的总称），狭义是指扑灭火灾的意思。《中华人民共和国消防条例》第十四条规定，机关、企业事业单位实行防火责任制度。第十五条规定，机关、企业事业单位应当根据灭火的需要，配置相应种类、数量的消防器材、设备和设施。第十六条规定，企业事业单位根据需要设立群众义务消防队或者义务消防员，负责防火和灭火工作，所需经费由本单位开支。第十七条规定，火灾危险性较大、距离当地公安消防队（站）较远的大、中型企业或者较大的事业单位，根据需要建立专职消防队，负责本单位的消防工作，所需经费由本单位开支。

在 IPO 实务中，一般将消防问题分为两个阶段：一为报建阶段，二为日常维护阶段。在报建阶段，注重对消防建筑的备案与验收的核查，而在日常维护阶段，偏向于是否受到过行政处罚的核查，偏向于本书行政处罚这一节的内容，比如，建筑验收之后，企业的消防通道在日常经营过程中，有无被占用及因此受到过行政处罚等。在过往案例中，中介机构注重消防备案与验收的核查，这也是监管层问询的重点。

根据消防法规，2009 年 5 月 1 日之前，全国各地的建筑工程在图纸设计阶段需报当地消防部门审核设计方案是否合规，消防部门检查后会出具《建设工程消防设计审核意见书》等行政文书。在工程竣工验收阶段，需报当地消防部门验收，验收合格之后消防部门会出具《建设工程消防验收审核意见书》等行政文书。

在 2009 年 5 月 1 日之后，消防申报程序有较大幅度变更。在图纸设计阶段需报消防部门进行图纸审核和备案。工程竣工后，应将消防施工图纸、验收记录（自验）、测试报告、材料合格清单、监理及业主签字联系单等涉及消防的施工过程资料向消防部门备案，备案完成后可在网上查询到备案完成。至此建筑备案验收手续可谓履行完毕。

需要强调的是，消防部门会对备案的企业所报送的资料进行抽查和现场验收，抽查合格的，互联网上可查询到"抽查合格"字样，由于2009年5月1日之后，消防部门不再出具《建筑工程消防审核意见书》，而是消防备案和抽查结论，一般来讲其效力等同于消防审核意见书，相关单位和个人可以网上打印保存。企业如果在备案后未被抽到，消防部门还有日常巡查抽查，日后发现不合格，除需拆除建筑违规部分且重新备案核查外，还可能因此受到行政处罚，如停业整顿、罚款等。

应该说明的是，各地消防部门处理规定与执行稍有出入，中介机构在核查前应注意收集当地消防主管部门的意见与相关案例资料。

事实上，有不少企业因重大消防问题受到处罚但还是带"病"过会，比如安德利百货这家企业因其自身或者子公司的消防问题而遭到过行政处罚，尽管这些企业仍然有惊无险的上市，而存在相同问题的其他企业却因该事项被否。

中介机构分析各种情况，通过仔细梳理案例，总结在阐述消防问题时要想得到监管层的信任离不开如下思路：

第一，全面披露消防事故发生的经过，论述产生消防原因以及企业在事故中的做法。

第二，披露企业因消防事故有无受到过行政处罚、是否被认定为重大违法违规行为。

第三，不管是否被认定为重大违法违规行为，说明企业在事故发生后有无妥善处理消防人员、吸取教训以及建立防范消防事故再次发生的有效的内部控制制度。

第四，披露当下消防设施与员工消防意识培训是否得到主管部门的核查合格的认定，并由实际控制人或控股股东兜底若再次发生消防事故，则由其赔偿相关人员以及投资者的全部损失。

一般来说，以上的思路是比较严谨和合格的，能论证曾经发生过的消防事故不会影响企业的持续经营能力，且公司的内部制度与管理现状保证今后再次发生的可能性极小，这就给了监管层信心，过会风险大大减少。

案例一　**百傲化学（603360）**

公司成立于2012年6月，于2017年上市，主营业务为异噻唑啉酮类工业杀菌剂的生产、研发和销售。主要产品为异噻唑啉酮杀菌剂原药剂及复配产品，分为CIT/MIT、MIT、OIT、DCOIT等几大系列。

根据2014年8月5日沈阳市经济技术开发区消防大队出具的证明，"经我消防大队核查，2013年7月沈阳百傲化学有限公司因储罐、仓库的消防喷淋未能保持完好有效，受到我消防大队罚款5400.00元的行政处罚。沈阳百傲化学有限公司在收到上述行政处罚决定书后立即缴纳了罚款，并及时按照我消防大队的要求进行了整改。上述处罚金额较小，该行政处罚不属于重大违法违规行为。"针对百傲化学的上述问题，证监会在其反馈意见中要求：请保荐机构、发行人律师结合发行人所处化工行业，说明发行人采用的安全生产的具体措施及报告期内投入的相应金额；除上述情况外，是否曾受到其他行政处罚的情况。中介机构在处理以上问题时的思路如下：

● **详细说明发行人所处行业消防合格标准，并逐条对照论述是否合格**

中介机构首先在招股说明书中对其所处的行业的消防风险做了表述，"公司为化工企业，生产过程中使用的原材料的储运和使用存在一定的火险隐患，如在生产过程中操作不慎，可能危害到生产工人的健康安全。如公司在安全管理环节发生疏忽、员工操作不当、设备出现问题，均可能发生失火、爆炸等安全事故，影响公司的生产经营，并可能造成较大的经济损失，进而对公司正常生产经营产生较大的不利影响"。其次由于企业所处的行业特殊，有着特殊的消防管理规范以及地方消防部门的特殊要求，需要中介机构去逐一梳理，其根据行业规定，披露发行人已取得消防方面的有关资质、企业建立了有效的消防内部控制，最后说明企业取得了当地主管部门的合格证明和无重大违法违规证明。

可以说中介机构对消防处理的上述流程是不错的，将企业的内外能够证明消防合格的证据都予以澄清。不过，发行人报告期外即2013年存在过因消防问题被处以罚款的行政处罚，由于一般认为罚款以上的行政处罚就可认定为重大违法违规,因此即使是在报告期外,中介机构也务必谨慎解释。中介机构对此充分说明了受到处罚的前因后果及整改规范情况,再结合当下的企业消防环境,表明不会再发生类似事故、不会影响企业的持续经营能力。综合来看,上述做法还是比较让监管层放心的。

● **量化分析发行人对消防的资金投入是否符合上市公司同行业水平,具体说明公司现行管理模式对消防的重视**

在说明企业对消防的投入时,最好采取量化的方式,便于给监管层以直观的印象,同时也便于分析消防投入对公司业绩的影响。有时快速成长中的企业尽管利润增长快速,但往往是因为规范性不够所导致的。因此对消防重点监控的企业,需关注投入的成本对企业的发展规划与持续经营能力的影响,分析是否与其规模与营收相匹配。通过量化分析一方面突出了发行人对消防安全的重视,另一方面也凸显了对公司业绩增长的自信,对自身的持续盈利能力有把握,这也是监管层乐于看到的。

二、环保

环境保护,是指人类为解决现实的或潜在的环境问题,协调人类与环境的关系,保障经济社会的持续发展而采取的各种行动的总称。最新修订的《建设项目环境保护管理条例》加强了企业对于防治环境污染的主体责任、扩大了环保主管部门的权力范围,加大对企业环保违法的惩治力度,强调事后监管,其主要内容如下:

将环境影响登记表由审批制改为备案制,将环境影响报告书、报告表的报批时间由可行性研究阶段调整为开工建设前,环境影响评价审批与投资审批的关系由前置"串联"改为"并联";取消行业主管部门预审等环境影响评价的前置审批程序,并将环境影响评价和工商登记脱钩;加强事中事后监管。规定建设项目必须严格依法进行环境影响评价,环境影响评价文件未经依法审批或者经审查未予批准的,不得开工建设;明确不予批准建设项目环境影响评价文件的具体情形;强化环境保护部门在设计、施工、验收过程中的监督检查职责；加大对未批先建、竣工验收中弄虚作假等行为的处罚力度；引入社会监督、建立信用惩戒机制，要求建设单位编制环境影响评价文件征求公众意见，并依法向社会公开竣工验收情况，环境保护部门要将有关环境违法信息记入社会诚信档案，及时向社会公开；开展环境影响评价文件网上审批、备案和信息公开。

《建设项目环境保护管理条例》的修改决定于2017年8月1日公布，10月1日起施行。从修改的幅度与内容来看，主管部门对环保问题是十分重视的。监管层势必会严格践行最新立法动向及态度，中介机构及发行人要对企业环保事项引起高度重视。除了最新新政法规对企业IPO中环保问题予以规制外，相关的法律法规有：

《首次公开发行股票并在创业板上市管理暂行办法》第十二条规定，发行人报告期内应当经营合法合规，最近三十六个月未受到行政处罚且情节严重情形，募集资金投资项目符合环境保护相关规定。

《创业板上市公司证券发行管理暂行办法》第十条、第十一条规定，发行人不得存在违反环保相关法律、行政法规或规章，受到行政处罚且情节严重，或者受到刑事处罚、募集资金用途符合有关环境保护等法律和行政法规的规定。

《公开发行证券公司信息披露的编报规则第1号——招股说明书》第四十四条、第六十六条规定：1. 发行人应根据重要性原则披露主营业务的具体情况；2. 存在高危险、重污染情况的，应披露安全生产及污染治理情况、因安全生产及环境保护原因受到处罚的情况、近三年相关费用成本支出及未来支出情况，说明是否符合国家关于安全生产和环境保护的要求。

根据证监会相关负责人及培训班关于企业环保问题的指导精神，如果发行人最近3年内受到环保相关行政处罚或者受到刑事处罚的，将不得公开发行股票。这在某些方面严于上市法律体系。另外一个重点是相关主管部门不得自行出具企业环保合格证明文件，或者说发给企业的环保合格文件并没有说服力，监管层在这一点上体现的是环保核查的不可穷尽性，避免发行人和中介机构得到一张核准文件就万事大吉。这一点也可以直接理解为将核查的责任由原来的环保部门转移至中介机构和发行人，后者在环保问题上承担的责任更重了。

由于环保问题被放到了相当重要的位置，中介机构日益谨小慎微，在某些方面也改进了以往的做法。中介机构在对企业日常经营环保方面合规性审查与对是否受到过环保方面行政处罚等常规核查外，需要区分发行人为重污染企业和非重污染企业再分别进行细化调查。

重污染企业应着力核查当下的环保资质有无缺失，比如排污许可证、废气排放许可证等，再对历史上是否发生过环保事故，如果发生则需要仔细调查事故的前因后果、有无人员伤亡、造成多大经济损失、发行人如何善后、主管部门对事故的态度、企业吸取教训后的建立的内控是否有效等。最后着力说明发行人发展规划中重大项目的环保合法合规性，以及通过IPO所募集资金所投项目的合法合规性。

重污染认定的依据主要是国家和地方相应的监管规定，环保部、证监会等有关部门对上市公司重污染行业分类规定则作为国家和地方监管规定的补充。故从尽职调查的勤勉义务上考虑，中介机构在核查是否属于重污染行业时必须参照以上所有的规定。实践中，在全国具有普遍约束力的相关规定有2003年环保总局颁发的《关于对申请上市的企业和申请再融资的上市企业进行环境保护核查的通知》、2008年环保部颁发的《上市公司环保核查行业分类管理名录》（该文件已于2016年7月被废除，但出于谨慎性考虑，笔者认为核查时仍应全面考虑）以及2010年9月环保部公布的《上市公司环境信息披露指南（征求意见稿）》。根据以上文件，在全国各省市皆应当被认定为重污染的行业涵盖火电、钢铁、水泥、电解铝、煤炭、冶金、建材、采矿、化工、石化、制药、轻工（酿造、造纸、发酵、制糖、植物油加工）、纺织、制革14大行业。此外，中介机构对于并不包含在以上行业中的企业也不能绝对地认为不属于重污染行业，因为部分省市还出台了地方的重污染行业名录，例如，广东省另将电镀、印染、一般工业固体废物及危险废物处置也列为重污染行业进行核查。

重污染行业应履行全面的环评程序。目前来说，企业的建设项目从其规划到最终建成并投入使用往往需要履行如下审批流程：

(1) 根据建设项目对环境影响的大小编制《环境影响报告书》《环境影

响报告表》，或填报《环境影响登记表》；

（2）将以上申报材料递交至环保部门，以获得环保部门对建设项目的批准，即我们通常所说的《环评批复》；

（3）获得项目建设批准后开工建设，建设时需同步建设环保配套设施，以满足环保"三同时"（同时设计、同时建设、同时投入使用）的要求；

（4）建成后，企业进行试生产申请，根据环评法的规定，试生产一般为三个月。2016年4月后，环保部发出《关于环境保护主管部门不再进行建设项目试生产审批的公告》，省、市、县级环境保护主管部门不再受理建设项目试生产申请，也不再进行建设项目试生产审批；

（5）项目建成或试生产结束后，由环保部门对企业建设项目进行验收，只有企业通过环保部门的验收，取得《建设项目竣工验收合格》的报告，企业才可以正式投入生产。

另外需要注意的是，完成一次环评程序后并非就可以一劳永逸了。根据《环境影响评价法》《建设项目环境保护管理条例》的规定，以下三种情况企业均需要履行环评程序：（1）建设项目开工前；（2）建设项目性质、规模、地点或者采用的生产工艺发生重大变化时；（3）建设项目环境影响报告书、环境影响报告表或者环境影响登记表自批准之日起满5年建设项目方开工建设的，原文件应报原审批机关重新审核。故是否需要履行环评程序应当根据建设项目的实质条件进行判断，若该建设项目是一个全新的，或和之前的建设项目有重大变化的或可能有重大变化的，都应当进行环评程序。

此外，《排污许可证》也是大多数重污染行业企业必备的资质，但并非所有重污染行业都必须具备该资质。根据《排污许可证管理条例》，国家对在生产经营过程中排放废气、废水、产生环境噪声污染和固体废物的行为实行许可证管理。以下在中华人民共和国行政区域内直接或间接向环境排放污染物的企业事业单位、个体工商户（以下简称排污者），应按照本条例的规定申请领取排污许可证：（1）向环境排放大气污染物的；（2）直接或间接向水体排放工业废水和医疗废水以及含重金属、放射性物质、病原体等有毒有害物质的其他废水和污水的，城市污水集中处理设施；（3）在工业生产中使用固定的设备产生环境噪声污染的，或者在城市市区噪声敏感建筑物集中区域内因商业经营活动中使用固定设备产生环境噪声污染的；(4) 产生工业固体废物或者危险废物。依法需申领危险废物经营许可证的单位除外。因此，中介机构在核查拟挂牌企业是否需要该资质时应当全面考虑企业的生产作业流程是否向外排出污染物以及当地的相关规定。

非重污染企业包括轻污染以及无污染企业（如证券公司、银行、互联网公司等），这类企业只要有效证明自身无与环保方面有关的生产流程，主管机关对其环保关注自然降低不少，中介机构和发行人自身也并不需要多核查，但如果发行人及其子公司所属行业不属于重污染行业但根据相关法规规定必须办理排污许可证和配置污染处理设施的，应当在报告期内办理完毕。发行人切勿认为对于非重污染行业，审查时就不再需要审查其是否履行环评程序，环评程序是几乎存在于每一个新的建设项目中的。

总的来说，环保方面的问题既要坚持实质重于形式的原则，更要注重防患于未然的考量。监管层对待发行人的环保问题，并不是过去无事故，当下有资质就放心的，尤其是重污染企业，必须详尽说明从产品研发到生产工艺再到实际成品全流程的关于环保内控的事项，监管层才能降低对企业环境污染的担忧。

> **被否案例** 江阴润玛电子材料股份有限公司（2016 年 12 月 23 日）创业板首发

招股说明书披露发行人主要产品为危险化学品或易制毒化学品，在生产、运输、存储和装卸过程中操作不当存在安全、环保风险。江阴市环境监测站分别于 2016 年 7 月 19 日及 2016 年 7 月 20 日对发行人厂界废气进行监测并出具《江阴市环境监测站工业废气测试报告》，结果显示发行人厂界氯化氢无组织排放浓度超标。2016 年 10 月 21 日，江阴市环境保护局出具《行政处罚决定书》（澄环罚书字［2016］第 331 号），责令发行人立即采取限制生产的措施，同时对发行人作出罚款 3 万元的处罚。根据招股说明书披露，发行人主要产品为危险化学品或易制毒化学品，在生产、运输、存储和装卸过程中，操作不当存在安全、环保风险。发行人目前拥有 5 项相关的经营资质证书。

针对润玛电子的上述问题，证监会在其反馈意见中要求：请发行人代表说明报告期各期污染物的具体排放情况，发行人环保设备的购置和使用能否防止再次发生类似环境污染事故，发行人的相关内部控制制度的设计和运行能否防止再次发生类似环境污染事故，请保荐代表人发表核查意见。请补充披露报告期各期污染物的具体排放情况，环保设备使用和购置情况，是否存在违法违规行为，是否已按照国家相关规定取得生产经营所必需的全部生产资产，是否存在违规经营的潜在风险。请保荐机构、律师发表核查意见，并说明核查过程。中介机构在处理以上问题时的思路如下：

- **详细说明发行人所处行业的环保状况，进一步说明发行人的环保投入及效果**

中介机构在招股说明书中先是说明了发行人所在行业的环保风险：发行人主要产品超净高纯试剂中的部分原材料和产品为危险化学品或易制毒化学品，有易燃、易爆、腐蚀等性质，在其生产、运输、装卸和仓储过程中，操作不当会造成人身安全和财产损失等安全事故。部分产品在生产过程会产生部分废水、废气、废渣等排放物，专用包装物在清洗过程中会产生少量废水，如果处置不当可能发生泄漏、污染等环保事故。然后说明了发行人的巨大环保投入：增加公司安全生产和环保投入，从而导致发行人生产经营成本提高，在一定程度上影响发行人的收益水平。其次出具主管当局的相关环保资质证明，最后披露了报告期内发生的关于环保的行政处罚。虽然保荐机构着力说明该次处罚所针对的问题是偶发性的，日常经营极少发生，但是监管层联想到其巨额的环保投入已经影响了业绩，还是会发生这种"偶然情况"，不得不怀疑环保问题会影响其持续盈利能力。本案例中介机构的核查思路是常规的，一般情况下也是有效的，但是发行人情况较为特殊，其本身为重污染企业，为环保投入了较多资金，但是还在报告期内受到了环保行政处罚，这是非常敏感的事情。对此之后中介机构又拿不出合理的解释，仅凭当地区级环保主管部门出具的无重大违法违规证明，其说服力显然是很不够的。当然，若非另有特殊情况，该案例中介机构的核查应是可参照的。

- 充分说明有无环保方面的潜在风险，详尽论述今后有无再次发生环保事故的可能

中介机构在对项目公司环保方面的历史沿革方面进行彻查后，对当下公司环保设施、环保内部控制制度、环保事故应急处理制度、环保事故责任承担与赔偿安排等要逐一审查并说明，以表明公司不会因环保问题影响公司的持续经营能力。可以说，结合当下环保审查力度，这一点对中介机构的工作要求颇高。风险在某种意义上来说是没有穷尽的，只能尽可能地降低它、压缩它、转换它。如此，中介机构对环保问题较严重的企业，可以劝说将环保事项外包给专业机构，再由大股东兜底风险，于事故发生时予以赔偿，当然，这是在做完所有对业务流程和生产工艺的考察后再做的保障事项。总之，中介机构既要表明发行人不会发生较大环保问题，也要表明发行人环保投入并没有影响其正常经营，这一点是所有工作的出发点。

本节小结

行业内人士都说"持续经营能力是个筐，什么都能往里面装"，这点在消防和环保方面体现得非常明显，当某些企业从业务与经营模式上就可看出并非消防和环保重灾区时，监管层自然不必担忧其相关问题会影响企业生产经营，而当有些行业是消防和环保重点监控对象时，如服装加工制造、重金属冶炼等，就算发行人历史上没有发生过相关事故和受到过相关处罚，其内部控制也予以了详尽事故规范，监管层极有可能仍会过问，因为这些企业一旦发生相关事故，就极有可能是重大事故、伤亡事故，这将是严重影响企业持续经营的事项。因此在针对消防和环保重点行业的企业进行核查时，中介机构要将关注点放在"防患于未然"上，强调企业事前的准备，着重说明中介机构已做好的各种应对措施以说明发生相关事故发生的概率非常低，最好达到会计术语"基本为零"的程度。

而将消防和环保分开来说的话，消防安全这一块是社会一直都在要求的，而环保则不同，由于民众对碧水蓝天的日益怀恋和以牺牲环境创造GDP的痛恨，环保被摆在了越来越突出的位置。从上文可知，监管层曾多次针对环保问题发文和召开一些通风会、培训班，由此可见一斑。按照现实来讲，部分企业家会维护一些消防设施的正常开销

和运转，因为这与其生命财产是直接相关的，但是不会去积极引进环保设备，所有环保达标对许多拟IPO企业，特别是处在辅导期期初的中小企业，这是件花销很大的事项。然而，正如前面所述，面对IPO对环保核查日益严格的环境，企业环保投入必须尽早，如此可避免在报告期内出现重大污染事故而被一票否决。相对来讲，消防这一方面，即使是事故多发行业，但只要做好相关内部控制，有监管部门的审批备案，没出现过重大事故，一般不会成为实质性障碍。对中介机构来说，消防方面按照行政管理的要求逐条进行核查就好，但是环保，监管层已经将责任由主管机关转给了他们，因此中介机构针对环保事项必须要进行事无巨细的实质性排查摸底，如此才能出具对各方都负责任的中介意见。

第五节　重大违法违规

重大违法违规行为是法律明确规定的上市红线，是绝对不能有的。但是中介机构可以在是否"重大"的认定上努力，比如企业有较多的行政处罚，极有可能被怀疑存在重大违法违规，但是中介机构可以通过收集证据和作出合情合理的解释打消掉监管层的担忧，然而这种事后的处理成本是很高的，而且是否有效难以确定，风险较高，因此发行人实有必要在报告期初期就对规范运行予以高度重视。尽管道理如此明显，但是规范问题一直得不到企业的重视，现实中报告期内受到行政处罚、有重大违法违规行为认定风险的拟IPO企业非常多，其中不乏较为规范的新三板企业，因此重大违法违规问题具有较强的普遍性。

重大违法违规行为是什么，一般按照字面意思理解即可，但是这里有两个重点需要讨论清楚，即主体和程度。关于重大违法违规行为的规制主体是什么，中介机构通过分析法条发现上市法律法规体系对拟IPO企业的发行主体、董监高和控股股东、实际控制人都做了不得有重大违法违规行为的要求。比如根据《首次公开发行股票并上市管理办法》第十八条，发行人不得有下列情形：最近36个月内违反工商、税收、土地、环保、海关以及其他法律、行政法规，受到行政处罚，且情节严重。而董事、监事及高管不得有下列禁止情形：被证监会采取证券市场禁入措施尚在禁入期的；最近36个月内受到证监会行政处罚，或者最近12个月内受到证券交易所公开谴责；被司法机关立案侦查或者被证监会立案调查，尚未有明确结论意见。

创业板首发管理办法特别规定，发行人及其控股股东、实际控制人不得有下列禁止情形：最近三年内不存在损害投资者合法权益和社会公共利益的重大违法行为；最近三年内不存在未经法定机关核准，擅自公开或者变相公开发行证券，或者有关违法行为虽然发生在三年前，但目前仍处于持续状态的情形。

由此可见，实际上法律法规对重大违法违规的规制主体实际上是三类：一是发行人，二是发行人董监高，三是发行人控股股东、实际控制人。在实务中，这三类主体的重大违法违规行为都是要核查的，但是鉴于法律法规对发行人主体规定得尤为详细具体，且监管层关注发行人主体多于其他两类，因此我们在讨论重大违法违规的主体时，一般是指发行人。

关于程度问题，也就是"重大"的认定问题，其结合法条和保代培训经验，一般是指罚款以上的行政处罚，而刑事处罚自然被认定为重大违法违规。《中华人民共和国行政处罚法》第八条规定，行政处罚分7类：（一）警告；（二）罚款；（三）没收违法所得、没收非法财物；（四）责令停产停业；（五）暂扣或者吊销许可证、暂扣或者吊销执照；（六）行政拘留；（七）法律、行政法规规定的其他行政处罚。我们可以看到，罚款是排在倒数第二轻的处罚位置的，由此可知只要是罚款，就被认定为重大违法违规，似乎也太过严苛，因此，尽管实务认为罚款是一般"重大"违法违规的起点，但是中介机构往往通过努力，如让主管机关出具相应的证明，然后在招股说明书的相应部分详细分解说明处罚的因由，也可以自行下结论罚款处罚所对应的行为并非重大违法违规。

另外，还要注意受到行政监管措施与行政处罚的不同。有些主体为证券公司、金融机构等，常常会受到行政监管措施，比如责令整改、监管谈话、认定为不适当人选、不再受理发行人公开发行证券申请、责令公开作出解释并道歉、不接收相关机构或人员签署的证券发行文件、不接收承销机构参与证券承销、不得作为特定对象认购证券等。这虽然非法律法规规定的上市红线之一,但是也是对发行人内部控制是否有效的重要认定事项之一,因此在招股说明书中也应作披露。然而一般来说问题不大,只要中介机构合理合情解释,并表明已做整改,监管层一般不会太过苛责。

关于其他两类主体的重大违法违规行为。如果是董监高在报告期内发生了相关行为,中介机构一般是建议发行人调离相关人等职务或者予以辞退。发行人决策层一般都会认可不能为了少数几个人的过错,而让发行人的报告期延长,耽搁企业发展。而至于实际控制人、控股股东在报告期内发生了法律法规明确禁止的行为,由于发行人由实际控制人、控股股东控制人,一时难以予以变更,而且即便变更,也不符合报告期内发行人实际控制人、控股股东不得发生变更的监管要求,因此唯一的办法只能是将报告期延长,并消除实际控制人、控股股东重大违法违规行为造成的不良影响。

总的来说,对于发行人重大违法违规行为,中介机构的一般处理思路为:首先,当发行人报告期确实受到了行政处罚,而且是多起的,一定要详细介绍行政处罚发生的经过,解释受到行政处罚的原因并非出自公司内部控制缺陷,而行政处罚更不会导致持续经营能力受到影响。在此需要强调的一点是,尽管法律法规着重明确了报告期内不得发生重大违法法规行为,但如果报告期外受到了行政处罚,被认定为重大违法违规,被监管层怀疑影响企业持续经营能力,且影响一直未消除的,也会造成发行人上市的实质性障碍。

其次,强调发行人虚心接受了行政处罚,对公司内部治理机制进行了改进,并在招股说明书中详细说明具体改进的措施。

最后,根据发行人受到的行政处罚,依据法律法规结合实际情况,进行法理辨析,可采取发行人因未受到顶格处罚,故不属于"情节严重"的情形,进而并未构成重大违法违规行为,不会构成公开发行的实质性障碍的论述路径。同时可由主管机关出具相关证明予以增强证明力。

中介机构在处理行政处罚相关问题时,还需注意可从以下方面着手:如行政处罚违法行为的起算时点的推导,可以尽量将起算时点往报告期外推;

对行政处罚作出行政复议与行政诉讼，以求降低处罚力度；说明相关部门的行政处罚虽然罚款金额较重，但是处罚之后公司形象与业绩并未受到影响，企业的持续经营能力没有受到财务上的损害；说明违法行为具有偶发性、是出于个别人员的过失，且实际控制人或控股股东已经对相关风险进行了兜底承诺等。

被否案例　柳州欧维姆机械股份有限公司创业板首发2017年1月申报

发行人前身为柳州市建筑机械总厂，发行人未披露自1981年11月柳州市建筑机械总厂设立至2002年10月变更为有限公司期间的历史沿革。发行人2002年改制为有限公司后的多次股权变动未履行国有资产评估、备案或国有资产交易程序。广西国资委就发行人2002年10月至2014年1月的国有产权变动事项出具了确认批复，批复载明"不因自治区国有资产监督管理机构的审核确认而转移其他有关部门和企业所应承担的法律责任"。

针对柳州欧维姆机械股份有限公司存在的上述问题，证监会在其反馈意见中要求：请发行人补充披露：（1）自1981年11月柳州市建筑机械总厂设立至2002年10月变更为有限公司期间的历史沿革，说明是否符合当时有效的法律、法规及规范性文件的规定；如历史沿革中存在程序瑕疵，请说明是否构成重大违法行为及本次发行的法律障碍；如需有权部门出具确认文件，请一并提供。（2）历史沿革中历次国有股权（产权）变动所履行的具体程序，是否符合当时有效的法律、法规及规范性文件的规定，相关程序瑕疵是否构成重大违法行为及本次发行的法律障碍。请提供历次国有股权（产权）变动涉及的批复文件。（3）2003年受让出资的3名自然人在发行人的任职情况及起止时间，景丰投资将部分出资以低于出资额的价格转让给3名欧维姆有限管理人员的情形，是否违反有关国有企业领导人员持股的规定，是否存在利益输送；其后，王某、陈某分别将所持股权转让给各自配偶的原因，该等股权转让是否违反了国有企业管理人员所持股权不得向其近亲属转让的规定，是否构成重大违法行为及本次发行的法律障碍。中介机构在处理以上问题时的思路如下：

- **详细披露当下追溯至公司成立之初的重大历史沿革，结合不同时期的法律法规，补充合规资料**

中介机构应尽可能详细披露历史沿革中各重大事项的前因后果及与合规相关的资料，不能因年份太过久远就怠于披露，如此会让监管层怀疑公司成立之初可能存在重大违法违规行为而欠缺合法性。在披露历史沿革过程中，要结合当时的法律法规搜寻合规证据，坦诚来说，如此这般工作量确实巨大，一是因为法规变动需进行梳理，二是因年代久远，尽调资料较多，特别是遇到关键资料的缺失，又需找主管部门补全手续。结合本案例发行人这种成立于 1981 年的企业，其相关主管部门可能早已变动或撤销，只能找其上级机关寻求证明重大历史事项。但当新部门的人事资料的有变动，对企业的历史问题可能真的确实无法证明了。如此来说，着实非常费时费力，但是为了 IPO 的严谨性，对于历史沿革中的重大问题，必须竭力梳理清楚。本案例发行对 2002 年之前的历史沿革一概不予披露，在中介机构尽调态度上面就实在让人难以接受，因此监管层才会发出发行人这段时间"是否存在重大违法违规"的问询。

- **对发行人敏感性问题结合法律法规进行总结说明，并就是否构成重大违法违规进行定性分析**

根据招股说明书，发行人让监管层放心不下的是，其历史沿革中涉及多次国有股权转让，由于国有资产在我国法律地位中的敏感性和重要性，监管层绝不会掉以轻心，必然要求予以详细核查，更何况发行人还存在国有企业管理人员所持股权向其近亲属转让这一违规事项的嫌疑。由于发行人国有股权转让的相关问题不管是在历史沿革中还是当下，都有重大违法违规的可能性，因此，针对国有企业这一特殊主体的特有法律法规障碍，实有必要进行集中梳理分析披露，这也算是招股说明书的写作技巧，也是对发行人特殊问题、重点问题有清醒认识的表现，这样做不仅有利于监管层看清问题全貌，取得监管层的"印象分"，同时也便于中介机构提出解决办法。

案例　家家悦（603708）

家家悦集团股份有限公司，于2016年12月上市。其主营业务为连锁超市经营。据招股说明书披露，发行人及其下属子公司曾受到工商、税务、质检、消防、物价等政府部门作出的行政处罚共计54笔。针对家家悦存在的上述问题，证监会在其反馈意见中要求：请在招股说明书中列表分类披露发行人接受的上述行政处罚的具体情形，并进一步核查说明未认定为重大行政处罚的相关理由及依据。中介机构在处理以上问题时的思路如下：

● **列表说明各行政处罚的基本信息，对罚款以上的行政处罚进行重点披露**

由于发行人所受行政处罚较多，为了便于说明问题，集中解释，中介机构应在招股说明书中对所有行政处罚予以列表分析。同时一般认为，罚款以上行政处罚即为重大违法违规的处罚，因此，有必要一次为标准挑出这些"重点"处罚，每个都进行单独解释说明。

在说明未认定为重大行政处罚的相关理由及依据时，除了本节开头所介绍的要结合处罚的力度及行为恶劣程度等进行分析外，还可以结合同行业相关处罚数据及认定结果进行佐助说明，比如有些行业在某一发展时期实事求是来说，确实会存在较多一时难以规范的地方，但出于对情有可原的行业常态与行为性质、改进态度等综合考虑，较多情况下并没有被认定为存在重大违法违规行为，如此这般进行同行业的这方面数据收集，也可算是一项有力说明依据。

● **结合发行人主营业务与所受数十次行政处罚的前因后果，说明是否存在影响发行人持续盈利能力的障碍**

本案例由于所受行政处罚次数太过巨大，中介机构没有掉以轻心，在着重解释行政处罚的前因后果以及自己事后的改进措施之前，中介机构首先结合行业特征（如特殊时期特殊问题突出）予以分析，本案例发行人为零售连锁业，其在快速扩张、开分店的过程中，难免在对分店的规范管理上一时难以顾及，但并不影响其企业整体业绩的增长，更不会影响企业的持续经营能力。因此对于已经存在的处罚实施，虽然给企业带来了一定的负面影响，但首先其未触碰重大违法违规的监管红线，其次没有影响企业的持续经营能力，因此尽管发行人行政处罚确实太多，但也并不构成 IPO 的实质性障碍。

在说明上述问题之后，中介机构还应查明在相关事项发生后企业是否已经进行了内部控制上的调整，确保以后不会再发生同样的情况。同时考虑以后还可能再次受到多次行政处罚，难免存在风险，应让控股股东或实际控制人对风险进行兜底承诺，如此才能彻底打消监管层的担忧。

本节小结

重大违法违规行为可以表现在各处，如工商、税务、质检、消防、物价、房产、土地、环保等政府各部门主管事项。本节案例所选两个案例较为极端，一个是在发行人较久远的历史中，其较为敏感的国有股权问题几乎完全没有披露，而且在报告期内还存在国有企业管理人员违规的嫌疑，因而引起监管层对其国有股权事项是否存在重大违法违规事项的巨大担忧，终因不可摆脱相关风险而遭到证监会否决。第二个案例，发行人及其子公司受到数十起行政处罚，虽然如此，但因其行业特殊，在业务扩张迅速的时期难免会有合规瑕疵，但是这些不影响持续经营的小问题是不足以"致命"的，因此尽管其数量众多，但是只要解释得当，情有可原，监管层对此可以灵活处理。

由此可知，对待这一命题，首先需要查明发行人是否存在"铁板钉钉"的重大违法违规行为，比如是否受到过刑事处罚、被工商局吊销过营业执照等。如果存在，那么这是法律明确规定了的红线，中介机构不可推荐其 IPO。而如果并不存在，那么就要考虑第二个问题，受到的众多行政处罚事项以及有重大违法违规嫌疑的事项，是否对发行人持续经营能力产生影响。前者主要考虑行政处罚相关事项对发行人的业绩开展与财务指标有无重大影响，后者主要考虑重大违法违规嫌疑是否重大、行为是否恶劣、嫌疑一旦被证实是否就已跨越监管红线。不管发行人所受的行政处罚无论多少，对其持续经营能力并无很大影响，其历史或当下的重大违法违规嫌疑又较小，那么中介机构是可以通过收集证据、数据分析、集中解释来解决这些问题，总的来说通过的风险并不大。

由此，我们可以看到，在重大违法违规问题上，有其严苛性，也有其灵活性。这就要求中介机构和发行人正视问题，对明显触碰红线或者较大违法违规嫌疑的，还是推迟报告期比较保险。

第六节 诉讼仲裁

企业要发展，需要开展各种商业活动，竞争与逐利、合作与分歧中难免会发生各种纠纷。纠纷的解决方式有许多，比如谈判、妥协等温和方式，也有仲裁、诉讼等激烈方式，仲裁诉讼一般成本较高，结果并不灵活且诉讼存在一定公开性，公司形象会受到舆情影响，这些都是市场主体不愿意看到的，是其最后的选择。然而诉讼仲裁作为有效解决商业矛盾的途径，大家应以平常心对待，毕竟成熟的市场是鼓励竞争、不惧矛盾的。诉讼仲裁在任何行业都可能发生，但是有些行业较为密集，其一般与行业特性有关，比如设计公司关于专利权诉讼较多，而劳动力任用较多的采矿业劳动纠纷较多，交通运输业则道路侵权纠纷较多等。

上述说的是民事诉讼和仲裁，我们还应关注发行人的行政诉讼和刑事诉讼，其对发行人的影响也很大。比如发行人涉嫌违反工商管理条例，主管部门决定对其吊销营业执照，这对企业的业绩发展无疑是巨大的打击，这时企业可以发起行政诉讼，要求撤销该项行政处罚，能否"拿回"营业执照就成了企业能否顺利发展的关键。而刑事诉讼，可能更为致命，由于刑事诉讼直接关涉发行人是否存在重大违法违规这一监管红线，因此一旦涉诉，被否风险极大。

我们在此需要明确另外一个问题，就是诉讼仲裁的主体。这个问题同重大违法违规问题一样，关涉三类主体，即发行人、发行人董监高和发行人控股股东、实际控制人。其实这一方面用实质重于形式的原则很好理解，即不得存在影响发行人持续经营能力的关涉发行人相关主体的诉讼事项。但是具体来说，如果发行人和发行人的控股股东、实际控制人存在影响其持续经营能力的重大事项，则只能如实披露，详细解释、充分揭露风险，因其两类主体无法变更，但是如果是发行人的董监高存在影响发行人持续经营能力的诉讼或者仲裁事项，则最有效且快捷的方式便是予以辞退或调任，这是实务中常见的做法，股东会大多不能容忍因为个人的问题，影响企业发展前景。

当然，我们要注意，虽然法律规定控股股东和受控股股东、实际控制人支配的股东持有的发行人股份不存在重大权属纠纷，也就是说可以理解为不存在重大权属诉讼或者仲裁，但是其他一切上述主体间接影响企业持续经营能力的诉讼或者仲裁事项，也应在其范围之内。比如控股股东或者实际控制人受到司法侦查或者受到证监会立案调查。法律法规对可能关涉上述主体诉讼仲裁的规定有：发行人及其控股股东、实际控制人不得有下列禁止情形：最近三年内不存在损害投资者合法权益和社会公共利益的重大违法行为；最近三年内不存在未经法定机关核准，擅自公开或者变相公开发行证券，或者有关违法行为虽然发生在三年前，但目前仍处于持续状态的情形。董事、监事及高管不得有下列禁止情形：被证监会采取证券市场禁入措施尚在禁入期的；最近36个月内受到证监会行政处罚，或者最近12个月内受到证券交易所公开谴责；被司法机关立案侦查或者被证监会立案调查，尚未有明确结论意见。

除了上述法律规定的外，还有其他下位法和相关指引制定了关于发行人控股股东、实际控制人和其董监高可能涉及诉讼仲裁的规定。总的来说，关于三类主体诉讼仲裁需要披露的范围可以概括如下：

一是对发行人有较大影响的诉讼与仲裁，且需结合案件标的金额和性质综合判断是否影响重大；

二是对控股股东、实际控制人有重大影响的诉讼和仲裁，需要关注其因重大违法违规行为导致的诉讼和仲裁；

三是关注对董监高、核心技术人员有重大影响的刑事诉讼，需要关注其因重大违法违规行为导致的诉讼和仲裁。

由此，我们可以看出，关于诉讼仲裁事项，其实和本章重大违法违规有千丝万缕的关系，其中缘由不言自明的。一旦涉及重大违法违规，本就极有可能发生相关民事诉讼、行政诉讼或者刑事诉讼，因诉讼是最为严肃的司法程序。由于在实务中，谈到诉讼仲裁多指发行人在报告期内的诉讼仲裁情况，且关于控股股东、实际控制人以及董监高的诉讼仲裁情况在重大违法违规、任职资格以及相关主体认定中有一定说明，因此本节不再展开讨论。

具体来说诉讼和仲裁对企业上市产生不利影响主要为诉讼结果是不确定的，企业首先具有败诉的风险，其次诉讼请求具有随意性，在诉讼过程中，随着双方证据与论证力度的此消彼长，一方主体可以追加或者减少诉讼请求，因此判决结果变更情况较大。由于影响重大的诉讼一旦败诉会导致财务数据大幅缩水或者导致企业关键经营环节断裂，严重影响持续经营能力，因此如此大的不确定性是监管层难以接受的。举例来说，如果企业败诉后，营业收入与利润直接减半，那么就直接导致企业不具备上市发行的各类财务指标与条件，依照法规应直接取消审核，由此监管层为何对企业诉讼仲裁如此关注，道理可想而知。中介机构在实务中总结出来的处理诉讼仲裁诉的一般思路为以下几点。

一、划分披露范围

中介机构首先要求发行人及其子公司披露所有报告期内的诉讼与仲裁事项资料，然后根据同行业相关特征与企业发展的实际情况，确定一个应予披露的范围。比如，对已决诉讼，1 000万元以上予以披露。对未决诉讼，200万元以上予以披露。当然这些指标，需要律师结合会计师的财务分析，特别是营业收入与利润的数据分析进行确定。此外，对于虽然纠纷金额不大，但是对企业发展具有重大影响的案件，也必须进行披露，比如商标、专利权纠纷案件。这在过往案例中经常出现，正反两方面的例子都很多，应该引起中介机构特别注意。

二、厘清对上市的影响

案件的一般结果为撤诉、和解、调解、（不完全）胜诉、（不完全）败诉等。

律师应根据发行人提供的案件资料、对企业进行尽职调查，去法院查询、做合规事项访谈等，对每个案件的胜负做一个概率上的判断。同时对相关结果对企业上市是否产生重大影响作定性分析。在分析好每个案件胜诉概率的基础上，结合会计师的财务分析，一起讨论对企业相关财务指标的影响情况，最好有一个较精确的数值区间，特别是对企业营业收入和利润等监管层比较关注的财务指标，最后得出总体诉讼仲裁情况是否对企业上市财务指标以及持续盈利能力产生重大影响的定性结论。

三、兜底相关风险

对于一些发行人不愿意放弃的案件，由于存在败诉风险或者存在二审改判风险，中介机构为了降低监管层的担忧，会建议控股股东、实际控制人予以风险赔偿兜底承诺。从法理上讲，这其实是对控股股东、实际控制人不公平的。如果企业存在消防、环保等不规范的地方，由于是控股股东、实际控制人实际控制、管理着企业，可以认为其存在过错，让其兜底相关风险并无不妥，但是诉讼仲裁事项，很多并非控股股东、实际控制人的过错，是纯粹的商业"理性行为"之间的碰撞产生了纠纷，这是不能苛责控股股东、实际控制人的。当然，如果在中介机构对控股股东、实际控制人说清楚相关事项后，其自愿出具兜底承诺的话，也并无不妥，毕竟这种尽可能降低投资者风险的做法是监管层鼓励的。

除此之外，需要注意的是，在处理诉讼仲裁事项时，律师可能需要转变以往诉讼实务做法。比如，有些诉讼如果是对公司不利的，那么律师可能采取的结果是能拖就拖，不肯轻易认输。但是在 IPO 过程中，从大局角度考虑，为了降低因未决诉讼仲裁太多给企业的负面影响，同时避免出现司法活动对手方向监管层恶意举报等不必要的麻烦，律师应该建议发行人对于一些影响不大而且胜算不大的诉讼仲裁可以尽早结束，最好采取和解的方式，如此在招股说明书中铺叙起来会显得比较"好看"，同时也降低因诉讼仲裁结果恶化双方矛盾，导致对手方恶意阻挠公司上市的风险，这在过往案例中，是有教训的，一些企业正是没有处理好与对手方的关系，就算在过会后，被

决胜 IPO

其向证监会举报而暂停发行的例子都还是存在的。

被否案例 **筑博设计股份有限公司 2016 年 6 月 24 日创业板首发被否**

根据申报材料，2015 年 1 月 12 日，原申请人重庆分公司负责人柏某（2008 年离职）向重庆市一中院提起诉讼，要求申请人向其支付其以重庆分公司名义挂靠发行人经营期间应分配的设计费 876.8823 万元。2016 年 3 月 24 日，该案开庭审理。柏某又再次上诉，未收到进一步开庭通知。发行人根据其分析及中介机构核查，发行人该案胜诉的可能性超过 50%。

针对筑博设计股份有限公司上述问题，证监会在其反馈意见中要求：请发行人代表说明上述结论是否有法律依据，柏某与发行人的诉讼未确认预计负债的依据是否充分。并请保荐代表人就上述事项发表核查意见。中介机构在处理以上问题时的思路如下：

● 如实说明案件经过，根据已有证据和法院一审过程和结果充分论证胜诉概率

本案例中介机构首先在招股说明书对案件进行了简要回顾，继而说明诉讼一审判决由中级人民法院进行了相关修正。中介机构在回顾案例的过程时，列示了己方收集的证据材料，并交代了对案件负责律师、发行人该案件的负责人、证明人等进行了法律访谈。同时表明根据中级法院决定二审的文书内容，本案相关事实部分已经得到二审法院的修正。然后经过 IPO 律师团队的分析，给出了本案胜诉率超过了 50% 的结论。

我们可以看出，本案中介机构做得还是比较专业的。对案件事实的回顾、对主要证据和当事人的披露以及给出了胜诉率的做法，这些都让监管层对案件有了一个基本的把握。一般来说，中介机构对重大的诉讼仲裁案件做如上披露算是比较完备的了，如果还想说得更详尽和有说服力一点，加入律师同行对案件的分析，也算是中介机构另请的第三方意见，也是可以的。但是这样做终究只是论述胜诉的概率，实际怎么样还是得看法律的最终结果。不过作为案件的披露程度来说，是足够了。

● **结合会计师工作说明案件对发行人财务的影响，并对公司相关内部控制是否完整有效进行分析**

中介机构在招股说明书中说该案件涉及金额占发行人最近一期审计净资产的比例较低，并且说明在实际控制人承诺承担相关费用的情况下，即使发行人被判令承担赔偿责任，也不会导致发行人产生重大偿债风险，不会影响发行人的持续经营。我们知道，监管层不是司法机关，并不会花太多时间去关心发行人未决诉讼的胜诉概率有多大，除非未决诉讼的证据证明力非常明显，达到普通人就能认定输赢的情况。其只会分析如果败诉，其会对发行人产生多大的影响。本案例中发行人并未对案件诉讼金额确认预计负债，而证监会担忧其业绩本身压红线上报材料，若计提预计负债，则利润将会减少将近 900 万元，对报告期内业绩影响还是较大的，监管层因此对此做多方面综合考量，认为其较大概率不符合上市条件，故最终予以否决。

由此我们可以看到，对业绩或者财务数据有重大影响的诉讼仲裁案件，监管层是非常看重的，尽管中介机构可以充分论证胜诉的概率大等正面因素，但是监管层仍然会将其作为否决的重要考量之一。因此，如果发行人报告期内的业绩确实优秀，未决诉讼的影响对其影响非常小，粗略来说，当报告期财务数据减去诉讼金额后仍然远远超过上市财务指标，那么这一块的担忧可以小很多。

当然，诉讼金额的影响大小是对一般案件的考量，而关乎企业持续经营能力的案件，比如商标、专利、重要业务合同等，即使无法用金额衡量或者表面的诉讼金额很小，但是出于对企业发展的考虑，监管层还是审核得非常严厉。

案例　中国科传（601858）

中国科技出版传媒股份有限公司（科学出版社）由中国科学院编译局与 30 年代创建的有较大影响的龙门联合书局于 1954 年 8 月合并成立。1993 年 8 月恢复使用"龙门书局"副牌。2007 年 4 月转制成为科学出版社有限责任公司。2011 年 7 月，中国科技出版传媒股份有限公司以科学出版社有限责任公司为基础成立，是中国科技出版传媒集团的核心企业。其于2017年1月上市，主营业务为公司的主要业务包括图书出版业务、期刊业务及出版物进口业务。据招股说明书披露，报告期内发生多起诉讼。

针对中国科技出版传媒股份有限公司上述问题，证监会在其反馈意见中要求：（1）请发行人代表进一步说明：发行人相关内控制度和风险控制制度是否建立健全并得到有效执行；（2）上述诉讼的最新进展情况和发行人已/拟采取的应对措施；（3）上述诉讼如果败诉给发行人带来的负面影响，是否会对发行人的持续经营构成影响。请保荐代表人发表核查意见。中介机构在处理以上问题时的思路如下：

- 对报告内每起诉讼的前因后果进行披露，报告期外对企业有重大的影响的诉讼仲裁也可以披露，分析说明发行人内部控制当下状态

招股说明书中只简单披露了报告期内诉讼的类型、起始时间和现行状态，这对监管层了解发行人法律纠纷事项显然是不够的，发行人应用较概括的语言说下每起诉讼的起因和纠纷过程。同时，由于反馈意见明确要求知晓报告期内案件的最新进展情况和应对措施，对应予披露的范围上，发行人应不论案件影响力大小，都予以披露，如此可削减监管层对发行人是否隐藏涉诉事项的怀疑。同时需说明对上述案件的应对措施，监管层一是想了解发行人能否有效应对这些诉讼；二是想了解这些诉讼的成本，包括财务成本、机会成本等。简单来讲，主要是想了解这些诉讼对发行人的影响的大小。如果发行人解决这些诉讼的成本过高，或者由于诉讼导致企业部分业务无法正常开展，说明这些诉讼产生的问题很大，企业也没有能降低这些诉讼对自身的影响，也可间接说明企业在应对涉诉风险上的内部控制是缺乏效用的，应该进行改进。

- 说明个别案件败诉与多个案件败诉后，对企业的影响情况，并介绍企业今后的应对措施与制度建设

由于发行人报告期内发生了多起诉讼，对诉讼案件要先区分出影响力的大小，这个大小应从标的金额和标的性质来判断，标的性质是指会否影响业绩的正常开展，比如企业重大的业务合同、商标纠纷、关键资源纠纷等。标的金额的影响力的大小应结合企业当下重要财务指标比如营业收入和利润进行判定，如果所占比例大，或者去除这部

分金额后,企业业绩指标在上市门槛附近徘徊,则说明影响较大。在说明个别诉讼败诉不影响企业的正常经营之后,还要综合说明各个败诉案件标的累计会否对企业财务指标如上段所说造成重大影响。同时,从标的性质来判断,各个败诉案件的累加效果是否会对企业业绩正常开展造成影响。在详细分析诉讼影响的大小之后,企业应务实说明企业现有的内部控制制度应当涉诉风险是否有效,以及在发现企业涉诉较高的情况下,自身做了哪些改进措施,以及今后面对同样的问题有哪些完善方案,如此,才能降低监管层对企业管控涉诉风险能力不足的怀疑。

本节小结

上市过程中遇到诉讼或仲裁的问题算是 IPO 比较重大的问题,但是并没有明确的单一标准,是一个结合案件数量、标的性质和金额大小等进行综合判断的事项。监管层在审核过程中一方面主要强调信息披露,另一方面还是看诉讼仲裁有没有影响到企业的持续经营能力。

首先中介机构要明确诉讼仲裁的信息披露标准。由于 IPO 的严谨性,信息披露的范围应该是很大的,标的金额与性质是主要考虑因素。同时要对已决诉讼仲裁和未决诉讼仲裁区分开,并以不同的论述与分析路径进行处理。已决诉讼除非特别重大,不需特意披露,如需披露,着重说明诉讼前因后果,在财务上对企业的影响,以及发行人对该类诉讼产生的缘由与风险是否已经做了相应的改进措施,内部控制是否做了填补等。未决诉讼出于严谨性,报告期内从实务处理经验来看一般是全部披露的,出于行业与审核窗口时松时紧的不同,诉讼仲裁事项监管层拿捏的审核标准有一定灵活性,但是出于保险起见,尽量全部披露为好。同时,不仅发行人作为被告的案件需披露,对于发行人作为原告的案件,如果金额大,还是应予披露,因存在可能导致被告反诉的风险,同时这也便于监管层了解企业业务模式的纠纷点、矛盾点,削减监管层对发行人涉诉风险影响企业持续经营能力的怀疑。

总的来说,当发行人业绩过硬,远超上市条件(主要是财务指标)时,诉讼仲裁一般情况下,是存在"可以商量的余地的"。而当发行人业绩相对上市条件来说非常拮据时,诉讼仲裁这种结果不确定事项即便是风吹草动，也会引发监管层企业持续经营能力的担忧。因此中介机构在如实披露、翔实核查外，其实能做的改变监管层态度的工作并不多。此处要提醒在IPO准备过程中的企业，应多注意涉诉风险，早日建立相关完善的内部控制制度，并争取具备过硬的业绩条件，以消解这一事项带来的影响。

第七章 募集资金

企业上市的目的之一在于融资，IPO 募集资金是融资"荟萃美食"中的第一道菜。由于募集资金的投向与可行性、合规性直接关系到企业发展规划的实现以及持续盈利能力的保持，因此是发行上市审核中较为重要的事项之一。然而，由于募集资金的具体操作与使用，毕竟涉及详细的商业模式与具体操作手法，有些也关乎企业的商业秘密。同时，也是用于以后期间，因此，监管层当下没必要也不可能对募集资金各个方面进行实质性核查。正是由此出发，监管层在较早前转变了之前对募集资金的审核原则，目前以要求发行人详细披露为主，对特殊募投项目实质审查为辅。

由于要求披露的内容较为具体且规定严格，显得十分重要，故在此有必要较全面地列示募集资金披露准则，以求能更清晰高效地说明问题：《公开发行证券的公司信息披露内容与格式准则第 1 号——招股说明书》募集资金部分第一百零六条发行人应披露：（一）预计募集资金数额；（二）募集资金原则上应用于主营业务。按投资项目的轻重缓急顺序，列表披露预计募集资金投入的时间进度及项目履行的审批、核准或备案情况；（三）若所筹资金不能满足项目资金需求的，应说明缺口部分的资金来源及落实情况。

第一百零七条规定，发行人应披露保荐人及发行人律师对募集资金投资项目是否符合国家产业政策、环境保护、土地管理以及其他法律、法规和规章规定出具的结论性意见。第一百零八条规定，发行人应披露募集资金专项存储制度的建立及执行情况。第一百零九条规定，发行人应披露董事会对募集资金投资项目可行性的分析意见，并说明募集资金数额和投资项目与企业现有生产经营规模、财务状况、技术水平和管理能力等相适应的依据。第一百一十条规定，发行人应披露募集资金投资项目实施后不产生同业竞争或者对发行人的独立性不产生不利影响。第一百一十一条规定，募集资金用于扩大现有产品产能的，发行人应结合现有各类产品在报告期内的产能、产量、销量、产销率、销售区域，项目达产后各类产品新增的产能、产量，以及本行业的发展趋势、有关产品的市场容量、主要竞争对手等情况对项目的市场前景进行详细的分析论证。募集资金用于新产品开发生产的，发行人应结合新产品的市场容量、主要竞争对手、行业发展趋势、技术保障、项目投产后新增产能情况，对项目的市场前景进行详细的分析论证。第一百一十二条规定，募集资金投入导致发行人生产经营模式发生变化的，发行人应结合其在新模式下的经营管理能力、技术准备情况、产品市场开拓情况等，对项目的可行性进行分析。第一百一十三条规定，发行人原固定资产投资和研发支出很少、本次募集资金将大规模增加固定资产投资或研发支出的，应充分说明固定资产变化与产能变动的匹配关系，并充分披露新增固定资产折旧、研发支出对发行人未来经营成果的影响。第一百一十四条规定，募集资金直接投资于固定资产项目的，发行人可视实际情况并根据重要性原则披露以下内容：

（一）投资概算情况，预计投资规模，募集资金的具体用途，包括用于购置设备、土地、技术以及补充流动资金等方面的具体支出；

（二）产品的质量标准和技术水平、生产方法、工艺流程和生产技术选择，主要设备选择，核心技术及其取得方式；

（三）主要原材料、辅助材料及燃料的供应情况；

（四）投资项目的建设完工进度、竣工时间及达产时间、产量、产品销售方式及营销措施；

（五）采取的环保措施以及环保设备和资金投入情况；

（六）投资项目的选址，拟占用土地的面积、取得方式及土地用途、投资项目有关土地使用权的取得方式、相关土地出让金、转让价款或租金的支付情况以及有关产权登记手续的办理情况；

（七）项目的组织方式、项目的实施进展情况。

第一百一十五条规定，募集资金拟用于合资经营或合作经营的，除需披露第一百一十四条的内容外，还应披露：（一）合资或合作方的基本情况，包括名称、法定代表人、住所、注册资本、实收资本、主要股东、主营业务，与发行人是否存在关联关系；投资规模及各方投资比例；合资或合作方的出资方式；合资或合作协议的主要条款以及可能对发行人不利的条款。（二）拟组建的企业法人的基本情况，包括设立、注册资本、主营业务、组织管理和控制情况。不组建企业法人的，应详细披露合作模式。

第一百一十六条规定，募集资金拟用于向其他企业增资或收购其他企业股份的，应披露：

（一）拟增资或收购的企业的基本情况及最近一年及一期经具有证券期货相关业务资格的会计师事务所审计的资产负债表和利润表；

（二）增资资金折合股份或收购股份的评估、定价情况；

（三）增资或收购前后持股比例及控制情况；

（四）增资或收购行为与发行人业务发展规划的关系。

第一百一十七条规定，募集资金拟用于收购资产的，应披露：

（一）拟收购资产的内容；

（二）拟收购资产的评估、定价情况；

（三）拟收购资产与发行人主营业务的关系。

若收购的资产为在建工程的，还应披露在建工程的已投资情况、尚需投资的金额、负债情况、建设进度、计划完成时间等。募集资金向实际控制人、控股股东及其关联方收购资产，如果对被收购资产有效益承诺的，应披露效益无法完成时的补偿责任。第一百一十八条规定，募集资金用于偿还债务的，应披露债务产生的原因及用途、偿债的总体安排及对发行人财务状况、偿债能力和财务费用的具体影响。第一百一十九条规定，募集资金用于补充营运资金的，发行人应披露补充营运资金的必要性和管理运营安排，说明对公司财务状况及经营成果的影响和对提升公司核心竞争力的作用。

我们可以从中看到，监管层对募集资金的合规事项着重强调了以下几大要点：

一是募投项目是否符合国家产业政策、环境保护、土地管理以及其他法律、法规和规章规定。

二是项目的可行性，同业竞争或者其他对发行人的独立性产生影响因素分析。

三是强调用于扩大现有产品产能、固定资产、合资经营或合作经营、向其他企业增资或收购其他企业股份、用于收购资产（包括在建工程）、偿还债务、补充营运资金等特殊募投项目的明确应披露的细节。

《公开发行证券的公司信息披露内容与格式准则第28号——创业板公司招股说明书》募集资金部分第八十七条规定，发行人募集资金应当围绕主营业务进行投资安排，列表简要披露募集资金使用的具体用途、预计募集资金数额、预计投资规模、预计投入的时间进度情况。

第八十八条规定，发行人应根据重要性原则披露募集资金运用情况：

（一）募集资金的具体用途，简要分析募集资金具体用途的可行性及其与发行人现有主要业务、核心技术之间的关系；

（二）投资概算情况。发行人所筹资金如不能满足预计资金使用需求的，应说明缺口部分的资金来源及落实情况；如所筹资金超过预计募集资金数额的，应说明相关资金在运用和管理上的安排；

（三）募集资金具体用途所需的时间周期和进度；

（四）募集资金运用涉及履行审批、核准或备案程序的，应披露相关的履行情况；

（五）募集资金运用涉及环保问题的，应披露可能存在的环保问题、采取的措施及资金投入情况；

（六）募集资金运用涉及新取得土地或房产的，应披露取得方式、进展情况及未能如期取得对募集资金具体用途的影响；

（七）募集资金运用涉及与他人合作的，应披露合作方基本情况、合作方式、各方权利义务关系；

（八）募集资金向实际控制人、控股股东及其关联方收购资产，如果对

被收购资产有效益承诺的,应披露效益无法完成时的补偿责任;

(九)募集资金的专户存储安排。

第八十九条规定,发行人应披露董事会对募集资金投资项目可行性的分析意见,并说明募集资金数额和投资项目与企业现有的生产经营规模、财务状况、技术水平和管理能力等相适应的依据。

第九十条规定,募集资金用于偿还债务的,应披露债务产生的原因及用途、偿债的总体安排及对发行人财务状况、偿债能力和财务费用的具体影响。

第九十一条规定,募集资金用于补充营运资金的,发行人应披露补充营运资金的必要性和管理运营安排,说明对公司财务状况及经营成果的影响和对提升公司核心竞争力的作用。

第九十二条规定,发行人使用自有资金或其他资金已先期投资于募集资金具体用途的,应披露募集资金具体用途的启动及进展情况、发行人已投资的资金来源、本次募集资金拟投资的资金数额。

在创业板招股说明书募集资金的规定中,相对于一号准则,又添加或者强调了如下披露事项:

一是发行人募集资金应当围绕主营业务进行投资安排。

二是发行人应根据重要性原则披露募集资金运用情况投资概算情况,其中需要特别注意的事项有:募集资金具体用途所需的时间周期和进度、募集资金向实际控制人、控股股东及其关联方收购资产,如果对被收购资产有效益承诺的,应披露效益无法完成时的补偿责任、募集资金的专户存储安排。

三是发行人使用自有资金或其他资金已先期投资于募集资金具体用途的,应披露募集资金具体用途的启动及进展情况、发行人已投资的资金来源、本次募集资金拟投资的资金数额。

从过往案例来看,每年应募集资金问题而被否的企业不在少数,问题主要表现在以下几个方面。

一、可行性不足

可行性与合理性似乎是许多相同问题的不同方面。但如果募集资金规划不合理,自然是不可行的。合理与可行,都能囊括事项的许多方面,因此在此笔者倾向于"混为一谈",以节省篇幅,精简内容,明确重点。募投项目是否合理可行是监管层审核重点,每年几个企业IPO财务与合规没问题,但是因募投项目不合理不可行而被拒之门外。主要有以下两种情形:

第一,募投项目设立时不切合企业发展实际。这种不切合企业实际包括企业明显缺乏相关生产经营经验、无竞争地位优势、产业饱和以及其他公司发展战略上的细节缺陷。

第二,市场政策变化导致项目无法推行。这两年由于国家推行经济转型,缓解金融危机以来的下行压力,强调"大众创业、万众创新"经济发展方针。在金融领域表现得较为明显的是,募投热点短时间内一个接一个层出不穷,然而都有"一阵风"的倾向。比如互联网金融、影视文化(增强国家软实力)等。这些概念项目,多是在一年内就"由盛而衰",而许多企业从申报到过会平均需要2~3年,多的话就很长的都有,难以明确。因此,许多企业在申报时,选了其当下的热点,到证监会审核时,其热点爆冷,政策大门"无情关闭",企业只能自食苦果。

二、募集资金金额存在问题

在企业从申报IPO到过会这段时间,会经营或多或少几个会计年度,这段时间内企业的净利润可能会下降。一来企业在申报期内净利润下降本来就可能因为财务业绩不稳定而十分危险,二来由于盈利能力的下降,对募集资金的金额也会受到影响,简单来说就是在企业盈利能力不足的情况下,是否还可将原先申报的募集资金金额有效消化,这是十分重要的问题,企业就需要削减募集资金。此外,当企业在申报至审核时间段内,业绩大涨,原先所募资金就会显得太少,企业可能想要扩大募集资金。由于当下企业对上市渴望十分强烈,现实中发行人根本不会在乎所募资金太少的问题,唯一需要注意的就是第一点,企业净利润下降可能需要主动减少募集资金才能减少其过会风险,但是由于变动募集资金金额需要重新备案,影响企业上市进度,因此总的来说,为了保证在募集资金这一块不影响企业顺利上市,企业在申报初期就应对募集金额有所把握，最稳妥的做法是不宜过大。

三、合规性问题

合规性问题具体来说包含的内容很多，比如募投项目不影响企业独立性、符合产业政策、环保政策、符合企业经营资质等。一般情况下，募投项目是否合规是监管层首先核查的方向，由于合规与财务有具体的法律法规予以规范，因此能否通过是一目了然，监管层和中介机构都非常清楚，正常情况下，中介机构在申报之时，首先就对募投项目合规做好了充分的准备。在此需要注意的是，特殊募投项目比如用于收购在建工程或者补充营运资金，由于其有明确要求的特殊披露事项，而且由于政策相对敏感，多有变动，中介机构应对其做好万全的准备。

中介机构在书写招股说明书募集资金部分时，一般工作路径包括以下几方面。

第一，与发行人控股股东、实际控制人、董事、高管进行沟通，了解企业的募投方向，并给出相关方向的财务与合规上的建议，也可结合当下监管层较为热衷的募投方向与发行人讨论缩小募投范围。如果企业已经有明确的募投项目，则需通过查阅资料、调研访谈给出初步意见。

第二，针对合规与财务，查询证监会对募投项目有无特殊要求。合规可以先结合招股说明书对合规的相关要求具体梳理一遍募投项目的方方面面，比如被投资主体的历史沿革、有无股权纠纷、有无行政监管障碍等。对财务方面总的来说是提供企业自身数据、行业数据以及募投项目的相关数据。比如，公司净利润、未来发行市盈率、发行股份比例、投资回收期、营业收入、净利润、内部收益率，以此计算在财务上公司现有财务能力在募集资金之后能否达到满意投入产出水平。

第三，行业方面，可根据证监会所做行业分类指引锁定同行为参照目标，挑选与发行人较为相似的企业，分析其财务数据与相应的募投项目。有条件获取发行前后数据的，可以募投前后进行对比分析、通过与同行业进行比较，以及发行人自身所处行业特点、业务现状与未来实际发展需要，确定行业内最优的募投方向。且通过结合财务数据分析经济收益性，论证本次上市募投项目的合理性与可行性，并一道解决项目是否存在不确定性和相关风险等证监会对募集资金使用所一直关注的问题。

总的来说，中介机构在撰写募集资金部分时，所有相关数据和资料应尽可能通过自己收集、调查和分析，以求独立判断募投项目的各个方面的适当性，写出有自身真实意思表达的募集资金建议。募投项目方向与资金的使用发行人是可以和券商等中介机构讨论的，也可以与行业专家进行沟通。但是中介机构在发行人已拍板的情况下，应不为迎合发行人的需要和想法而改变该部分的写作态度。一来是对发行人的发展与自身行业操守负责，二来只有真实写出有褒有贬募投项目才能降低监管层对该部分发展前景的怀疑，一味吹捧只会增加监管层的担忧。

被否案例 吉林科龙建筑节能科技股份有限公司 2016 年 5 月 20 日创业板首发

吉林科龙建筑节能科技股份有限公司成立于 1998 年 4 月 20 日，专门从事建筑节能服务行业的高新技术企业。招股说明书披露：发行人募集资金投向包括补充建筑节能服务项目营运资金 8000.00 万元、偿还银行借款 3000.00 万元。

针对吉林科龙建筑节能科技股份有限公司上述问题，证监会在其反馈意见中要求：请发行人代表（1）说明 2017 年及 2018 年收入的增长率均按照 15% 进行预测的依据；（2）结合报告期后的预测性财务信息，补充说明补充营运资金 8000.00 万元的测算过程及"偿还银行借款"项目的必要性、合理性。中介机构在处理以上问题时的思路如下：

● 充分说明相关数据的来源，解释预期增长率的可行性

本案例中介机构在招股说明书中对募集资金这一部分做了如下安排：对拟投资项目按轻重缓急排列、说明募集资金投资项目与主营业务的关系、说明本次募集资金使用计划及投资项目备案情况、董事会对募集资金投资项目的可行性分析包括产业政策，产能等。接着通过

财务数据介绍本次募集资金投向的四个项目包括两个建设项目，一个营运资金项目和一个偿还银行债务项目。其财务数据具体分析了财务成本与收益，企业预期能由此得到的发展收益等。

我们可以看到本案例中介机构做法是比较规范的，对募投项目的说明采用了由总到分的路径，其中充分解释了合规性、财务数据支持、企业高管的企业发展战略以及相关行业生态及政策的利好之初。如此做法能让监管层对募投项目有较为全面的把握。需要注意的是，对说明中计算用到的数据要严肃说明来源，一般采用国家机关公布的数据，或者国家级期刊、各种比较权威的媒体、企业自身的财务数据要根据会计师的审计报告、行业数据要根据业内有公信力的数据库、网站等可作为有法律效力支撑的出处。同时预期增长率的计算要简单易懂，不要连篇累牍，引经据典做"大串讲"、对行业趋势的分析以及市场的开拓等资料也要有据可依。

● **对特殊募投项目特别是敏感项目的必要性与合理性说明要充分结合企业自身特点**

许多企业都会遇到现金流短缺的情形，实际上如果一个企业现金流一直充裕，说明其并未充分利用好手上的资金，在企业经营管理上一般是不合格的。如果企业在募投资金中选择募投方向为补充营运资金、偿还银行借款，监管层自然会怀疑是否有这个必要。企业千辛万苦 IPO，难道就是打算将募集的资金用来还债吗？这是很难说服监管层甚至是社会大众的。这间接表明企业可募投的项目并不多，或者并没有优质的募投项目可供选择，同时也可表明发行人管理层在企业发展战略上有欠眼光，导致监管层对企业的长期发展失去信心，怀疑其持续盈利能力，很可能因此被否决。

如果企业确实是因自身特殊困难而需要现金流，则可以通过详细解释还是可以博得监管层的理解，比如企业已投资了几个可产生高利润率的项目、企业正在高速发展中；由于行业特点，企业对营运资金较为渴求，或者企业因对银行欠款拖欠较久、企业需偿还这笔借款、以保证无信用风险，能留着与银行及相关客户的合作等。这些事项需要企业确实有相关具体的"难处"而不得不将资金投入，由此可说明其必要性和合理性。

本案例对必要性和合理性的分析如下：补充营运资金是建筑节能服务业务特点的内在要求、补充营运资金能提高公司项目承揽成功率和大项目承揽能力、建筑节能服务公司融资渠道受限。在信贷融资环境方面，受宏观金融环境与货币政策的影响，目前我国银行贷款的实际利率仍处于较高水平，企业的间接融资成本较高等。很显然，该解释进路是不可取的，其所选择的事项都是较宏观的。行业内都面临的问题，并非发行人特殊的需求，监管层后续对该部分进行了追问，也说明其对该部分的论述是不满意的。

案例　创新股份（002812）

云南创新新材料股份有限公司于2011年5月12日在云南省工商行政管理局登记成立。公司是一家专注于提供多种包装印刷产品、包装制品及服务的综合供应商，是在包装印刷、塑料包装和纸制品包装等细分子行业中拥有较为丰富包装产品线的公司。

报告期内烟草行业萎缩以及现有产品产能均未饱和，针对创新股份上述问题，证监会在其反馈意见中要求：请发行人代表进一步说明和披露募集资金投资项目扩大产能的必要性。中介机构在处理以上问题时的思路如下：

● 综合可靠资料与企业现状说明募投项目的基本信息，包括合规性、财务匹配性以及可行性

对合规性、财务匹配性以及可行性的基本分析，是分析企业募投项目必要性的基础。本案例中发行人首先介绍了募投项目的基本信息，包括所需资金、实施计划、相关主管部门备案等，然后分析企业财务数据的上钩稽关系，以数据解释问题，具有较强的说服力。对募投项目做相关分析，必须同本案例中介机构这般做好充分的准备，如此才能更好地铺开募投相关的各个方面，并使之成为有机结构，方便监管层能有效了解项目的基本信息，理解发行人发展战略，并降低对募投项目可能具有多种不确定性和风险性的怀疑。

● 充分结合行业资料与财务数据说明募投项目的必要性

本案例中发行人首先说明自己两大市场分别为烟标市场和无菌包

装市场，然后介绍两大市场的国际国内容量基本情况及分析容量大小的思路、发行人的开拓计划、项目产能消化措施和经济效益分析。在谈到项目建设必要性，其主要结合宏观经济环境与政策说明了募投项目对公司业绩推动的必要，包括国家产业政策推动、下游市场对包装材料防伪要求和环保性能要求不断提升等。发行人这个说明进路是不错的，从募投项目市场的大小、自身计划、消化措施、经济效益以及募投卖点等，从大、小等多个维度及多个方面进行了解读，是有较强说服力的，值得案例研读者借鉴。

本节小结

募集资金需要注意的事项挺多，主要包括合规、财务、行业三大块，其中每一大块都还有许多细小的点需要充分把握，比如合规里面的对独立性中是否会产生同业竞争，行业里面是否环保和产业政策等。问题虽细小，但是每个产生的影响可能很大，因此中介机构在建议发行人选择募集资金投向时，需要做到面面俱到、一丝不苟。

一般来说，招股说明书的写作按照行业背景分析，财务数据要求以及法规与政策满足等三条主线进行，且须有机结合以上三点。需要注意的是，对于募投项目，除要满足证监会的相关要求外，还要满足发展改革委的政策规定，比如募投项目在发展改革委备案时，需要着重考虑产业政策、节能、环保、安全、社会效益等方面的要求。而在证监会审核时，更加关注募投项目与公司主营业务的延续与衔接，募投项目与公司管理、技术等能力能否匹配，募投项目新增资产能否有效消化，新投入募投项目所购进或建造的资产相关财务指标的变化对公司利润的影响等问题。同时发展改革委要求备案的相关事项，是需要在招股说明书中予以说明的。

事实上，如果一个企业确实处在行业发展的快车道上，以及企业所投向的项目确实结合国际国内经验与事实分析是大有可为的，监管层是不会在这个问题上为难发行人的。当然，确定了当下行业"风口"及好的募投项目后，企业自身的业务能力、管理方式、规模以及历史沿革给监管层的印象也较为重要，同样的发展机会，由不同的企业把握，是不能保证都能成功的。从这点上来说，最为重要的还是要契合企业实际,不要好高骛远,同时不可浪费资金和机会。如果将企业目标设在其"踮起脚"能摸到的地方,或许是监管层最为放心,也是最有利于发行人的选择。